Praktische Implementierung der Wirtschaftsförderung
in der Region Rhein-Main

Europäische Hochschulschriften
Publications Universitaires Européennes
European University Studies

Reihe V
Volks- und Betriebswirtschaft

Série V Series V
Sciences économiques, gestion d'entreprise
Economics and Management

Bd./Vol. 2502

PETER LANG
Frankfurt am Main · Berlin · Bern · Bruxelles · New York · Wien

Regine Held

Praktische Implementierung der Wirtschaftsförderung in der Region Rhein-Main

PETER LANG
Europäischer Verlag der Wissenschaften

Die Deutsche Bibliothek - CIP-Einheitsaufnahme

Held, Regine:

Praktische Implementierung der Wirtschaftsförderung in der Region Rhein-Main / Regine Held. - Frankfurt am Main ; Berlin ; Bern ; Bruxelles ; New York ; Wien : Lang, 1999
(Europäische Hochschulschriften : Reihe 5, Volks- und Betriebswirtschaft ; Bd. 2502)
Zugl.: Frankfurt (Main), Univ., Diss., 1999
ISBN 3-631-35236-0

D 30
ISSN 0531-7339
ISBN 3-631-35236-0

Für meine Eltern

Inhaltsverzeichnis

Abbildungsverzeichnis

Tabellenverzeichnis

Abkürzungsverzeichnis

A:	Arbeitsplätze
ABM:	Arbeitsbeschaffungsmaßnahmen
Anm.d.V.:	Anmerkung des Verfassers
BGB:	Bürgerliches Gesetzbuch
BMWI:	Bundesministerium für Wirtschaft
Difu:	Deutsches Institut für Urbanistik
DtA:	Deutsche Ausgleichsbank
E + A/qkm:	Einwohner-Arbeitsplatzdichte
Ed.:	Editor
EG:	Europäische Gemeinschaft
ERP:	European Recovery Program
EU:	Europäische Union
EW:	Einwohner
EZB:	Europäische Zentralbank
FAZ:	Frankfurter Allgemeine Zeitung
FR:	Frankfurter Rundschau
GmbH:	Gesellschaft mit beschränkter Haftung
HLT:	Hessische Landesentwicklungs- und Treuhandelsgesellschaft
IAB:	Institut für Arbeitsmarkt- und Berufsforschung der Bundesanstalt für Arbeit
Ifo	Institut für Wirtschaftsforschung
i.d.R.:	in der Regel
i.e.S.:	im engeren Sinne
i.w.S.:	im weiteren Sinne
IHK:	Industrie- und Handelskammer
KfW:	Kreditanstalt für Wiederaufbau
KGSt:	Kommunale Gemeinschaftsstelle für Verwaltungsvereinfachung
LKr.:	Landkreis
mbH:	mit beschränkter Haftung
MKRO:	Ministerkonferenz für Raumordnung
ÖPNV:	Öffentlicher Personen Nahverkehr
RKW:	Rationalisierungskuratorium der deutschen Wirtschaft
RPU:	Regionale Planungsgemeinschaft Untermain
Sp.:	Spalte
StWG:	Gesetz zur Förderung der Stabilität und des Wachstums der Wirtschaft
Vol.:	Volume
UVF:	Umlandverband Frankfurt
ZfbF:	Zeitschrift für betriebswirtschaftliche Forschung

1. Einleitung

1.1. Problemstellung

Ausgangspunkt dieser Arbeit ist die Überlegung, daß Kommunen i.d.R. die eigene und auch die Entwicklung einer Region behindern, wenn sie unkoordiniert in einer Art Kirchturmspolitik eigene Ziele und Aktionsfelder zur Stärkung ihres ökonomischen Potentials verfolgen.

Kommunale und regionale Wirtschaftsförderung sind integrale Bestandteile der Strukturpolitik in der Bundesrepublik Deutschland. Ihre Aufgaben sind u.a. die Förderung der wirtschaftlichen Entwicklung, das Gewerbeflächenmanagement, die Sicherung und Weiterentwicklung von Unternehmen und das Standortmarketing. Wirtschaftsförderung ist demnach eine Querschnittsfunktion, deren Inhalte und Umsetzung eine Abstimmung und Koordination zwischen den Akteuren auf kommunaler und regionaler Ebene erfordern. Dies gilt insbesondere für einen polyzentrischen Raum wie die Region Rhein-Main. Im Gegensatz beispielsweise zu Berlin, München und Stuttgart liegen in der Region Rhein-Main mehrere Oberzentren. Dadurch wächst die Notwendigkeit der Kooperation, wenn eine gemeinsame Vermarktung und Außendarstellung der Region angestrebt wird. Eine unzureichende Koordination reduziert die Effizienz von Wirtschaftsfördermaßnahmen.

Mit der Vollendung des EG-Binnenmarktes treten die einzelnen Kommunen in den Hintergrund; der zukünftige Standortwettbewerb wird sich zwischen den Regionen der Mitgliedstaaten vollziehen. Der Aspekt "Europa der Regionen" gewinnt zunehmende Bedeutung. Die Region Rhein-Main zählt zu den Key Player-Regionen im internationalen Wettbewerb.

Welche Rolle spielt dabei die regionale Wirtschaftsförderung? Von den Kommunen wird sie oft als lästiger Überbau empfunden, aber verkörpert sie nicht gerade den Ansatz zur interkommunalen Abstimmung? Wie ist ihr Verhältnis zur kommunalen Wirtschaftsförderung? Sind Ziele und Zielgruppen der kommunalen und der regionalen Wirtschaftsförderung die gleichen oder ist ein gewisser, aufgabenbedingter Interessenkonflikt nicht zu vermeiden? Welche Organisationsmöglichkeiten bestehen für kommunale und regionale Wirtschaftsförderung und wie sind diese im Hinblick auf ihren Zielerreichungsgrad zu bewerten?

In dieser Ausarbeitung soll die institutionalisierte Form der Zusammenarbeit im Bereich Wirtschaftsförderung für den Ordnungsraum Region Frankfurt/Rhein-Main überprüft werden. Hierbei soll analysiert werden, inwiefern die spezifischen Problemlagen der Region Rhein-Main (Internationalität des Standorts, Suburbanisierung) berücksichtigt werden.

1.2. Gang der Untersuchung

Der Aufbau der Arbeit orientiert sich an den Aufgaben der Wirtschaftsförderung. In *Kapitel 2* werden Ziele und Aufgaben der Wirtschaftsförderung sowie Möglichkeiten zur organisatorischen Implementierung auf kommunaler Ebene analysiert. Zentrale Bedeutung wird hierbei den Aktionsfeldern der kommunalen Wirtschaftsförderung beigemessen. *Kapitel 3* setzt sich mit der regionalen Wirtschaftsförderung auseinander. Ihre Aufgaben und Ziele werden thematisiert. Aus Kapitel 2 und 3 ist zu entnehmen, daß Überschneidungen zwischen den Aktionsbereichen der kommunalen und regionalen Wirtschaftsförderung existieren.

Dies führt zu der Schlußfolgerung, daß kommunale und regionale Wirtschaftsförderung ein hohes Maß an Koordination erfordern, um Ineffizienzen bei der Durchführung von Wirtschaftsfördermaßnahmen zu vermeiden. Als theoretische Grundlage bietet sich die Neue Institutionenökonomik an, die Anreiz- und Koordinationsmechanismen explizit in die Analyse einbezieht. Sie ist Gegenstand des *Kapitel 4*. Im Rahmen der Neuen Institutionenökonomik wird die Beziehung zwischen kommunaler und regionaler Wirtschaftsförderung unter dem Aspekt einer Auftraggeber-Auftragnehmer-Beziehung thematisiert sowie unter Transaktionskostengesichtspunkten beleuchtet.

In *Kapitel 5* sollen Merkmale der Region Rhein-Main herausgearbeitet werden. Standorteigenschaften des Aktionsraums werden aufgezeigt, um Anforderungen an die regionale Wirtschaftsförderung zu formulieren. Hierbei ist die Abgrenzung der Region Rhein-Main, die Internationalität der Stadt Frankfurt und die anhaltende Suburbanisierung von besonderer Bedeutung. Diese Charakteristika des Bezugsraums werden im Hinblick auf Stadt-Umland-Konflikte bearbeitet.

Kapitel 6 setzt sich mit der praktischen Implementierung der regionalen Wirtschaftsförderung in der Region Rhein-Main auseinander. Hierzu werden institutionelle Arrangements der regionalen Wirtschaftsförderung vorgestellt und ihre Struktur- und Arbeitsschwerpunkte analysiert.

2. Ziele und Aufgaben der kommunalen Wirtschaftsförderung

2.1. Begriffliche Grundlagen

Zur kommunalen Wirtschaftsförderung existiert keine einheitliche bzw. verbindlich vorgegebene Definition.[1] Über den Inhalt des Begriffs bestehen daher unterschiedliche Auffassungen.[2] Daraus können Fehlinterpretationen entstehen, so beispielsweise, daß unter dem Begriff der kommunalen Wirtschaftsförderung finanzielle Zuwendungen in Form von Subventionen der Gemeinden an Unternehmen verstanden werden.[3]

Versuche, kommunale Wirtschaftsförderung zu umschreiben, sind umfassend, da es sich um eine *Querschnittsfunktion* handelt. Im Verwaltungsbereich einer Kommune ist sie ressortübergreifend zu beschreiben, wenn es sich beispielsweise um die Organisationsform eines Amtes der Wirtschaftsförderung handelt. Die Querschnittsfunktion der Wirtschaftsförderung auf kommunaler Ebene bezieht sich auf die "Summe aller gemeindlichen Maßnahmen, die unmittelbar für betriebliche Investitions- und Standortentscheidungen von Bedeutung sind..."[4]
Kommunen stellen sich dieser Aufgabe, indem sie versuchen, Voraussetzungen für die Neuansiedlung von Unternehmen zu schaffen, Arbeitsbedingungen bestehender Unternehmen (vor allem für kleine und mittlere Unternehmen) zu verbessern und sich u.a. für Existenzgründer zu engagieren.[5] Kommunale Wirtschaftsförderung wird demnach verstanden als Einrichtung, die sich für die Schaffung von Rahmenbedingungen einsetzt, die zu einer erfolgreichen unternehmerischen Betätigung führen.[6] Dies gilt insbesondere für die Beseitigung von Unternehmenshemmnissen und die Förderung von Entwicklungschancen. Hierzu müssen alle öffentlichen Stellen zusammenwirken, damit die Querschnittsfunktion der Wirtschaftsförderung ressortübergreifend vollzogen werden kann. Eine potentielle Unternehmensakquisition kann durch Maßnahmen der kommunalen Wirtschaftsförderung, wie beispielsweise eine bestimmte Bauleitplanung, gezielt gefördert oder aber verhindert werden.[7]

---

1 Vgl. Orlitsch, Georg/Pfeiffer, Manfred (1994), S. 112.

2 Vgl. Sartowski, Roman (1990), S. 9.

3 Vgl. Möller, Ferdinand (1963), S. 32.

4 Dieckmann, Jochen/König, Eva Maria (1994), S. 1.

5 Vgl. Dieckmann, Jochen/König, Eva Maria (1994), S. 1.

6 Vgl. Orlitsch, Georg/Pfeiffer, Manfred (1994), S. 114.

7 Vgl. Orlitsch, Georg/Pfeiffer, Manfred (1994), S. 114.

Kommunale Maßnahmen, die Auswirkungen haben auf unternehmerische Entscheidungen, können als eine Art Projektmanagement bezeichnet werden, mit dessen Unterstützung der Wirtschaftsprozeß innerhalb der Kommune gesteuert werden soll. Diese Steuerungsfunktion als Bestandteil einer integrierten kommunalen Entwicklungspolitik ist mit der Forderung von Unternehmen nach einer *one stop agency* verbunden als zentrale Anlaufstelle für unternehmerische Anliegen. Auf diese Weise sollen Unternehmer-Anliegen direkt besprochen und gewünschte Kontakte u.a. mit anderen Ämtern vermittelt werden, um ein schnelles Reagieren auf Anfragen zu gewährleisten. Dieser Service dient als Ausdruck kommunaler Unternehmerfreundlichkeit, die von den Unternehmen als Betreuungsleistung erwartet wird. Diese Forderung unterstützt den Aspekt der Wirtschaftsförderung als ressortübergreifende Querschnittsaufgabe, bei der versucht wird, Einflüsse auf andere Ämter auszuüben, Defizite aus der Perspektive der kommunalen Wirtschaftsförderung aufzuzeigen und Entscheidungen zu bewegen.[8]

Neben dem Aspekt der Querschnittsfunktion ist der Aspekt der *Erhöhung des Gemeinwohls* durch die kommunale Wirtschaftsförderung von Bedeutung. "Unter kommunaler Wirtschaftsförderung wird im allgemeinen die Summe der Maßnahmen einer Gemeinde verstanden, die zum Ziel haben, durch Verbesserung der Bedingungen der örtlichen Wirtschaftsunternehmen und durch deren Vermehrung Produktion, Beschäftigung, private Einkommen und Gemeindeeinnahmen im gemeindlichen Hoheitsgebiet so zu steigern, daß die Lebensverhältnisse der Gemeindebürger verbessert werden können. Sie dient damit dem Prinzip der Gemeinwohlmaximierung."[9]
Demnach ist die Förderung der wirtschaftlichen Aktivitäten kein Selbstzweck, sondern muß als Schlüsselrolle verstanden werden, um zur Erhaltung und Verbesserung des ökonomischen Lebensstandards in einer Kommune beizutragen.

Kommunale Wirtschaftsförderung versucht einerseits, zu einer Verbesserung des Gemeinwohls beizutragen, und andererseits, kommunale Einnahmen zu erhöhen. Aus diesen beiden Zielen können Konflikte entstehen, wie das folgende Beispiel zeigt. Grundstücksverkäufe von Kommunen führen zu einer Verbesserung der kommunalen Finanzsituation. Dieser positive Effekt kann möglicherweise zu einer Verminderung des Gemeinwohls beitragen, wenn es sich beispielsweise um emissionsstarke Unternehmen, Unternehmen mit einer hohen Lärmbelästigung oder aber Unternehmen, die ein hohes Verkehrsaufkommen verursachen, handelt. Kommunale Wirtschaftsförderung ist einer Auswahlsituation ausgesetzt, die ein Abwägen der Zielsetzungen erfordert.

---

8 Vgl. Hollbach-Grömig, Beate (1996b), S. 37.

9 Holst-Glöss, Peter/Husemann, Ingo/Löher, Christoph (1992), S. 209.

2.2. Rechtsgrundlagen

Die Rechtsgrundlage der kommunalen Wirtschaftsförderung wird in Art. 28 (2) GG dargestellt.[10] Hiernach wird den Gemeinden das Recht zugestanden, "alle Angelegenheiten der örtlichen Gemeinschaft im Rahmen der Gesetze in eigener Verantwortung zu regeln"[11]. Die Bezeichnung "alle Angelegenheiten der örtlichen Gemeinschaft" bezieht sich eben auch auf Gemeinde-Aktivitäten zur Förderung der lokalen Wirtschaft.[12] Unter Berücksichtigung der Sorgfaltspflicht der Kommunen für ihre Bürger ist die kommunale Wirtschaftsförderung zu bezeichnen als "Summe aller Maßnahmen zur Begünstigung der örtlichen Wirtschaft mit der Zielsetzung, im Bereich des kommunalen Hoheitsgebietes in wirtschaftlicher und sozialer Hinsicht bestmögliche Lebensverhältnisse zu schaffen."[13]

Die in Artikel 28 (2) GG verwendete Formulierung "im Rahmen der Gesetze" kann interpretiert werden als räumliche, sachliche und rechtliche Grenzen der kommunalen Wirtschaftsförderung.[14]

Die räumliche Abgrenzung resultiert aus dem kommunalen Hoheitsgebiet, womit die Gemeindegrenze angesprochen wird. Hierzu ist anzumerken, daß Wirtschaftsförderung auf kommunaler Ebene externe Effekte auf Nachbarschaftsgemeinden verursachen kann. Interessenkonflikte zwischen eigenen kommunalen Angelegenheiten (Kommunalegoismus) und angrenzenden Kommunen können auftreten. Beispielhaft ist die Errichtung eines großen Einkaufszentrums innerhalb einer Kommune anzuführen, was zu einer Reduktion der Kaufkraft in angrenzenden Gemeinden führen kann.

Sachliche Grenzen sind vor allem Restriktionen bei der direkten finanziellen Unterstützung (so beispielsweise die Unzulänglichkeit von Steuererlassen über die Grenzen des Steuerrechts hinaus[15]), die aus übergeordneten Planungen resultieren.
Rechtliche Grenzen der kommunalen Wirtschaftsförderung ergeben sich aus der Tatsache, daß diese in ihrer Funktion als Wirtschaftsförderungsinstitution Bund und Ländern verpflichtet ist und somit keine Maßnahmen durchführen darf, die

---

10 Vgl. Kistenmacher, Hans (1994), S. 18.

11 Dürig, Günter (1980), S. 37.

12 Vgl. Kistenmacher, Hans (1994), S. 18.

13 Kistenmacher, Hans (1994), S. 18.

14 Vgl. Kistenmacher Hans (1994), S. 19.

15 Vgl. Orlitsch, Georg/Pfeiffer, Manfred (1994), S. 113.

der gesamtstaatlichen Wirtschaftspolitik entgegenstehen.[16] In diesem Zusammenhang ist insbesondere auf das Stabilitätsgesetz hinzuweisen, wonach Kommunen in ihrer gesamtstaatlichen Verantwortung für Stabilität, Wachstum und Arbeitsplätze die stabilitätspolitischen Ziele von Bund und Ländern berücksichtigen müssen.[17]

2.3. Zielsetzungen kommunaler Wirtschaftsförderung

2.3.1. Erhöhung der kommunalen Einnahmen[18]

Die von den ortsansässigen Unternehmen zu leistende Gewerbesteuer ist für Kommunen eine wichtige Einnahmequelle. Zusätzlich ist der Einkommensteueranteil, der wiederum von der Anzahl der Arbeitsplätze abhängig ist, für die Finanzsituation einer Kommune von Bedeutung. Eine Erhöhung dieser Einnahmen ermöglicht den Kommunen, unabhängiger zu planen und zu handeln. Mit den Maßnahmen der kommunalen Wirtschaftsförderung wird das Ziel verfolgt, zur Verbesserung der finanziellen Einnahmesituation von Kommunen beizutragen.[19]

Als Maßnahmen sind alle Versuche zu bezeichnen, neue Unternehmen für einen Standort innerhalb einer Kommune zu gewinnen. Dieses Vorgehen orientiert sich allerdings nicht an den lokalspezifischen Problemen. Wichtige Fragen der Spezifizierung von Zielgruppen, die in ein angepaßtes Branchen-Mix zu integrieren sind, werden dabei vernachlässigt. Branchenzugehörigkeit und Betriebsgröße sind jedoch bedeutsame Einflußfaktoren für ein erfolgreiches Funktionsgefüge innerhalb einer Kommune. Die alleinige Ausrichtung auf Maßnahmen zur Erhöhung kommunaler Einnahmen ist bezeichnend für eine kurzfristige Betrachtungsweise, bei der einer ausgewogenen Wirtschaftsstruktur keine zentrale Bedeutung beigemessen wird.

Kommunale Wirtschaftsförderung ist demnach einem Konflikt zwischen kurz- und langfristigen Zielen ausgesetzt. Die Entscheidung für eine Unternehmensansiedlung ohne Berücksichtigung der Integration in ein Branchengefüge beruht auf einer kurzfristigen Betrachtungsweise; primär geht es darum, kommunale Steuereinnahmen zu erzielen und das Arbeitsplatzangebot innerhalb der Kommune zu erhöhen. Eine Unternehmensansiedlung ist jedoch mit langfristigen Implikationen verbunden (Aufbau eines Kundenstammes, Lieferantenbeziehungen

---

16 Vgl. Kistenmacher, Hans (1994), S. 19.

17 Vgl. Orlitsch, Georg/Pfeiffer, Manfred (1994), S. 113.

18 Vgl. Kistenmacher, Hans (1994), S. 21.

19 Vgl. Große Siemer, Stephan (1993), S. 14.

etc.), so daß von der kommunalen Wirtschaftsförderung überprüft werden sollte, wie das neue Unternehmen in das bestehende Funktionsgefüge eingegliedert werden kann. Dieses Beratungsangebot gilt insbesondere für Existenzgründer, die von den Erfahrungen der kommunalen Wirtschaftsförderung profitieren können.

In einer wirtschaftlich rezessiven Phase, die i.d.R. durch abnehmende Neuansiedlungen gekennzeichnet ist, rückt das Ziel der Erhöhung der kommunalen Einnahmen in den Hintergrund. Vielmehr werden Anstrengungen unternommen, den bereits in einer Kommune ansässigen Unternehmen erhöhte Aufmerksamkeit zu widmen und auf ihre Bedürfnisse zu reagieren. Die von der kommunalen Wirtschaftsförderung zu leistende Bestandspflege wird erhöht, um die kommunale Finanzsituation zu sichern.
Wirtschaftspolitische Anstrengungen für die bereits ansässigen Unternehmen gewinnen eine höhere Bedeutung als Neuakquisitionen von Unternehmen.[20]

2.3.2. Arbeitsmarktpolitische Ziele

Die steigende Arbeitslosigkeit hat sich in der Bundesrepublik Deutschland zu einem großen wirtschaftlichen und gesellschaftlichen Problem entwickelt. Der wirtschaftliche Strukturwandel, der u.a. durch steigende Anforderungen an das Qualifikationsniveaus der Beschäftigten und eine immer schlankere Produktionsweise gekennzeichnet ist, hat Auswirkungen auf den Arbeitsmarkt.[21]

Mit dem Verlust eines Arbeitsplatzes und somit eines in der Lebensplanung unterstellten regelmäßigen Einkommensstroms sind zusätzliche Konsequenzen verbunden, wie z.B. Verminderung der gesellschaftlichen Anerkennung.[22] Auf kommunaler Ebene wird der Versuch unternommen, dem Problem der Beschäftigungslosigeit entgegenzuwirken, indem das im Grundgesetz festgesetzte Sozialstaatsprinzip verwirklicht wird. Festzuhalten ist jedoch, daß die Städte und Gemeinden in der Bundesrepublik Deutschland keine originäre Zuständigkeit für den Arbeitsmarkt haben. Trotzdem wird versucht, arbeitsmarktpolitische Zielsetzungen zu fördern.[23] So erstreckt sich das kommunale Engagement auf umfangreiche Aktivitäten, wie beispielsweise Aus- und Weiterbildung von Arbeitslosen. Zusätzlich sind Kommunen oft Träger von Arbeitsbeschaffungsmaßnahmen (ABM), damit eine Umlenkung von Sozialausgaben zur Schaffung von befristeten Arbeitsplätzen stattfinden kann.

---

20 Vgl. Kistenmacher, Hans (1994), S. 21.

21 Vgl. Hollbach-Grömig, Beate (1996b), S. 85.

22 Vgl. Große Siemer, Stephan (1993), S. 13-14.

23 Vgl. Dieckmann, Jochen/König, Eva (1994), S. 2.

Neben dem Aspekt des Sozialstaatsprinzips auf kommunaler Ebene besteht hier auch ein kommunales Eigeninteresse, da ca. 17% der durch Arbeitslosigkeit entstehenden Kosten von den Kommunen zu tragen sind.[24] So bestehen neben der Vermeidung von sozialen Schieflagen auch fiskalische Gründe für Aktivitäten der kommunalen Wirtschaftsförderung auf dem Arbeitsmarkt.
In diesem Zusammenhang ist auf das Problem hinzuweisen, daß durch öffentlich geförderte Arbeit, wie beispielsweise ABM-Stellen, mögliche Wettbewerbsverzerrungen auf dem Arbeitsmarkt auftreten können. Kommunale Wirtschaftsförderung muß berücksichtigen, daß finanziell unterstützte Arbeitsprogramme nicht Arbeitsplätze auf dem ersten Arbeitsmarkt gefährden dürfen. Vielmehr müssen Anreize geschaffen werden, daß mit erster Priorität Beschäftigung in Unternehmen zur Verfügung gestellt wird.

2.4. Zielgruppen kommunaler Wirtschaftsförderung

Zielgruppenanalysen unter Berücksichtigung der ermittelten kommunalspezifischen Standortstärken wurden in der Vergangenheit nicht in ausreichendem Maße vorgenommen. Politiker der Kommunen haben sich lange Zeit auf Gewerbe- und Industrieansiedlungen konzentriert, ohne zu überprüfen, ob der Standort für potentielle Investoren geeignet ist,[25] und ob sich das Unternehmen in den vorhandenen Branchen-Mix ergänzend einfügt.

In jüngster Zeit ist ein Wandel in der kommunalen Wirtschaftsförderung zu beobachten. Vor allem zwei Zielgruppen finden die verstärkte Aufmerksamkeit der Kommunen. Zum einen handelt es sich um kleine und mittlere Unternehmen und zum anderen um Existenzgründer. Von diesen beiden Zielgruppen werden stärkere positive Arbeitsplatzeffekte erwartet.

2.4.1. Kleine und mittlere Unternehmen

Kleine und mittlere Betriebe sind durch eine geringe Personalausstattung gekennzeichnet. Deshalb werden regelmäßige Messebesuche, die Teilnahme an Fachseminaren oder allgemein die ständige Auswertung von Informationsquellen aufgrund personeller Restriktionen erschwert. Hier liegt ein wichtiges Betätigungsfeld der kommunalen Wirtschaftsförderung, wenn der Leistungsanspruch, Unternehmen zu fördern, erfüllt werden soll. Beispielsweise können empirische Erhebungen durchgeführt werden über den Informationsbedarf kleiner und mittlerer Betriebe, wie z.B. die Auswertung wirtschaftlicher Strukturdaten.

---

24 Vgl. Freidinger, Guido (1994), S. 126.

25 Vgl. Birnstiel, Detlev (1993), S. 380.

Hierzu bietet es sich an, daß die kommunale Wirtschaftsförderung aufgrund des engen Kontakts im Rahmen der Bestandspflege als Vermittler zwischen dritten Anbietern (Kammerverbänden) und den kleinen und mittleren Betrieben auftritt und notwendige Informationen weiterleitet.

Dieser Aspekt verdeutlicht, daß die Wirtschaftsförderung "Initiativen fördern, bündeln, Interessen zusammenführen und gegebenenfalls auch als Veranstalter von Weiterbildungsseminaren auftreten"[26] sollte, die speziell auf die Zielgruppe kleine und mittlere Betriebe ausgerichtet sind, um Schwachstellen und Hemmnisse abzubauen.

Der hohe Stellenwert der kleinen und mittleren Betriebe läßt sich vor allem aus folgenden Merkmalen ableiten:

1. *Erhalt und Schaffung von gewerblichen Arbeitsplätzen*
   Ca. 70% des Arbeitsplatzzuwachses in der Bundesrepublik Deutschland zwischen 1970 und 1980 sind auf die Ausweitung der Aktivitäten der kleinen und mittleren Unternehmen zurückzuführen.[27]

2. *Berufliche Aus- und Weiterbildung von Jugendlichen*

3. *Hohe Flexibilität und Anpassungsfähigkeit an Markterfordernisse*

4. *Beweglichkeit und Kundennähe*
   Kleine und mittlere Unternehmen können i.d.R. leichter auf Kundenwünsche und individuelle Belange eingehen (enger Kundenkontakt).

Einige der speziellen Probleme von kleinen und mittleren Unternehmen sind beispielsweise:

1. *Art der Unternehmensführung.*
   Ein Familienbetrieb oder ein Einzelunternehmer muß oftmals alleine die vielfältigsten Aufgaben und Anforderungen bewältigen. Die Stärken und Schwächen eines kleinen und mittleren Unternehmens ergeben sich häufig aus der Person des Unternehmers selbst.

2. Die oftmals *geringe Kapitaldecke* der kleinen und mittleren Unternehmen kann zu einem Hemmnis für weiteres Wachstum werden.

---

26 Steinröx, Manfred (1995), S. 95.

27 Vgl. Hahne, Ulf (1995), S. 22.

3. Kleine und mittlere Unternehmen können (aufgrund ihrer finanziellen, personellen Ressourcen und organisatorischen Möglichkeiten) nur *eingeschränkt Grundlagenforschung* betreiben, müssen aber gleichwohl mit dem technischen und technologischen Fortschritt schritthalten, um marktfähig zu bleiben.

4. Die für den Unternehmensablauf notwendigen *vielfältigen Informationen*, die aber aufgrund von Mangel an Wissen und Zeit nicht oder nur unzureichend eingeholt werden können; so z.B. in bezug auf Förderprogramm-Angebote.

Besonders die kleinen Betriebe haben Schwierigkeiten, den Strukturwandel ihrer Branche zu bewerkstelligen. In vielen Fällen fehlen ihnen qualifizierte Ansprechpartner, die Kenntnis haben über die spezifischen Marktstrukturen. Weiterhin ist festzustellen, daß es Inhabern von kleinen Betrieben oft an Problembewußtsein in bezug auf diesen Strukturwandel mangelt. Hier gibt es für viele kommunale Wirtschaftsförderer ein umfangreiches Betätigungsfeld, zumal die Beratungsdienstleistungen beispielsweise von Kammerverbänden vielfach nur eingeschränkt unmittelbar vor Ort zur Verfügung stehen.[28]

2.4.2. Existenzgründer

Die Unterstützung von betrieblichen Neugründungen, sog. Existenzgründern, ist ein weiterer Aufgabenbereich der kommunalen Wirtschaftsförderung. Unter dem Aspekt der Entwicklungsdynamik wird dieser Gruppe ein wichtiger Arbeitsplatzeffekt beigemessen. Einer Studie des Instituts für Arbeitsmarkt und Berufsforschung der Bundesanstalt für Arbeit läßt sich entnehmen, daß zwischen 1980 und 1990 die Beschäftigtenanzahl in Großunternehmen mit einem Arbeitsplatzvolumen von mehr als 500 um durchschnittlich 2% anstieg, während in Unternehmen mit einer Beschäftigtenanzahl von weniger als 20 eine Steigerungsbandbreite zwischen 8% bis 12% zu verzeichnen war.[29] Erreicht es die kommunale Wirtschaftsförderung, durch ein entsprechendes Beratungsangebot Informations- und Beratungsdefizite sowie mangelnde Marktkenntnisse etc. zu vermindern, so kann die Existenzgründungsförderung eine wesentliche Schubkraft für die wirtschaftliche Entwicklung in Kommunen werden.[30]

---

28 Vgl. Steinröx, Manfred (1994), S. 39.

29 Prozentuale Angaben aus: Steinröx, Manfred (1995), S. 95.

30 Vgl. Steinröx, Manfred (1995), S. 95.

2.5. Aktionsfelder kommunaler Wirtschaftsförderung

2.5.1. Gewerbeflächenmanagement

Das Gewerbeflächenmanagement ist eine originäre Aufgabe kommunaler Wirtschaftsförderung. Die Bereitstellung und die Weiterentwicklung von Gewerbeflächen sind notwendig, um zu einer Verbesserung des wirtschaftlichen Entwicklungspotentials einer Kommune beizutragen. Anforderungen von Unternehmerseite, um beispielsweise Unternehmenserweiterungen oder aber Unternehmensverlagerungen vorzunehmen, muß die kommunale Wirtschaftsförderung entsprechen. Dies gilt eben so für Bedarfe von Existenzgründern, kleinen und mittleren Unternehmen oder aber generell für ansiedlungsinteressierte Unternehmen.

Beim Gewerbeflächenmanagement wird zwischen klassischen und neuartigen Instrumenten unterschieden. Zu den klassischen Instrumenten zählen die Ausweisung und die Erschließung von Gewerbeflächen ebenso wie Ankauf, Vermittlung und Verkauf von Gewerbeflächen. Als neue Instrumente werden das Brachflächenrecycling, Nachverdichtung und der Aufbau von Gewerbeparks bezeichnet. Im Unterschied zu den klassischen Instrumenten setzen die neuartigen Instrumente stärker qualitative Aspekte in den Mittelpunkt.[31]

Der wirtschaftliche Strukturwandel hat zu einer Veränderung der Produktions- und Organisationsbedingungen in Unternehmen geführt (lean production), auf die die kommunale Wirtschaftsförderung reagieren muß. Schnellere Flächennutzungszyklen erfordern schnellere Handlungen, so z.B. bei der Flächenbereitstellung oder bei der Genehmigungspraxis.

Der Stellenwert des Gewerbeflächenmanagements wird deutlich, wenn berücksichtigt wird, daß eine Flächenausweisung mittel- bis langfristige Wirkungen hat, die nur schwer zu korrigieren sind.[32] Dies ist vor allem in Kernstädten mit großen Verdichtungsräumen der Fall, bei denen der richtige Umgang mit Gewerbeflächen einen besonderen Stellenwert hat.[33]
Die Standortberatung ist in vielerlei Hinsicht ein wichtiger Themenkomplex. Die Entscheidung für einen Betriebsstandort kann oftmals nur unter Inkaufnahme von "sunk costs"[34] getroffen werden. So sind beispielsweise einmal durchgeführte Baumaßnahmen, installierte Anlagen, eingeschulte Arbeitskräfte

---

31 Vgl. Hollbach-Grömig, Beate (1996b), S. 39.

32 Vgl. Hollbach-Grömig, Beate (1996b), S. 41.

33 Vgl. Hollbach-Grömig, Beate (1996b), S. 41.

34 Sunk costs sind spezifische Kosten eines Anlageguts ohne alternative Verwendungsmöglichkeiten.

sowie ein aufgebauter Kundenstock quasi irreversibel. Die Standortwahl hat sehr langfristige Implikationen. Standortplanungen der Unternehmen werden mit Kosten- und Erlösberechnungen durchgeführt und implizieren die ökonomische Lebensdauer des Betriebs. In der Regel wird ein Zeitraum zwischen 10 und 15 Jahren unterstellt.[35]

Die Moderatorenfunktion der Wirtschaftsförderung zielt darauf, ein langfristig Bestand habendes Gewerbeflächen-Mix zu entwickeln.[36] Innovatives Gewerbeflächenmanagement setzt sich zusammen aus den folgenden drei Bereichen:[37] Vorsorge, Verdichtung und Differenzierung; hierzu wird im folgenden kurz Stellung genommen.

Ein sparsamer Umgang mit der Flächenressource ist nicht nur unter ökologischen Aspekten notwendig, sondern auch unter ökonomischen Kriterien eine zentrale Forderung für die Zukunftssicherung in einer Kommune. Grundstücke, die bei der Vergabe von Gewerbeflächen zu umfangreich bemessen wurden, lassen nämlich nur in wenigen Fällen eine sinnvolle Nachverdichtung zu.[38] Um unerwünschte Blockierungen des Flächenmanagements zu vermeiden, ist eine rechtzeitige Steuerung des Branchen-Mix zu sichern. Großmärkte des Einzelhandels mit hohem Verkehrsaufkommen sollten z.B. nicht in direkter Nachbarschaft zu forschungsintensiven Betrieben angesiedelt werden. Aber auch emittierende Betriebe können erhebliche Nachbarschaftsprobleme sowohl mit anderen Betrieben als auch mit Wohnvierteln verursachen.

Gewerbeflächen sollten jedoch nicht nur ihrer Nutzung nach differenziert und funktionsgerecht angeboten werden. Zusätzlich sind auch Anforderungen im Bereich des Arbeitsumfelds zu berücksichtigen. Besonders bei Arbeitsbereichen, bei denen hohe Kreativität und Konzentration erforderlich ist, bieten sich Gewerbeparks an. Die hochwertige Gestaltung sowie die moderne Architektur dieser baulichen Komplexe prägen ein eigenes Profil und Image. Die Nachfrage nach solchen Parks sollte von Wirtschaftsförderern zur Kenntnis genommen werden, um unterstützende Maßnahmen für deren Errichtung einzuleiten.[39]

---

35 Vgl. Maier G./Tödtling, F. (1992), S. 25.

36 Vgl. Schwesinger, Hartmut/Kania, Peter (1995), S. 187.

37 Vgl. Hahne, Ulf (1995), S. 25.

38 Vgl. Hahne, Ulf (1995), S. 25.

39 Vgl. Lutzky, Nikolai/Gather, Matthias (1989), S. 15.

2.5.2. Bestandspflege als Dienstleistungsaufgabe

Die aktive Bestandspflege ist ein zentraler Aufgabenbereich der kommunalen Wirtschaftsförderung.[40] Die Bestandspflege als Dienstleistungsaufgabe hat insbesondere deshalb einen wichtigen Stellenwert, weil das Potential an standortsuchenden Unternehmen (national/international) abnimmt. Daher besteht die kommunale Priorität, den örtlichen Betrieben ein Maximum an Dienstleistung anzubieten.[41] Das Bemühen, sich als Wirtschaftsförderer um die Belange von Unternehmen zu kümmern, ist entscheidend, da damit auch Konsequenzen für die Standortattraktivität einer Kommune verbunden sind. Das Mikroklima als Standortfaktor signalisiert Unternehmen, daß die Kommune Hilfestellungen gewährt. Bezeichnende Charakteristika sind Vertrauen und Partnerschaft zwischen Wirtschaftsförderung und Kommune. Kommunale Wirtschaftsförderung versucht, durch die Bereitstellung von Entscheidungshilfen positiv auf die Wirtschaftsentwicklung Einfluß zu nehmen.[42]

Als Methoden der Bestandspflege eignen sich:

a) Betriebsbesuche

Betriebsbesuche intensivieren den Kontakt zu Unternehmen. Auf diese Weise kann sich die kommunale Wirtschaftsförderung informieren, welche Unternehmensbelange vorliegen und diese an die betreffenden Ämter innerhalb einer Kommune weiterleiten. Betriebsbesuche sind jedoch umso schwieriger durchführbar, je größer die Kommune ist, da sie einen hohen Personaleinsatz erfordern. [43]

b) Technikunterstützte Informationsangebote

In einer Zeit, in der technikunterstützte Informationssysteme nicht mehr wegzudenken sind, muß auch eine kommunale Wirtschaftsförderung sich auf diese Anforderungen einstellen. So beinhalten derartige Informationsangebote die Wirtschafts- und Strukturdaten einer Kommune, die in ein Standortinformationssystem eingebunden werden.

In diesem Zusammenhang stellt sich die Frage, ob es sinnvoll sein kann, für jede Kommune eigene Standortinformationssysteme aufzubauen und diese für die ortsansässigen Unternehmen bereitzuhalten, oder ob eine interkommunale Kooperation nicht die effektivere Methode wäre. Diese setzt einen regelmäßigen Informations- und Erfahrungsaustausch zwischen den Städten und anderen Ak-

---

40 Vgl. Hollbach-Grömig, Beate (1996b), S. 52.

41 Vgl. Orlitsch, Georg/Pfeiffer, Manfred (1994), S. 112.

42 Vgl. Steinröx, Manfred (1994), S. 34.

43 Vgl. Hollbach-Grömig, Beate (1996b), S. 52.

teuren (Kammerverbände, Sparkassen) voraus, der für erfolgreiche Konzepte, Strategien und Problemlösungen notwendig ist.[44]
Neben der Verbesserung von Informationsgrundlagen können auf diese Weise Synergieeffekte und somit Einsparungen erzielt werden. Vor dem Hintergrund, daß kommunale Informationssysteme immer mehr Bedeutung gewinnen, sind regionale Informationsstrategien eine überlegenswerte Alternative.

c) Allgemeine Beratungen
Es besteht ein erheblicher Beratungsbedarf zu einer Vielzahl von Themen. Diese Beratung leistet kommunale Wirtschaftsförderung. Die Themen reichen von Gewerbeflächenmanagement, Existenzgründungen, Kooperationsmöglichkeiten bis hin zu der Beratung über monetäre Förderkonzepte. In diesem Zusammenhang ist vor allem die Zielgruppe von kleinen und mittleren Unternehmen zu erwähnen, die besonderen Wert auf Informations- und Beratungshilfen legen.[45]
Beratungsempfänger sind sowohl bereits ortsansässige Unternehmen als auch Unternehmen, die sich für einen neuen Standort interessieren. Hier ist v.a. die Gewerbeflächenberatung entscheidend.
Infolge von Standortuntersuchungen kommt Hollbach-Grömig zu dem Ergebnis, daß sich mehr als die Hälfte aller Unternehmensverlagerungen auf einen Radius von 50 km beschränken, somit innerhalb der Region stattfinden.[46] Auch daraus sind zusätzliche Anforderungen an die Wirtschaftsförderung abzuleiten. So sollte die kommunale Wirtschaftsförderung versuchen, in einer regionalen Zusammenarbeit diesen Sachverhalt zu unterstützen, damit der Verlagerungsradius der Unternehmen nicht ausgedehnt wird. Notwendig ist hierzu eine eingespielte Abstimmung auf interkommunaler Ebene. Besonders schwierig erscheint hierbei eine Kooperation zwischen Stadt und Umland, da Kernstädte oftmals nicht in der Lage sind, den Anforderungen von abwanderungswilligen Unternehmen zu entsprechen. Als Beispiele können das erhöhte Angebot von Gewerbeflächen und niedrigere Gewerbesteuersätze im Umland angeführt werden, die günstigere Rahmenbedingungen für Unternehmen darstellen.

Zusätzlich besteht Beratungsbedarf beispielsweise zu den Themen Umweltschutz und Arbeitssicherheit, die häufig mit komplizierten Gesetzesvorschriften verbunden sind. Besonders für kleine und mittlere Betriebe sind die gesetzlichen Vorschriften in den Bereichen Umweltschutz und Arbeitssicherheit oft ein Standortnachteil. Die Regulationsmechanismen sowie ihre Konsequenzen sollten nicht unterschätzt werden. Kommunale Wirtschaftsförderung sollte gerade

44 Vgl. Hollbach-Grömig, Beate (1996b), S. 52.
45 Vgl. Hollbach-Grömig, Beate (1996b), S. 56.
46 Vgl. Hollbach-Grömig, Beate (1996b), S. 56.

kleinen und mittleren Unternehmen zu diesen beiden Bereichen ein umfangreiches Beratungs- und Informationsangebot unterbreiten.

Im Bereich Informationstechnologie macht eine verstärkte internationale Ausrichtung neue DV-unterstützte Informations- und Kommunikationssysteme, wie beispielsweise Internet, in Unternehmen erforderlich. Kleine und mittelständische Unternehmen werden sich diesem Kommunikationsmedium auf Dauer nicht entziehen können. Auch hier muß die kommunale Wirtschaftsförderung den Beratungsbedarf der Unternehmen prüfen, um entsprechende Unterstützung leisten zu können. Zugleich müssen Wirtschaftsförderer Nutzenpotentiale neuer Systeme, wie z.B. Zeitersparnis, Öffnung neuer Vertriebskanäle und Differenzierung zum Wettbewerb, verdeutlichen.[47]

Auch der Zugang zu Behörden ist ein zunehmend wichtiger Beratungsbereich der kommunalen Wirtschaftsförderung, bei dem Unternehmen eine Hilfestellung angeboten wird. Kleine und mittelständische Unternehmer sind oft überfordert mit bürokratischen Anforderungen, die sie zu berücksichtigen haben. Der Mangel an Kenntnis, wer der geeignete Ansprechpartner für eine spezifische Fragestellung ist, sowie der Fall, daß Unternehmer von einem Ansprechpartner zum anderen "weitergereicht" werden, führt zu pagatorischen Kosten (monetäre Mittel) und Opportunitätskosten (Zeit). Diesen Konflikt kann die kommunale Wirtschaftsförderung beseitigen, indem sie sich für eine Verbesserung des Zugangs zu Behörden einsetzt.
Zu dieser allgemeinen Beratungsaufgabe kommen folgende Spezialthemen:

(aa) Beratungen über Fördermöglichkeiten
Wirtschaftsförderer werden oft nach finanziellen Fördermöglichkeiten befragt, weil Wirtschaftsförderung häufig und irrigerweise nur mit monetären Unterstützungen assoziiert wird. Hier ist die kommunale Wirtschaftsförderung Anlaufstelle für Unternehmen, die sich über Fördermaßnahmen informieren möchten. Sie ist jedoch vielfach überfordert, da die Fördermaßnahmen von Bund, Ländern und EU sehr umfangreich und die Fördervoraussetzungen jeweils unterschiedlich sind.[48] Trotzdem agiert die kommunale Wirtschaftsförderung als Hilfs- und Anlaufstelle insbesondere für kleine und mittelständische Unternehmen.
Für die einzelnen Gruppen besteht eine Vielzahl von Förderprogrammen, die gewerbe- und länderspezifisch eingeteilt sind und deren Umfang für die Unternehmen nicht überschaubar ist. So sind zumindest Experten auf dem Förderprogramm-Gebiet, die sich täglich mit der Thematik befassen, der Meinung, daß ein

47 Vgl. Delpho, Holger (1997), S. 9.
48 Vgl. Hollbach-Grömig, Beate (1996b), S. 58.

kleiner oder mittelständischer Unternehmer das Förderprogramm-Angebot alleine nicht überschauen kann.

Eine detaillierte Darstellung aller bestehenden Förderprogramm-Angebote würde den Rahmen dieser Arbeit sprengen. Im folgenden werden Beispiele der wichtigsten Förderprogramme aufgezählt, um einen Einblick in die Komplexität der Investitionsdarlehen zu geben. Zuvor sollen die Fördermöglichkeiten kurz skizziert werden:[49]

- Kreditanstalt für Wiederaufbau
  Die Kreditanstalt für Wiederaufbau (KfW) wurde 1948 gegründet, um zinsgünstige Darlehen zur Verfügung zu stellen, die zum Wiederaufbau und der Stärkung der deutschen Wirtschaft zweckgebunden investiert werden sollten. Auch heute befaßt sich die KfW im Inlandsgeschäft mit der Finanzierung von Investitionen für langfristig orientierte Struktur- und Anpassungserfordernisse (sustainable development).

- Deutsche Ausgleichsbank
  Die Deutsche Ausgleichsbank wurde 1950 gegründet. Diese Institution steht unter der Aufsicht der Bundesregierung und ist mit allen Aufgaben der Wirtschaftsförderung auf Bundesebene beauftragt.

- Europäisches Wiederaufbauprogramm
  Das Europäische Wiederaufbauprogramm, auch als ERP-Programm bezeichnet (European Recovery Program), ist auf Unterstützungsleistungen des Marshall-Plans der USA nach dem Zweiten Weltkrieg zurückzuführen. Heute werden die ERP-Mittel im wesentlichen für die Deckung des Finanzbedarfs in den neuen Bundesländern eingesetzt.

- Europäische Investitionsbank
  Die Europäische Investitionsbank wurde 1958 mit der Absicht gegründet, durch die Gewährung zinsgünstiger Darlehen eine ausgewogene Entwicklung des Gemeinsamen Marktes innerhalb der Europäischen Union zu gewähren. "Die Bank soll durch ihre Fördermaßnahmen darauf hinwirken, daß kein Land, keine Region und kein Unternehmen innerhalb der EU durch die Bildung des gemeinsamen Wirtschaftsraumes Nachteile hinnehmen muß."[50]

---

49 Vgl. Hundrieser, Reinhart (1994), S. 280.

50 Hundrieser, Reinhart (1994), S. 281.

Die Förderprogramme, die in erster Linie in Form zinsgünstiger Darlehen angeboten werden, können im wesentlichen in folgende Gruppen eingeteilt werden:[51]

- Existenzgründung und –sicherung,
- Errichtung und Erweiterung neuer bzw. bestehender Betriebsstätten,
- Forschung und Entwicklung,
- Umweltschutz und Energieeinsparung.

- Existenzgründung- und sicherung[52]
  ERP-Existenzgründungsprogramm, DtA-Existenzgründungsprogramm, Eigenkapitalhilfe-Programm, Partnerschaftskapital-Hilfe etc.

- Errichtung und Erweiterung neuer bzw. bestehender Betriebsstätten
  ERP-Regionalprogramm, KFW-Mittelstandsprogramm, KFW-Mittelstandsprogramm-Ausland, ERP-Aufbauprogramm etc.

- Forschung und Entwicklung
  BRITE/EURAM, SPRINT; ESPRIT, RACE, TEDIS, JOULE. Es handelt sich hierbei um Programme auf EU-Ebene. Sie sind bezogen auf industrielle und Werkstofftechnologien, Prüf- und Meßverfahren, strategische Programme für Innovation und Technologietransfer, Beratungsmaßnahmen für Technologieparks, Informations- und Kommunikationstechnologien, Datentransfer für kommerzielle Zwecke, Entwicklung nicht-nuklearer Energien etc.[53]

- Umweltschutz und Energieeinsparung
  ERP-Abfallwirtschaftsprogramm, ERP-Abwasserreinigungsprogramm, ERP-Luftreinigungsprogramm, KfW-Umweltprogramm, DtA-Umweltprogramm. Aspekte des Umweltschutzes stehen bei der Vergabe dieser Programme im Vordergrund.

Kommunale Wirtschaftsförderer haben die Aufgabe, Unternehmen mit Informationen zu den Förderprogramm-Bedingungen zu versorgen und im Rahmen von Verfahren auch zu begleiten. Diese Dienstleistung ist insofern bedeutend, als mangelnde Geduld und fehlende Kenntnis insbesondere der kleinen und mittleren Unternehmen häufig dazu führen, daß zur Verfügung stehende Förderprogramme nicht in Anspruch genommen werden. Unternehmer verzichten in vie-

---

51 Vgl. Martens, Alfons (1994), S. 296.

52 Ausführliche Informationen über Förderprogramm-Angebote sind in Martens, Alfons (1994), S. 291 ff. zusammengestellt.

53 Vgl. Martens, Alfons (1994), S. 302.

len Fällen auf Fördermittel mit dem Hinweis, daß sie die Kosten der Bearbeitung (Zeit und Sachmittel) höher einschätzen als den Nutzen der Fördermittel. Auf diese Weise bleiben viele Förderprogramme ungenutzt.

(bb) *Existenzgründungsberatung*
Die Nachfrage nach Existenzgründungsberatungen steigt zunehmend und wird somit zu einem wichtigen Beratungsbereich. Existenzgründungen sind mit direkten Arbeitsplatzeffekten verbunden, was für die kommunale Wirtschaftsförderung eine wichtige Zielsetzung ist.[54] Auch hier ist eine Zusammenarbeit mit anderen Akteuren, wie beispielsweise den Kammerverbänden und Banken/Sparkassen, sinnvoll und notwendig, da diese bei betriebswirtschaftlichen und rechtlichen Fragestellungen sowie monetären Förderkonzepte eine zusätzliche Unterstützung anbieten können.

(cc) Beschäftigungs- und Qualifizierungsmaßnahmen
Diesem Beratungsbereich wird ebenfalls ein wichtiger Stellenwert eingeräumt, da Arbeitsplatzeffekte erhofft werden. Doch ein kommunaler Alleingang der Wirtschaftsförderung kann auch in diesem Bereich nicht sinnvoll sein, da mit anderen Akteuren (Arbeitsamt, Wirtschaftsverbände, Kammerverbände) zusammengearbeitet werden muß, um beispielsweise den Qualifizierungsbedarf zu analysieren und auch die bestehenden Beschäftigungsangebote innerhalb einer Region transparenter zu gestalten. Beschäftigungs- und Qualifizierungsmaßnahmen liegen nicht im alleinigen Zuständigkeitsbereich der kommunalen Wirtschaftsförderung, sie kann aber als Vermittler Kontakte zu den jeweiligen Stellen der Arbeitsmarktakteure herstellen.[55]

(dd) Kooperationsmöglichkeiten und Technologietransfer
Unternehmen benötigen Informationen über mögliche Partner, mit denen sie kooperieren können, oder um mit Personen in Kontakt zu kommen, die Interesse für eine Unternehmensnachfolge zeigen.
Persönliche Umstände, wie beispielsweise Krankheit und/oder Altersgründe, können hierfür die Ursache sein. Um diesen Anforderungen zu genügen, sind regionale Netzwerke wichtig. Aber auch im Technologietransferbereich kann die kommunale Wirtschaftsförderung eine Lotsenfunktion einnehmen und beispielsweise kooperationsinteressierte Unternehmen zueinander führen. Hierzu sind Unternehmensbörsen eine sinnvolle Einrichtung, die eine lokale und regionale Vernetzung ermöglichen. Eine Kooperation zwischen Wirtschaftsförderung, Kammerverbänden und Banken/Sparkassen ist von hoher Bedeutung, damit Informations- und Kontaktnetzwerke aufgebaut werden, die den Unternehmen

---

54 Vgl. Hollbach-Grömig, Beate (1996b), S. 60.

55 Vgl. Hollbach-Grömig, Beate (1996b), S. 60.

zugute kommen. Ein kontinuierlicher Informationsaustausch zwischen diesen Institutionen ist dabei geboten.[56]

Die Bundesrepublik Deutschland als hochentwickelte Volkswirtschaft sollte ihre komparativen Vorteile verstärkt in wissensbasierten Produktionen suchen. Wissenschaft und wirtschaftsnahe Technologieinfrastruktur sind von zentraler Bedeutung für die Weiterentwicklung effizienter Produktionsverfahren. Hierbei sind Hochschulen als Ausbildungsstätten für die Umsetzung von neuem Wissen in Qualifikationen zu bezeichnen.[57]
Des weiteren ist die Zusammenarbeit zwischen Hochschulen und Unternehmen im Wissens- und Technologietransfer erforderlich. Die Aufgabe der Wirtschaftsförderung ist in diesem Bereich vor allem, Technologietransferstellen zu entwickeln, die serviceorientiert und zielgruppengerecht zur Verfügung stehen. Diese sollen dazu beitragen, daß bestehende Unternehmen, aber auch innovative Existenzgründer, neue Produktionsweisen kennenlernen. Zunehmende Bedeutung gewinnen hierbei Technologiezentren, die als Knotenpunkt des technologieorientierten Kommunikationsnetzwerks innerhalb einer Region dienen. Sie fungieren als gebündelte Transfereinrichtungen, die Vorträge und Fachmessen veranstalten. Auf diese Weise leisten Technologiezentren einen wesentlichen Beitrag, Kommunikationsnetze und auch das Innovationsklima insgesamt zu verbessern.[58]

2.5.3. Marketing-Aufgabe der Kommune

Neben der von der Wirtschaftsförderung zu erbringenden Dienstleistungsaufgabe, die insbesondere für kleine und mittlere Betriebe von hohem Stellenwert und durch Serviceleistungen und Beratungen im Rahmen der Bestandspflege gekennzeichnet ist, besteht ein weiterer marketingorientierter Schwerpunkt der Wirtschaftsförderung in der ansiedlungsbezogenen Akquisition von Betrieben. Zur Erfüllung dieser Aufgabe benötigt die kommunale Wirtschaftsförderung ein hohes Maß an Einfühlungsvermögen in die Denk- und Handlungsweisen der potentiellen Investoren.[59] Es reicht nicht aus, Standortfaktoren zu erfassen und an investitionswillige Unternehmer weiterzuleiten, sondern es muß ein eigenes Imageprofil erarbeitet werden, in dem die Bedürfnisse des Investors mit den lokalen Zielsetzungen in Einklang gebracht werden.

---

56 Vgl. Hollbach-Grömig, Beate (1996b), S. 60-61.

57 Vgl. Hahne, Ulf (1995), S. 28.

58 Vgl. Hahne, Ulf (1995), S. 28.

59 Vgl. Iglhaut, Josef (1994), S. 58.

Unterstützende Maßnahmen der Wirtschaftsförderung sind beispielsweise die Teilnahme an Messen, Standortbroschüren etc., die im folgenden einzeln vorgestellt werden.

a) Messen

Die Teilnahme an Messen bietet für die kommunalen Wirtschaftsförderer die Möglichkeit, neue Kontakte zu knüpfen, den Standort zu repräsentieren und neue Unternehmen zu akquirieren. Ein sinnvolles Instrument ist die Präsentation von Unternehmen, die ihre Erfahrungen mit der Kommune anderen interessierten Unternehmen mitteilen. Auf diese Weise hofft man Nachfolgeeffekte von anderen Unternehmen zu erreichen.
Diese Maßnahme der Wirtschaftsförderung ist nur in einem regionalen Verbund sinnvoll, damit nicht jede einzelne Kommune mit der Organisation von Messepräsentationen beschäftigt ist.[60]

b) Standortbroschüren

Standortbroschüren haben im Rahmen der Öffentlichkeitsarbeit einen hohen Stellenwert. Die Wirksamkeit dieser Werbematerialien ist jedoch fraglich, da diese in den einzelnen Kommunen nach dem gleichen Schema aufgebaut sind und sich nur wenig voneinander unterscheiden, so daß es in bestimmten Fällen sogar möglich ist, sie auszutauschen.
Die Werbematerialien zeigen nur unzureichend auf, was die Kommune zu einem klar von anderen unterscheidbaren Standort macht, so beispielsweise spezifische Leistungen und Angebote der kommunalen Wirtschaftsförderung. Meistens werden nur harte Standortfaktoren aufgezeigt, die vielerorts in ähnlicher Qualität vorzufinden sind. Ein differenziertes Angebot, das spezifisch auf die Anforderungen von Industrie- und Dienstleistungsunternehmen oder Existenzgründern eingeht und diesen angepaßt ist, gibt es nur selten.

Die unzureichende Orientierung der kommunalen Wirtschaftsförderung an den Zielgruppen ist ein generelles Problem.[61] Auch in diesem Zusammenhang wäre eine interkommunale Kooperation sinnvoll, da spezifische komplementäre Stärken von Kommunen innerhalb einer Region herausgearbeitet werden könnten.

c) Direktwerbung

Der Direktwerbung, d.h. die direkte Ansprache ausgewählter Unternehmer/Geschäftsführer etc., wird von der kommunalen Wirtschaftsförderung nur wenig Bedeutung beigemessen, obwohl es sich hierbei um ein sehr wirkungsvolles Instrument handelt. Akteure der Wirtschaftsförderung können Unterneh-

---

60 Vgl. Hollbach-Grömig, Beate (1996b), S. 52.

61 Vgl. Hollbach-Grömig, Beate (1996b), S. 55.

men gezielt auswählen, die zu einem bestehenden Branchen-Mix innerhalb der Kommune passen würden.[62] Hierdurch kann die Gefahr, daß die kommunale Wirtschaftsförderung lediglich das Ziel verfolgt, neue Unternehmen zu gewinnen, reduziert werden.
Ein Nachteil der Direktwerbung ist der damit verbundene hohe Zeitaufwand. Diese Art der Werbung erfordert eine regelmäßige Marktbearbeitung sowie eine kontinuierliche Kontaktpflege und ist damit auch sehr kostenintensiv.

2.6. Organisation

Wirtschaftspolitische Aktivitäten der kommunalen Wirtschaftsförderung hängen im wesentlichen von deren Organisationsform ab. Jeder Kommune wird die Möglichkeit eingeräumt, selbständig über die Organisationsform der kommunalen Wirtschaftsförderung zu entscheiden.[63] Sie trifft die Entscheidung, ob andere Ämter, wie beispielsweise das Amt für Liegenschaft, Stadtplanung und -entwicklung, die Kämmerei, das Hauptamt, die Aufgaben der Wirtschaftsförderung mit übernehmen, oder aber für die kommunale Wirtschaftsförderung ein eigenes Amt eingerichtet wird.[64] Darüber hinaus besteht die Möglichkeit, eine privatrechtlich organisierte Gesellschaft oder Wirtschaftsförderungzweckverbände als kommunale Zusammenschlüsse für Belange der Wirtschaftsförderung einzurichten. Diese können als Substitut für ein Amt der kommunalen Wirtschaftsförderung wirken oder als Ergänzung zur kommunalen Wirtschaftsförderung.[65] Die Durchführung der Koordinations- und Querschnittsaufgaben ist davon abhängig, auf welcher Ebene die kommunale Wirtschaftsförderung angesiedelt wird, was wiederum Einfluß hat auf die Bedeutung, die ihr beigemessen wird. So gilt beispielsweise die direkte Unterstellung der kommunalen Wirtschaftsförderung unter das Amt eines Bürgermeisters als Anzeichen für den großen Stellenwert der wirtschaftsfördernden Aufgaben im Hinblick auf die ihr eingeräumte koordinierende und initiierende Funktion.[66]

Es gibt umfassende Auswahlmöglichkeiten für Organisationsformen der kommunalen Wirtschaftsförderung. Die zunächst am weitesten verbreitete Organisationsform war das Amt für Wirtschaftsförderung. In jüngerer Zeit ist eine Veränderung dahingehend festzustellen, daß sich immer mehr privatrechtliche Organisationsformen, wie z.B. die GmbH-Lösung, durchsetzen. Im folgenden sol-

---

62 Vgl. Hollbach-Grömig, Beate (1996b), S. 56.

63 Vgl. Hollbach-Grömig, Beate (1996b), S. 19.

64 Vgl. Hollbach-Grömig, Beate (1996b), S. 19.

65 Vgl. Hollbach-Grömig, Beate (1996b), S. 19-20.

66 Vgl. Hollbach-Grömig, Beate (1996b), S. 20.

len beide Organisationsformen dargestellt sowie ihre jeweiligen Vor- und Nachteile aufgeführt werden.

1. Amt für Wirtschaftsförderung

Unter dem Aspekt der Querschnittsfunktion, die geprägt ist von Koordinations- und Kooperationserfordernissen einerseits sowie Abstimmungserfordernissen innerhalb der Verwaltung andererseits, erscheint die Amtslösung als sinnvolle Organisationsform. Das Amt für Wirtschaftsförderung begünstigt die Mitwirkung der kommunalen Wirtschaftsförderung im Rahmen von kommunalen Verwaltungsakten. Auch ein Gutachten, das 1990 von der Kommunalen Gemeinschaftsstelle für Verwaltungsvereinfachung (KGSt) zum Thema Organisation der kommunalen Wirtschaftsförderung erstellt wurde, bestätigt diese Hypothese.[67] Begründet wird der Sachverhalt u.a. durch den Informationsfluß der Verwaltung in einem eingebundenen Amt der Wirtschaftsförderung. Hierdurch wird eine wichtige Einflußnahme auf andere Dienstbereiche ermöglicht, so z.B. bei der Beschleunigung von Anträgen.[68] Das Amt für Wirtschaftsförderung als Bestandteil der kommunalen Verwaltung verfügt dementsprechend über gute Kontakte, die für den Erhalt von verwaltungsinternen Informationen wichtig sind. Ein weiterer positiver Aspekt des Amts für Wirtschaftsförderung ist die Wahrnehmung der kommunalen Interessen.[69]
Als Kritikpunkte an dieser Organisationsform werden von der KGSt "verwaltungstypische" Nachteile aufgeführt, wie z.B. Behördenimage, Entscheidungshierarchien, Langwierigkeit von Entscheidungsprozessen, erschwerte Einstellung von Mitarbeitern aus der Wirtschaft.[70]

2. Wirtschaftsförderung GmbH

In zunehmenden Maße findet eine Ausgliederung der Wirtschaftsförderung statt (verwaltungsexterne Lösung). Wesentlicher Grund hierfür ist die Tatsache, daß diese Form größere Möglichkeiten in bezug auf eine Zusammenarbeit zwischen der Verwaltung und anderen Rechtssubjekten ermöglicht.[71] Durch die Wahl privatrechtlicher Formen entledigt sich der Verwaltungsträger nicht der Aufgabe Wirtschaftsförderung, sondern er läßt diese lediglich in einer privatrechtlichen Rechtsform zu (sog. Organisationsprivatisierung oder "formale Privatisierung"). Diese Art der Aufgabendurchführung ist Ausfluß des Selbstverwaltungsrechts der Gemeinden (Art. 28, Abs. 2 GG), das sich auf die Befugnis erstreckt, die Organisation der gemeindeeigenen Einrichtungen und wirtschaftlichen Betriebe

---

67 Vgl. Schiefer, Bernd (1992), S. 381.

68 Vgl. Schiefer, Bernd (1992), S. 381.

69 Vgl. Hollbach-Grömig, Beate (1996b), S. 21.

70 Vgl. Schiefer, Bernd (1992), S. 381.

71 Vgl. Kistenmacher, Hans (1994), S. 132.

im Rahmen der gesetzlichen Bestimmungen eigenverantwortlich zu gestalten. Die privatrechtliche Organisationsform ermöglicht die Abkoppelung der Wirtschaftsförderung aus der hierarchischen Struktur der Kommunalverwaltung.[72] "Dabei handelt es sich grundsätzlich um Wirtschaftsförderungsgesellschaften, die fast ausschließlich in der Rechtsform der GmbH organisiert sind und durchweg von der öffentlichen Hand getragen werden, wobei grundsätzlich eine einzelne Gemeinde sämtliche Kapitalanteile hält."[73]

Als Vorteil privatrechtlicher Organisationsformen kann z.B. die nicht vorhandene Bindung an Besoldungsvorschriften des öffentlichen Dienstes aufgeführt werden. Dadurch kann die Attraktivität als Arbeitgeber für Führungskräfte aus der Wirtschaft gesteigert werden. Die privatrechtliche Rechtsform bietet sich aber vor allem vor dem Hintergrund an, private Kapitalgeber an der Wirtschaftsförderung zu beteiligen.[74] Die Übertragung der Aufgabe an eine GmbH hat den Vorteil, daß infolge geringerer Bindung durch Haushaltsrecht und sonstige öffentlich-rechtliche Vorschriften für Akquisition und Management einzelner Projekte bessere Voraussetzungen und Möglichkeiten, andere Institutionen und Firmen in gemeinsame Maßnahmen einzubinden, geschaffen werden. [75] Dagegen stehen die Verluste der Vorteile des Amts für Wirtschaftsförderung, insbesondere die Beschränkung des Informationsangebots aus der Verwaltung, der Verlust von Einflußmöglichkeiten auf andere Ämter, Vernachlässigung der stadtplanerischen Zielvorgaben aufgrund der Eigeninteressen der GmbH sowie der geringere Einfluß der politisch Verantwortlichen auf Maßnahmen und Ziele der kommunalen Wirtschaftsförderung.[76]

Als Ergebnis des Vergleichs zwischen dem Amt für Wirtschaftsförderung und der Wirtschaftsförderung GmbH ist zusammenfassend festzustellen, daß die Vorteile einer Organisationsform nur unter Berücksichtigung der jeweiligen *kommunalen Ziele* beurteilt werden können. Eine allgemeingültige Empfehlung für die Organisationsform der kommunalen Wirtschaftsförderung innerhalb der Bundesrepublik Deutschland ist daher nicht möglich.

---

72 Vgl. Kistenmacher, Hans (1994), S. 133.

73 Kistenmacher, Hans (1994), S. 133.

74 Vgl. Schiefer, Bernd (1992), S. 383.

75 Vgl. Wegner, Manfred (1994), S. 84.

76 Vgl. Schiefer, Bernd (1992), S. 381.

3. Ziele und Aufgaben der regionalen Wirtschaftsförderung

3.1. Begriffliche Grundlagen

Unter dem Begriff der regionalen Wirtschaftsförderung werden Aktivitäten zur Verbesserung der Wirtschaftsentwicklung in Regionen subsumiert.[77] Das Aufgabenspektrum ist jedoch nur schwer abzugrenzen, da keine formellen oder informellen Absprachen über den Inhalt der regionalen Wirtschaftsförderung bestehen. Alle Aktivitäten der regionalen Wirtschaftsförderung können aber grundsätzlich den Bereichen Bestandspflege und Marketing zugeordnet werden.

Das Aufgabenspektrum der regionalen Wirtschaftsförderung schließt sich an die von der kommunalen Wirtschaftsförderung wahrgenommenen Aktionsfelder an, wobei von einem ansteigenden Komplexitätsgrad der durchzuführenden Maßnahmen aufgrund der territorialen Erweiterung ausgegangen werden kann. Die Sinnhaftigkeit, regionale Belange zu vertreten, wird in Frage gestellt, wenn die jeweiligen Interessen nicht in vollem Umfang berücksichtigt werden (können).

Regionale ebenso wie auch kommunale Wirtschaftsförderung sind mit dem Problem konfrontiert, daß ein unmittelbarer Zusammenhang zwischen Aufgabe und Wirkung nicht unbedingt ersichtlich ist. Dabei wird der regionalen Wirtschaftsförderung in vielen Bereichen lediglich eine Initialfunktion zugesprochen. So sind es regionale Wirtschaftsförderer, die Impulse, Anregungen und Einflüsse beispielsweise im Bereich von Infrastrukturmaßnamen geltend machen, die zu einer Verbesserung von Standortfaktoren aus Unternehmersicht beitragen. Das gleiche gilt auch für den Bereich des Arbeitsmarkts, bei dem der regionale Wirtschaftsförderer kein direkter Maßnahmenträger ist, sondern vorwiegend Einflüsse geltend machen kann, um sich beispielsweise für Aus- und Weiterbildungsmöglichkeiten einzusetzen. Regionalen Wirtschaftsförderern wird somit ein begrenzter aktiver Handlungsspielraum zugebilligt.

Diese Beispiele zeigen, wie wichtig die Abstimmung zwischen den regionalen Wirtschaftsförderern mit den unterschiedlichen Handlungsträgern ist, um zu einer Verbesserung der regionalen Wirtschaftsentwicklung beizutragen. Um im Interesse wirtschaftlicher Akteure zu handeln, sind regionale Wirtschaftsförderer letztendlich abhängig von politischen Gremien.

An dieser Stelle gilt es zum einen zu hinterfragen, warum eine zunehmend regionale Orientierung festzustellen ist, und zum anderen, Gründe für das Abgrenzungsproblem von Regionen zu erforschen. Bei den weiteren Ausführungen im

---

77 Vgl. Ridinger, Rudolf/Steinröx, Manfred (1995), S. 1.

Rahmen dieser Arbeit soll in bezug auf die Abgrenzung von Regionen eine Einschränkung erfolgen, so daß im Mittelpunkt der Aspekt von Verdichtungsräumen sowie die Stadt-Umland-Beziehung stehen.

3.2. Determinanten der regionalen Wirtschaftsförderung

3.2.1. Ressortübergreifende Querschnittsaufgabe

Die Darstellung der weitreichenden Aufgaben, die von der kommunalen Wirtschaftsförderung zu leisten sind, verdeutlicht, daß eine kommunale Isolation einer Maßnahmenkoordination und –kooperation auf regionaler Ebene entgegensteht. So entsteht die Notwendigkeit der kommunalen Kooperation zum einen aus der *ressortübergreifenden Querschnittsaufgabe* der Wirtschaftsförderung selbst und zum anderen aus der *Vielzahl der relevanten Akteure*, deren "Entscheidungen und Maßnahmen direkte oder indirekte Auswirkungen auf die Kommune als Wirtschaftsstandort zeitigen und zwecks Vermeidung von Reibungs- und Effizienzverlusten untereinander abgestimmt und auf ein gemeinsames übergeordnetes Entwicklungsziel (...) hin ausgerichtet werden müssen."[78]

Als wirtschaftsrelevante Akteure sind beispielhaft Ansprechpartner aus folgenden Organisationen und Institutionen zu nennen: Industrie- und Handelskammern, Handwerkskammern, Gewerbeaufsicht, Einzelhandelsverband, Gewerkschaften und Arbeitgeberverbände, Banken und Sparkassen, Universitäten, Versorgungs- und Verkehrsunternehmen, Regierungspräsidien und Ministerien.

Ansprechpartner aus diesen Einrichtungen beschränken ihre Arbeit nicht auf kommunale Erfordernisse, so daß eine Abstimmung und Kooperation über kommunale Grenzen hinweg erforderlich ist. Regionale Wirtschaftsförderinstitutionen sind eine notwendige Ergänzung für die erfolgreiche Umsetzung kommunaler Konzepte in einem gemeinschaftlich genutzten Wirtschaftsraum. Zusätzlich sei bereits in diesem Zusammenhang angemerkt, daß die engen räumlichen kommunalen Grenzen durch einen zunehmenden großräumigeren Wettbewerb von Regionen eine interkommunale Zusammenarbeit dringend erforderlich machen.[79] Hier ist besonders der Aspekt der *Effektivität* hervorzuheben, der eine überlokale Strukturierung der Probleme zur Diskussion stellt, um zu einer Abstimmung von Interessen beizutragen. Als wichtigster Gesichtspunkt ist hier die Erhöhung der *Informationsbasis* durch eine regionale Ausrichtung zu nennen. Zu einer erfolgreichen kommunalen Wirtschaftspolitik gehören u.a. Kenntnisse über die kommunale und regionale Wirtschaftsstruktur, so beispielsweise

---

78 Kistenmacher, Hans (1994), S. 28.

79 Vgl. Hahne, Ulf (1995), S. 14.

Kenntnisse der Branchenstruktur, des Arbeitsplatzangebots, der Verflechtungsbeziehungen, der Flächennutzung, der Verfügbarkeit von Gewerbeflächen sowie der Entwicklungspotentiale von Unternehmen.[80] Eine Informationsbündelung durch Informationen der oben angeführten Institutionen in Form von Standortinformationssystemen eines regionalen Verbundes ermöglicht die Reduktion von Kosten im Gegensatz zu Standortinformationsystemen für jede einzelne Kommune innerhalb einer Region. Des weiteren wird durch den regionalen Verbund eine umfassendere Informationsgrundlage für die Unternehmen gewährleistet und eine Zusammenarbeit der unterschiedlichen wirtschaftsbezogenen Akteure bekräftigt.[81]

Damit eine derartige Kooperation erfolgreich sein kann, müssen jedoch bestimmte Voraussetzungen geschaffen werden. Beispielhaft sollen an dieser Stelle folgende Bedingungen aufgelistet werden:

1. Die Kompetenz muß an einen selbständigen Aufgabenträger übertragen werden (interkommunale Kooperation erfordert Vertrauen). Die übertragenen Kompetenzen müssen räumlich und inhaltlich fest abgesteckt werden.

2. Die Organisationsform der regionalen Wirtschaftsförderung muß von allen Akteuren akzeptiert werden.

3. Aufgabenspektrum, Strategiemaßnahmen und Ziel müssen genau definiert und von allen Beteiligten getragen werden.

3.2.2. Europa der Regionen

Der Ausdruck "Europa der Regionen" findet zunehmend Verbreitung und hebt den Bedeutungszuwachs von Regionen hervor. Durch die Internationalisierung und Globalisierung der Märkte werden Denken und Handeln in größeren Maßstäben erforderlich, so daß eine Stadt oder Gemeinde alleine nicht imstande sein wird, sich im internationalen Wettbewerb zu behaupten.

Die verschärfte Konkurrenzsituation zwischen Städten und Regionen führt dazu, daß mit steigender Tendenz in Stadtregionen gehandelt wird. Hierbei ist anzumerken, daß Probleme, die in Zusammenhang stehen mit der Stadt-Umland-Diskussion, kaum von den Städten alleine gelöst werden können.[82] Besonders hervorzuheben sind funktionale Verflechtungen zwischen den Kernstädten und dem

---

80 Vgl. Hollbach-Grömig, Beate (1996b), S. 28.

81 Vgl. Hollbach-Grömig, Beate (1996b), S. 33.

82 Vgl. Hollbach-Grömig, Beate (1996b), S. 12.

Umland, die eine gemeinsame Wahrnehmung von Aufgaben, z.B. im Bereich der Siedlungs- und Verkehrsentwicklung, bei Infrastrukturmaßnahmen oder beim Flächenmanagement, erfordern.[83]

Beispielhaft soll der Bereich der Gewerbeflächenpolitik erwähnt werden. Großstädte sind durch einen akuten Flächenmangel gekennzeichnet und nicht in der Lage, die Flächennachfrage zu befriedigen, während außerhalb der Großstädte Versuche unternommen werden, den Überschuß von ausgewiesenen Gewerbeflächen an Investoren zu veräußern. Dieses Beispiel verdeutlicht, daß der Stellenwert von Stadt-Umland-Kooperationen zunimmt.[84]

Ein weiteres Beispiel betrifft die sinkende Finanzausstattung auf kommunaler Ebene, die Investitionen u.a. im Infrastrukturbereich (Ver- und Entsorgungseinrichtungen, Gewerbe- und Technologieparks usw.) verhindert. Eine gemeinschaftliches Vorgehen führt nicht nur zu einer Erhöhung der finanziellen Möglichkeiten, sondern auch zu einer erhöhten Auslastung von Einrichtungen. Somit werden harte Standortfaktoren im Sinne einer positiven Wirtschaftsentwicklung verändert und können als Bestandteil des regionalen Marketings "verkauft" werden.

Diese Beispiele zeigen, daß Kommunen i.d.R. ihre eigene potentielle Entwicklungsfähigkeit und somit das Wachstum der Region beeinträchtigen, wenn sie unkoordiniert im Rahmen einer Kirchturmspolitik lediglich ihre eigenen Strategien und Ziele, die zu einer scheinbaren Wohlstandsvermehrung beitragen, in den Vordergrund setzen. Aufgaben der Wirtschaftsförderung sollten daher nicht alleine auf der Ebene von einzelnen Städten und Gemeinden durchgeführt werden. Vielmehr sollte eine integrative Vereinigung von Gebietskörperschaften (Städte, Kreise, Gemeinden) und darüber hinaus eine umfangreiche Berücksichtigung der an der Wirtschaftsförderung beteiligten Institutionen (Kammerverbänden, Banken, Sparkassen...) stattfinden.[85] Die regionale Betrachtungsweise nimmt aufgrund des politischen und wirtschaftlichen Zusammenwachsens innerhalb der europäischen Gemeinschaft signifkant an Bedeutung zu. "Schlagwörter wie Europa der Regionen und vor allem Wettbewerb der Regionen machen die Runde, schüren einerseits Ängste, den Anschluß an die allgemeine Entwicklung zu verpassen, und setzen andererseits neue Energien frei."[86] Regionen von Rang werden immer bedeutender im Rahmen des zu beobachtenden Standortwettbewerbs, und so sind Politiker und Wirtschaftsförderer auf-

---

83 Vgl. Heinz, Werner (1997), S. 73.

84 Vgl. Kistenmacher, Hans, (1994) Vorwort.

85 Vgl. Kistenmacher, Hans (1994), Vorwort.

86 Kistenmacher, Hans (1994), S. 1.

gefordert, regionales Denken anzunehmen[87] sowie zu einem regionalen Gesamtbewußtsein beizutragen.

3.3. Zur Problematik der Abgrenzung von Regionen

Die Problematik der Abgrenzung einer Region ergibt sich aus der Tatsache, daß eine Region keine natürlich vorgegebene Einheit ist, die eindeutig definiert und identifiziert werden kann.[88] Der Begriff "Region" findet Verwendung, wenn Tatbestände vorliegen, die einen überörtlichen Bezug aufweisen, sich aber unterhalb staatlicher Regulationen vollziehen.[89]
Primär handelt es sich um wirtschafts- und sozialwissenschaftliche Einwände, die sich darauf beziehen, daß eine Region nicht objektiv abgrenzbar ist. Begründet wird dies damit, "daß Regionen stets zweckgebundene Raumabstraktionen darstellen, deren Abgrenzung je nach den zugrundegelegten realen Sachverhalten oder Vorgängen unterschiedlich ausfallen muß. Die Frage nach dem Wert und nach der wissenschaftlichen ‚Wahrheit' von Regionsabgrenzungen ist daher nur relativ zu den zugrunde liegenden Erkenntnis- oder Handlungszwecken sowie relativ zu bestimmten Adressaten zu beantworten. Regionen sind lediglich eine Abstraktionsleistung menschlichen Geistes. Die Auswahl einer bestimmten Art von Regionen, ihrer Zentren und ihrer Grenzen, ihre interner Struktur und ihrer hierarchischen Anordnung usw. hängen von dem speziell zu untersuchenden Problem ab."[90]

Die Typisierung von Regionen kann dazu führen, daß die Komplexität des zu untersuchenden Sachverhalts verringert wird, indem z.B. wirtschaftliche und soziale Strukturen auf ihre räumliche Dimension beschränkt werden, mit dem Ziel, sie leichter interpretierbar und vergleichbar mit anderen Regionen zu machen. Unter praxisorientierten Gesichtspunkten ist diese Vorgehensweise zu rechtfertigen. Dagegen ist aus wissenschaftlicher Sicht zu hinterfragen, ob die Auswahl der räumlichen Typisierung auch wirklich die wirtschaftlichen und sozialen Zusammenhänge widerspiegelt.[91]
Die Abgrenzung einer Region kann nach zahlreichen Merkmalen und Indikatoren erfolgen.[92] So können politisch-administrative Zuständigkeiten, sozioöko-

---

87 Vgl. Birnstiel, Detlev (1993), S. 380.

88 Vgl. Eckey, Hans- Friedrich (1995a), S. 71.

89 Vgl. Sinz, Manfred (1995), S. 805.

90 Sinz, Manfred (1995), S. 806.

91 Vgl. Sinz, Manfred (1995), S. 806.

92 Vgl. Eckey, Hans- Friedrich (1995b), S. 47.

nomische Austauschbeziehungen und funktionale Strukturen, wie z.B. Arbeitsmarktregionen, als Abgrenzungsmerkmale verwendet werden.
Weitere Indikatoren zur Abgrenzung einer Region sind die Bruttowertschöpfung oder Pendlerbeziehungen.
Aufgrund von Veränderungen der Merkmale und Indikatoren (Veränderung von Arbeitsmarktdaten, Veränderung von Pendlerverflechtungen etc.) sollte eine regionale Abgrenzung den sich immer wieder verändernden Gegebenheiten angepaßt werden.[93]

Zwei wesentliche Determinanten für die Abgrenzung des Wirkungskreises der regionalen Wirtschaftsförderung sind zum einen regionsinterne Verflechtungen von Institutionen, die sich für Unternehmensbelange in der Region einsetzen. Für die Erreichung dieser Zielsetzung ist die Kooperationsbereitschaft der Akteure auf regionaler Ebene maßgebend.

Zum anderen handelt es sich um die Zuständigkeiten von Akteuren auf der politisch-administrativen Ebene. Die Bezeichnung ‚regionale Wirtschaftsförderung' gibt Auskunft über die Wirkung, die von ihr ausgehen soll, nämlich regionales Handeln, das die Entwicklung der Wirtschaft in dieser Region fördert. Diese Aufgabe beinhaltet eine mehrdimensionale Vorgehensweise von Institutionen und Kommunen, die Wirtschaftsförderaktivitäten ausüben. Ein zentrales Merkmal ist die Versorgung von Unternehmen mit Informationen, die eine ihren Unternehmenszweck unterstützende Funktion haben (z.B. Standortmerkmale, Umweltschutzauflagen, Arbeitsmarktprogramme). Hier ist ein Netzwerk von Institutionen notwendig, um den Informationsbedarf der Unternehmen zu befriedigen.

Wirkungs- und Zuständigkeitsbereich von unterschiedlichen Institutionen können als wesentliche Determinanten der regionalen Grenzziehung bezeichnet werden. Aufgrund der unterschiedlichen räumlichen Abgrenzung der Zuständigkeiten von Akteuren auf der regionalen Ebene ergeben sich jedoch Fragen nach der geeigneten Grenzziehung für Wirtschaftsförderaktivitäten.[94]
Akteure auf staatlicher Ebene befassen sich mit der Fragestellung, ob die räumliche Abgrenzung von Kommunen, Kreisen oder vielmehr die Grenzen von Regierungsbezirken als geeignete Regionsabgrenzungen anzusehen sind. Problematisch ist in diesem Zusammenhang, daß die räumliche Abgrenzung der Zuständigkeiten der staatlichen Akteure oftmals nicht deckungsgleich ist mit den räumlichen Wirtschaftsverflechtungen. Hieraus ergibt sich die Forderung, daß

93 Vgl. Lutzky, Nikolai/Gather, Matthias (1989), S. 4.

94 Vgl. Ridinger, Rudolf/Steinröx, Manfred (1995), S. 1.

den Wirtschaftsverflechtungen über Kooperationen der einzelnen Zuständigkeiten hinweg Rechnung getragen werden muß.[95]

3.4. Rechtsgrundlagen der regionalen Wirtschaftsförderung

Das Grundgesetz der Bundesrepublik Deutschland regelt die Zuständigkeit der regionalen Wirtschaftsförderung, die im Rahmen der Regionalpolitik gesetzlich verankert ist. In erster Linie sind es die Gemeinden, die nach Artikel 28 GG als primäre Verantwortliche für Aktivitäten der regionalen Wirtschaftsförderung maßgeblich sind, sowie nach Artikel 30 GG die Länder. Die einzelnen Kompetenzbereiche des Bundes können aus Artikel 91a und 104a, Absatz 4 GG abgeleitet werden.[96] Dem Subsidiaritätsprinzip folgend, sollen regionale Strukturprobleme aus eigener Verantwortung gelöst werden. "Länder und Regionen müssen die für die regionale Entwicklung notwendigen Konzepte und Strategien ausarbeiten, die vorrangigen Maßnahmen verschiedener Politikbereiche aufeinander abstimmen und mit regionalen Eigenanstrengungen verknüpfen; denn die Länder und Regionen verfügen nicht nur über die beste Orts- und Problemkenntnis, sie tragen auch die politische Verantwortung für regionale bzw. lokale Entwicklungen."[97]

3.5. Zielsetzungen regionaler Wirtschaftsförderung

Regionale Wirtschaftsförderung ist als integraler Bestandteil der regionalen Wirtschaftspolitik zu bezeichnen, so daß Zielsetzungen der regionalen Wirtschaftsförderung mit denen der regionalen Wirtschaftspolitik verbunden sind. Unter regionalpolitischen Gesichtspunkten sind es im wesentlichen drei Zielsetzungen, die auf den gesetzlichen Grundlagen der Regionalpolitik (Gesetz zur Förderung der Stabilität und des Wachstums der Wirtschaft, StWG) basieren.[98] Hierbei handelt es sich um das Wachstumsziel, das Stabilitätsziel und das Ausgleichsziel. Darüber hinaus wird auf die Zielsetzung der Harmonisierung von Interessendivergenzen sowie arbeitsmarktpolitische Zielsetzungen hingewiesen.

---

95 Vgl. Ridinger, Rudolf/Steinröx, Manfred (1995), S. 1.

96 Vgl. Eberstein, Hans (1995), S. 6.

97 Eberstein, Hans (1995), S. 6.

98 Vgl. Scharff, Reinhard (1993), S.19.

1. Wachstumsziel

Als primäre ökonomische Zielsetzung der staatlichen Wirtschaftspolitik ist das Wachstumsziel anzuführen. Für die Erreichung dieser Zielsetzung sollen Voraussetzungen geschaffen werden, die eine gesamtwirtschaftlich optimale Wachstumsrate zulassen, die zu einer Maximierung des Sozialprodukts führt. Das gesamtwirtschaftliche Wachstumsziel soll durch eine optimale räumliche Faktorallokation erreicht werden.[99]

Im Rahmen der wachstumsorientierten Zielsetzung ist das Bestreben der regionalen Wirtschaftsförderung, Produktionsfaktoren, wie z.B. Gewerbeflächen der Region, so zu verteilen, daß der regionale Output maximiert wird. Hier läßt sich zwischen kurz- und langfristigen Aspekten differenzieren.[100] Die kurzfristige Betrachtungsweise berücksichtigt, daß die Menge der produzierten Güter erhöht werden kann, wenn die räumliche Verteilung der vorhandenen Produktionsfaktoren verändert wird. Unter Anwendung des Gesetzes vom Ausgleich der Grenzproduktivitäten (2. Gossensches Gesetz) ist das Optimum dann erreicht, wenn die Grenzproduktivität aller Produktionsfaktoren der Regionen in einer Volkswirtschaft gleich ist. Der langfristige Aspekt bezieht sich auf die Notwendigkeit, daß zu einer weiteren Steigerung des Outputs neue Produktionsfaktoren entwickelt und eingesetzt werden. Hierbei handelt es sich beispielsweise um forschungs- und entwicklungsorientierte Unternehmen, die neue Produktionsfaktoren (beispielsweise Entwicklungen im DV-Bereich) aufbauen. Das Bemühen der regionalen Wirtschaftsförderung liegt darin, diese Unternehmen zu einer Ansiedlung zu motivieren.

Diese wachstumstheoretische Betrachtungsweise kann Zielkonflikte zwischen den einzelnen Regionen verursachen. Ausgangspunkt der wachstumstheoretischen Vorstellung ist, daß sich zum einen das gesamtwirtschaftliche Wachstum aus der Summe der regionalen Wachstumsbeiträge ergibt und zum anderen, daß keine Diskrepanz (kein Widerspruch) zwischen regionalem und gesamtwirtschaftlichem Wachstum festzustellen ist.[101] "Andererseits wird aber konstatiert, daß die in den einzelnen Regionen realisierten Wachstumsprozesse auf den autonomen Entscheidungen der dort ansässigen Wirtschaftssubjekte basieren. Es besteht daher letztlich doch die Möglichkeit einer aus gesamtwirtschaftlicher Sicht suboptimalen Faktorallokation (durch externe Effekte einerseits und die begrenzte Mobilität der Produktionsfaktoren andererseits) mit der Folge gesamtwirtschaftlicher Wachstumseinbußen."[102]

---

99 Vgl. Scharff, Reinhard (1993), S.21.

100 Vgl. Eckey, Hans-Friedrich (1995c), S. 821.

101 Vgl. Scharff, Reinhard (1993), S. 21.

102 Scharff, Reinhard (1993), S. 21.

2. *Stabilitätsziel*

Um das Stabilitätsziel zu konkretisieren, muß zunächst der Begriff Stabilität in bezug auf wirtschaftspolitische Maßnahmen erörtert werden. Mit dem Begriff der Stabilität werden Maßnahmen verbunden, die sich auf eine Verstetigung der wirtschaftlichen Entwicklung beziehen. Primär handelt es sich dabei um die Vermeidung von konjunktureller Arbeitslosigkeit oder allgemein die Erreichung konjunktureller Stabilität.[103]

Neben dem Aspekt der konjunkturellen Stabilität ist auf die strukturelle Stabilität hinzuweisen. Hierunter ist die Ungleichverteilung der ökonomischen Aktivitäten zu verstehen, die u.a. durch strukturell einseitig geprägte Raumeinheiten (Monostrukturen) gekennzeichnet ist. Regionalpolitische Maßnahmen sollen zu einer Stabilisierung der regionalen Produktions- und Beschäftigungsstrukturen beitragen.[104] Als wichtige Maßnahme wird in diesem Zusammenhang eine vollkommen diversifizierte Branchenstruktur innerhalb von Regionen gesehen, um eine Reduktion der konjunkturellen und strukturellen Anfälligkeit (Sensibilität) der Regionen zu erreichen. [105] In diesem Zusammenhang ist auf mögliche Zielkonflikte mit dem Wachstumsziel hinzuweisen. "Eventuelle spezialisierungsbedingte Wohlfahrtsgewinne könnten im Rahmen einer spezialisierungseingeschränkten Diversifizierung der Regionen voraussichtlich nicht realisiert werden. Ein geringeres regionales bzw. gesamtwirtschaftliches Wachstum wäre die zwangsläufige Folge."[106]

Diese Erläuterungen zum Stabilitätsziel könnten zu der Annahme führen, daß eine einseitige Beschränkung auf ökonomische Vorgaben vorliegt. Diese Vermutung entspricht jedoch nicht den Gegebenheiten, da das Stabilitätsziel sowohl ökonomische als auch außerökonomische Aspekte berücksichtigt. In bezug auf die ökonomische Betrachtungsweise ist zu bemerken, daß die Verstetigung des regionalen Wachstums als Teilbereich des gesamtwirtschaftlichen Wirtschaftswachstum bezeichnet und damit dem ökonomisch orientieren Wachstumsziel zugeordnet werden kann.
Mit dem außerökonomischen Aspekt des Stabilitätsziels wird berücksichtigt, daß es soziale Kosten des Wachstums (durch externe Effekte) gibt, die einzuschränken sind. Es handelt sich hierbei um die Vermeidung von externen gesellschaftlichen Kosten, wenn es durch die Marktkräfte zu Agglomerationen und damit zu Agglomerationskosten kommt, wie z.B. Lärmbelästigung und Luftverschmutzung.

---

[103] Vgl. Scharff, Reinhard (1993), S. 24.

[104] Vgl. Scharff, Reinhard (1993), S. 25.

[105] Vgl. Scharff, Reinhard (1993), S. 26.

[106] Scharff, Reinhard (1993), S. 26.

3. Ausgleichsziel

Das Ausgleichsziel kann von den Ausführungen des Grundgesetzes in Art. 72 GG, Abs. 2, Nr. 3 abgeleitet werden, in dem die Forderung der Wahrung der Einheitlichkeit der Lebensverhältnisse festgelegt wird.[107] Aufgrund von unterschiedlichen Standortgegebenheiten einerseits und politischen Entscheidungen andererseits sind Disparitäten der ökonomischen Lebensstandards in den unterschiedlichen Wirtschaftsregionen festzustellen.[108] Mit dem Gleichheitspostulat werden im wesentlichen folgende Ziele angestrebt: [109]

- Reduktion interregionaler Disparitäten in bezug auf die Möglichkeiten zur Generierung von Einkommen.
- Reduktion interregionaler Disparitäten in bezug auf das Angebot von Arbeitsplätzen.
- Reduktion interregionaler Disparitäten in bezug auf die Verteilung des durchschnittlichen Pro-Kopf-Einkommens.

Die mit dem Ausgleichsziel verbundenen Forderungen sind in der Hinsicht zu hinterfragen, inwiefern ein Ausgleich in bezug auf unterschiedliche Lebensverhältnisse stattfinden kann und soll.[110]

4. Harmonisierung von Interessendivergenzen

Die Harmonisierung von Interessendivergenzen ist kennzeichnend für die regionale Wirtschaftsförderung. Spannungsfelder zwischen örtlichen und überörtlichen Interessen gilt es ebenso zu überwinden, wie einen Ausgleich zwischen individuellen und gemeinwohlorientierten Bedürfnissen zu schaffen. Die regionale Wirtschaftsförderung übt somit die Funktion des Ausgleichs und der Harmonisierung aus. Charakteristisch für die regionale Wirtschaftsförderung ist die Erfahrung mit den unterschiedlichsten Akteuren auf regionaler Ebene, wie z.B. Politikern, öffentlichen Institutionen und Entscheidungsträgern aus der Wirtschaft. Der Querschnittscharakter der regionalen Wirtschaftsförderung ermöglicht die Integration in ein intraregionales Kommunikationsnetzwerk. Aufgrund der Zielsetzung der regionalen Wirtschaftsförderung, zu einer Ausgleichsorientierung beizutragen, ist es vorteilhaft, daß die "Sensibilitäten" der Teilnehmer bekannt sind, was dazu führt, daß Kompromißlösungen zu aller Nutzen herbeigeführt werden können.

---

107 Vgl. Scharff, Reinhard (1993), S. 29.

108 Vgl. Eckey, Hans-Friedrich (1995c), S. 816.

109 Vgl. Scharff, Reinhard (1993), S. 29.

110 Vgl. Scharff, Reinhard (1993), S. 31.

5. Arbeitsmarktpolitische Ziele

"Die Effektivität arbeitsmarktpolitischer Maßnahmen, d.h. die Chance einer erfolgreichen Integration von Zielgruppen des Arbeitsmarktes in reguläre Erwerbsarbeit nimmt in der Regel durch die stärkere Orientierung an struktur- bzw. regionalpolitischen Entwicklungskonzepten infolge der dadurch erhöhten Treffsicherheit zu. Auf jeden Fall kann die Arbeitsmarktpolitik in dem hierzu notwendigen Abstimmungsprozeß eine wichtige Koordinations-, zumindest jedoch eine Informations- und Beratungsfunktion wahrnehmen."[111]

Hierzu ist ein regionaler Konsens beispielsweise über einen regionalen Förderplan notwendige Voraussetzung.[112] Gerade der Faktor "Qualifikationsniveau von Arbeitskräften" ist ein wichtiger Standortfaktor und das Vorhandensein von gut ausgebildeten Arbeitskräften eine wichtige Determinante für die Weiterentwicklung in einer Region.

3.6. Zielgruppen regionaler Wirtschaftsförderung

3.6.1. Kommunen innerhalb der Region

Hauptzielgruppe regionaler Wirtschaftsförderer sind die Kommunen innerhalb der Region. Neben einer informierenden und initiierenden Funktion übt die regionale Wirtschaftsförderung eine beratende und moderierende Funktion für die Kommunen aus. Es sind vor allem zwei Bereiche, in denen die regionalen Wirtschaftsförderer als Dienstleister für die Kommunen aktiv sein sollten, um zu einer zielorientierten Standortpolitik beizutragen. Hierbei handelt es sich um ein umfassendes Informationsangebot in bezug auf den Arbeitsmarkt und über verfügbare Gewerbe- und Industrieflächen.[113]

Eine Analyse über die regionale Arbeitsmarktentwicklung, also Arbeitsangebot und –nachfrage, enthält für die Kommunen wichtige Informationen, ermöglicht aber auch den regionalen Wirtschaftsförderern, Unternehmen in der einen oder anderen Sparte anzusprechen, die möglicherweise Arbeitskräfte benötigen.

Neben dem Aspekt des Arbeitskräftepotentials ist die Verfügbarkeit von Gewerbe- und Industrieflächen für die Standortattraktivität einer Region wichtig. Hier bietet sich der Aufbau von Standortinformationssystemen an, in denen die zur Verfügung stehenden Gewerbeflächen registriert sind. Das Standortinformationssystem sollte den interkommunalen Verbund stärken und Ansiedlungsinteressenten, deren Flächennachfrage in einer spezifischen Kommune nicht ent-

---

111 Freidinger, Guido (1994), S. 129.

112 Vgl. Freidinger, Guido (1994), S. 129.

113 Vgl. Kistenmacher, Hans (1994), S. 72.

sprochen werden kann, Hinweise geben können auf einen adäquaten Standort. Dies ist besonders vor dem Hintergrund des sich verschärfenden regionalen Standortwettbewerbs sinnvoll, "in dem zuerst die Entscheidung für den regionalen Standort fällt, ehe auf regionaler Ebene nach dem adäquaten lokalen Mikrostandort gesucht wird..."[114]

3.6.2. Großunternehmen

Großunternehmen dominieren durch ihren strukturellen Primäreffekt regionale Wirtschaftsverflechtungen. Diese resultieren aus Investitionen, die als wesentlicher Hauptgrund für die Erwirtschaftung und Steigerung der regionalen Wirtschaftskraft sowie für die Bereitstellung des Arbeitsplatzangebots angeführt werden können.[115] Durch den Verkauf der erzeugten Güter oder Dienstleistungen wird eine Geldschöpfung erreicht, *die von außen in die Region fließt.* Das geschöpfte Geld dient der Finanzierung des Sekundäreffekts, und bietet somit die Möglichkeit, Nachfrage nach Handelswaren und Dienstleistungen zu schaffen, die wiederum anderen Betrieben in der Region wirtschaftlich zugute kommt und den Arbeitsmarkt positiv beeinflussen kann.

Der Stellenwert dieses von den Großunternehmen verursachten Sekundäreffekts wird von der regionalen Wirtschaftsförderung besonders beachtet. Sie versucht, Interessen von Großunternehmen zu vertreten und auf deren Standortanforderungen Einfluß auszuüben. Es handelt sich dabei um Entwicklungsmöglichkeiten von Großunternehmen, die abhängig sind von aktuellen regionalen Standortvoraussetzungen, so z.B. im Hinblick auf Gewerbeflächenanpassungen oder auch Infrastrukturmaßnahmen.[116] Die Sicherheit über Entwicklungspotentiale der regionalen Standortbedingungen ist ein entscheidender Standortfaktor für Großunternehmen, was von der regionalen Wirtschaftsförderung antizipiert werden sollte.

3.7. Aktionsfelder regionaler Wirtschaftsförderung

3.7.1. Gewerbeflächenmanagement

In Hinblick auf das Europa der Regionen wird deutlich, daß die regionale Ebene als räumlicher Orientierungsrahmen für die Makro-Standortentscheidung zunehmende Bedeutung gewinnt. Hieraus läßt sich folgern, daß eine einzelne Kommune nachrangig, nämlich erst dann, wenn die Entscheidung für eine spezi-

---

114 Kistenmacher, Hans (1994), S. 73.

115 Vgl. Hahne, Ulf (1995), S. 10.

116 Vgl. Hahne, Ulf (1995), S. 10.

fische Region getroffen wurde, als potentieller Standort für ein Unternehmen in Frage kommt. Im Interesse der Kommunen in der Region ist ein einheitliches Standortinformationssystem in bezug auf regionale Gewerbeflächenangebote eine sinnvolle und notwendige Einrichtung.
Eine interkommunal abgestimmte Kooperationsstrategie im Bereich des Gewerbeflächenmanagements ermöglicht, das zur Verfügung stehende Gewerbeflächenangebot an die Wünsche von potentiellen Gewerbeflächen-Nachfragern anzupassen. Infolge der zunehmenden Nachfrage nach größeren zusammenhängenden Gewerbeflächen hat sich der Faktor Quantität zu einem Qualitätsfaktor entwickelt. Im Interesse der Unternehmen als Nachfrager sowie der Kommunen als Anbieter von Gewerbeflächen kann es daher nicht sinnvoll sein, wenn das regionale Gewerbeflächenangebot eine Anzahl nicht nachfragegerecht zugeschnittener Gewerbeflächen umfaßt.[117] Eine hiermit verbundene Vergeudung des Produktionsfaktors Boden oder Fläche ist zum einen mit finanziellen Verlusten der Gemeinden verbunden und zum anderen aus umweltpolitischen Gesichtspunkten nicht zu vertreten.

Des weiteren ist es sinnvoll, eine Flächennachfrage, die von einer Kommune nicht befriedigt werden kann, an Nachbargemeinden zu übertragen, um eine Bindung des Unternehmens an die Region zu erreichen. Positive Sekundäreffekte sind z.B. im Hinblick auf die regionale Arbeitsmarktsituation zu erwarten, wodurch wiederum die Nachfrage nach Dienstleistungen und Konsumgütern erhöht und die regionale Konjunktur belebt wird. Hiervon profitiert auch die vermittelnde Gemeinde.[118]

Die aufgezeigte Notwendigkeit der interkommunalen Koordination muß jedoch auch vor dem Hintergrund der interkommunalen Konkurrenz thematisiert werden. Der als Bürgermeisterwettbewerb bezeichnete Kommunalegoismus kann dann als sinnvoll eingestuft werden, wenn Anstrengungen erfolgen, die zu einem pulsierenden regionalen Wirtschaftsstandort, d.h. die zu einer Belebung der Wettbewerbssituation führen und positive Auswirkungen auf die Unternehmenstätigkeit haben. Wichtig ist jedoch die Einhaltung der Balance zwischen stimulierender intraregionaler Konkurrenz auf der einen Seite und ruinösem interkommunalen Wettbewerb auf der anderen Seite.[119] Die regionale Wirtschaftsförderung hat in diesem Zusammenhang die Aufgabe, eine Moderatorenfunktion zu übernehmen, um zu einer Harmonisierung der kommunalen Interessen beizutragen. Mit diesem Vorgehen kann erreicht werden, den regionalen Makro-Standort für Unternehmen interessant zu machen, indem der Eindruck

---

117 Vgl. Kistenmacher, Hans (1994), S. 32.

118 Vgl. Kistenmacher, Hans (1994), S. 35.

119 Vgl. Kistenmacher, Hans (1994), S. 33.

erweckt wird, daß die Region eine einheitliche Standortgemeinschaft darstellt, bei der die öffentlichen Verwaltung für wirtschaftliche Belange ein kompetenter Ansprechpartner ist, um Problemlösungen anzubieten. Dieser Aspekt ist auch im Hinblick auf das Marketing einer Region von Bedeutung, da so eine positive Außenwirkung erzielt wird.

3.7.2. Marketing

In bezug auf Marketingaktivitäten der regionalen Wirtschaftsförderung ist zu berücksichtigen, daß Investoren zunächst in einer größeren, ihnen bekannten Gebietseinheit (Region) nach einem Standort suchen und sich erst in einem weiteren Schritt für einen kleineren Mikrostandort (Kommune) interessieren, der den Anforderungen der Unternehmen entsprechen muß. Demnach sollten statistische Daten und Informationen der Kommunen (geographische Lage, Verfügbarkeit von Gewerbeflächen, Verkehrsanbindungen, Arbeitsmarktpotential, Freizeiteinrichtungen etc.) interessierten Unternehmen direkt als Vorabinformation von der regionalen Wirtschaftsförderung zur Verfügung gestellt werden, um den regionalen Standort zu vermarkten. Notwendige Bedingung ist die ständige Aktualisierung von Informationen einerseits sowie ein systematisches Vorgehen bei der Erschließung und Pflege von Märkten potentieller Investoren andererseits.

Regionale Wirtschaftsförderer müssen Politiker und kommunale Wirtschaftsfördereinrichtungen auf die Bedürfnisse von Unternehmen aufmerksam machen und Maßnahmen daran ausrichten. Hier nimmt die regionale Wirtschaftsförderung eine Beraterfunktion ein, die sich sowohl an kommunale Politiker richtet als auch an kommunale Wirtschaftsfördereinrichtungen.

Ein erfolgreiches regionales Marketingkonzept basiert auf der Bildung eines übergreifenden Regionalprofils, welches erst dann vermarktet werden kann, wenn eine regionale Identität und Kooperation im Inneren aufgebaut wurde.[120] Wichtig ist zu erkennen, "daß ein Image, das innerregional nicht identifikationsfähig ist, auch nicht werbewirksam nach außen vermittelt werden kann."[121] Wie in bezug auf das Gewerbeflächenmangement bereits ausgeführt wurde, sollen nicht kommunale Kompetenzen angegriffen oder der Stellenwert von Kommunen unter einem regionalen Deckmantel reduziert werden. "Vielmehr legt der regionale Wettbewerb wiederum eine Aufgabenteilung dahingehend nahe, daß ein gemeinsames, konsensfähiges Regionalimage gesucht und nach außen vermittelt wird, um die Region als solche überhaupt ins Spiel, ins Gerede zu brin-

---

120 Vgl. Roesler, Konrad (1991), S. 51.

121 Kistenmacher, Hans (1994), S. 73.

gen, während die einzelnen Kommunen sich unter diesem gemeinsamen regionalen Dach durchaus selbständig in Szene setzen können und auch sollen."[122] Wichtig erscheint jedoch, daß Kommunen versuchen, sich innerhalb des regionalen Images zu positionieren. Auf welche kommunalen Besonderheiten aufmerksam gemacht wird, hängt dann ab von einer zu erarbeitenden Stärken-Schwächen-Analyse.

3.7.2.1. Marketing-Mix der Wirtschaftsförderung

Aufgrund der Kenntnis von regionalen Wirtschaftsförderern über potentielle Investoren sowie die Einflußnahme auf Standortentwicklungsziele können diverse Instrumente im Standortwettbewerb verwendet werden, um Wettbewerbsvorteile gegenüber anderen Regionen zu erzielen. Die Einsatz- und Variationsmöglichkeiten der Instrumente für das Standortmarketing können in Anlehnung an das aus der betriebswirtschaftlichen Literatur bekannte Marketing-Mix entwickelt werden.[123]

Unter marketingorientierten Gesichtspunkten verbirgt sich hinter dem Begriff der regionalen Wirtschaftsförderung u.a. die Aufgabe, einen Standort (Region) zu plazieren und zu verkaufen, mit dem Ziel, daß die Betriebsansiedlung zu einer Verbesserung der regionalen Arbeitsmarktsituation beiträgt. Hierzu sind viele Wirkungsmechanismen aus dem klassischen Marketing in den Bereich der regionalen Wirtschaftsförderung transferierbar.[124]
Im einzelnen sind folgende Bereiche des Marketings zu unterscheiden:
- Produkt-/Standortpolitik
- Preispolitik
- Distributionspolitik
- Kommunikationspolitik

1. Produkt-/Standortpolitik

Das zu vermarktende Produkt der Wirtschaftsförderer ist der Standort für investitionswillige Unternehmen.
Die Intention der Wirtschaftsförderer besteht darin, die Attraktivität eines Standorts durch beeinflußbare Standortfaktoren zu erhöhen. Als Beispiele können Maßnahmen zur Verbesserung der Infrastruktur, Erhöhung des Freizeit- und Erholungswerts, Verbesserung der Wohnungsmarktsituation etc. angeführt werden. Das Standortmarketing bezieht sich somit auf die systematische Verbesserung von Standorteigenschaften, um potentielle Investoren für sich zu gewinnen.

---

122 Kistenmacher, Hans (1994), S. 73.

123 Vgl. Kotler, Philip (1989), S. 92.

124 Vgl. Iglhaut, Josef (1994), S. 62.

Die Handlungsmöglichkeiten der Wirtschaftsförderer reichen für die erfolgreiche Durchführung dieser Aufgabe nicht aus. So ist das von der Wirtschaftsförderung zu bearbeitende Standortmarketing abhängig von politischen Beschlüssen, welche die Qualität eines Standorts wesentlich beeinflussen können. Wirtschaftsförderer müssen Politiker auf die Bedürfnisse der investitionsbereiten Unternehmen aufmerksam machen und sich für die Harmonisierung von Interessendivergenzen zwischen Politik und Wirtschaft einsetzen. "Hier kann eine Wirtschaftsförderinstitution im wesentlichen nur beratend gegenüber der Politik sein. Eine enge Abstimmung mit den betroffenen Stellen ist deshalb dringende Voraussetzung."[125]

2. Preispolitik

Die Preise der Standorte beziehen sich hauptsächlich auf Grundstückspreise, Mieten und Gewerbesteuersätze. Hierbei handelt es sich um Determinanten der Standorte, die nicht von der Wirtschaftsförderung beeinflußbar sind, so daß das bestehende Preisniveau bzw. die Preispolitik von den Wirtschaftsförderern akzeptiert werden muß. Auch hier gibt die Politik die entscheidenden Rahmenbedingungen vor.[126]

3. Distributionspolitik/ Kommunikationspolitik

Distributionspolitik und Kommunikationspolitik sind die Marketinginstrumente mit dem höchsten Aktionsradius für die Wirtschaftsförderer. Es handelt sich dabei um interdependente Bereiche, eine Abgrenzung ist nur schwer möglich.

"Die Distributionspolitik umfaßt alle Aktivitäten, die mit der Versorgung potentieller und tatsächlicher Investoren mit den Serviceleistungen der Wirtschaftsförderung verbunden sind."[127] Dieser Aufgabenbereich bezieht sich im wesentlichen auf die Kontaktpflege und die Durchführung von Beratungen. Als Beispiele für die Ausübung der Kommunikationspolitik können die direkte Ansprache von potentiellen Investoren, standortbezogene Public-Relations-Aktionen und Imagewerbung aufgeführt werden. "Wichtigstes Medium ist dabei zweifellos die direkte Ansprache, da in diesem High-interest-high-involvement-Markt der direkte Weg zum Entscheidungsträger gesucht und eingeschlagen werden muß."[128]

Wirtschaftsförderer müssen eine konsequente Erinnerungswerbung durchführen. Hat sich ein Unternehmen einmal investitionsinteressiert gezeigt, haben Wirt-

---

[125] Iglhaut, Josef (1994), S. 58.

[126] Vgl. Iglhaut, Josef (1994), S. 63.

[127] Iglhaut, Josef (1994), S. 64.

[128] Iglhaut, Josef (1994), S. 64.

schaftsförderer die Aufgabe, immer wieder Kontakt mit diesem Unternehmen aufzunehmen, bis die Entscheidung für einen Standort gefallen ist. Unterstützend kann regelmäßig durchgeführte Public-Relations-Arbeit wirken.

Wie in allen anderen Wettbewerbsbereichen müssen auch im Rahmen des Standortmarketings einmal erreichte "Standings" immer wieder verteidigt werden, so daß sich ein Wirtschaftsförderer niemals auf vergangenheitsbezogenen Erfolgen ausruhen darf. Denn die Standortqualität wird von einem potentiellen Investor an den zukünftigen Standortmerkmalen gemessen. Für die Güte des Standortmarketings und die Standortqualität können Anzahl und Höhe der aktuellen Investitionen als Indikator bzw. Bewertungsmodus herangezogen werden, eine durchaus legitime Art und Weise, um den Erfolg einer Wirtschaftsförderung zu messen.

3.7.2.2. Bedeutung von Innen- und Außenmarketing

Eine erfolgreiche Distributionspolitik, beispielsweise durch den Beratungsservice, ist nur möglich, wenn die Anforderungen an das Innenmarketing erfüllt werden.
Das Innenmarketing bezieht sich auf permanente Koordination, Kooperation und den Abbau bestehender Vorbehalte und Hindernisse zwischen den Akteuren der Wirtschaftsförderung, Industrie- und Handelskammern, Handwerkskammern, Kommunen[129] innerhalb einer Region.
Informationen können nur dann koordiniert werden, wenn Kooperationen der an der regionalen Wirtschaftsförderung beteiligten Akteure dies zulassen. Ein Kirchturmdenken und die Verwendung von Information als Machtpotential verhindern eine effiziente Distributionspolitik.
Das Außenmarketing bezieht sich auf die Außendarstellung einer Region als kooperierenden und integriert handelnden Standort.
Ein Vergleich zwischen Innen- und Außenmarketing führt zu der Erkenntnis, daß das Innenmarketing erste Priorität hat. Diese Behauptung kann aufgestellt werden, weil man ein funktionierendes Innenmarketing als Außenmarketing "verkaufen" kann. Als Beispiel sind funktionierende Informationssysteme zu nennen, die dem Innenmarketing dienen und für das Außenmarketing verwendet werden können.

Für ein erfolgreiches regionales Marketing müssen folgenden Aspekte des Innenmarketings im Vordergrund stehen:

1. Beseitigung von negativen Konsequenzen der lokalen Optimierung in den Kommunen.

---

129 Vgl. Roesler, Konrad (1991), S. 44.

2. Etablierung einer regionalen Kooperation als notwendige Maßnahme für den langfristigen Erfolg einer Region.
3. Konsensfindung zwischen den Wirtschaftsförderinstitutionen innerhalb einer Region bezüglich der Inhalte.
4. Eine regional agierende Wirtschaftsförderinstitution sollte den Charakter einer regionalen Konzeptions- und Clearingstelle erhalten.

3.8. Organisation regionaler Wirtschaftsförderung

Die Möglichkeiten, interkommunale Kooperationen zu organisieren, sind umfangreich. So ist es möglich, bereits dann von einer Kooperation zu sprechen, wenn ein gegenseitiger Informationsaustausch oder aber unregelmäßige Zusammenkünfte der am regionalen Wirtschaftsprozeß beteiligten Akteure stattfinden. Während eine formlose Zusammenarbeit beispielsweise bei Vermittlungstätigkeiten oder Betreuungsdiensten erfolgen kann, ohne daß damit eine stärkere Bindung entsteht, wird durch den Abschluß von Verträgen als Grundlage für den Vollzug von Vereinbarungen eine Bindewirkung erzielt. Notwendige Bedingung für eine formlose sowie auch für eine formelle Zusammenarbeit ist jedoch die Bereitschaft zur Zusammenarbeit der Wirtschaftsförderungsakteure.

Die Organisation interkommunaler und öffentlich-privater Kooperationen kann privatrechtliche oder öffentlich-rechtliche Formen haben. Als privatrechtliche Organisationsformen werden die Aktiengesellschaft (AG), Gesellschaft mit beschränkter Haftung (GmbH), Genossenschaft (eG), Stiftung sowie der eingetragene Verein (e.V.) unterschieden. Die öffentlich-rechtlichen Organisationsformen sind Zweckverband, öffentlich-rechtliche Vereinbarung und die kommunale Arbeitsgemeinschaft.[130] Die folgende Darstellung der Organisationsmöglichkeiten wird auf die in der Region Rhein-Main vorzufindenden Formen beschränkt. Hierbei handelt es sich um den eingetragenen Verein (e.V.) sowie den Zweckverband.

3.8.1. Ausgewählte Organisations- bzw. Kooperationsformen

3.8.1.1. Eingetragener Verein e.V.

Die gesetzlichen Vorschriften des eingetragenen Vereins (e.V.) enthalten die §§21ff. i.V.m. §§55ff. des Bürgerlichen Gesetzbuchs (BGB). Wesentliches Charakteristikum eines eingetragenen Vereins ist, daß dieser nicht auf einen wirtschaftlichen Geschäftsbetrieb ausgerichtet ist. Für die Gründung eines Vereins

---

130 Vgl. Kistenmacher, Hans (1994), S. 135-141.

ist der Abschluß eines Vertrags Voraussetzung, "durch den die Gründer den auf Dauer angelegten gemeinsamen Zweck festlegen und sich zur Förderung dieses Zwecks verpflichten, sowie durch die Ausarbeitung einer Satzung, die mit dem Gründungsvertrag in Kraft gesetzt wird."[131] Die Rechtsfähigkeit des Vereins wird durch die Eintragung in das Vereinsregister des zuständigen Amtsgerichts erreicht, die eine Mindest-Mitgliederanzahl von sieben voraussetzt (§ 56 BGB).[132] Zwingend verpflichtende Organe des Vereins sind der Vorstand sowie die Mitgliederversammlung. Zur Vertretung des Vereins sowie der Geschäftsführung wird der Vorstand berufen (§26 Abs. 2 BGB). Grundsatzentscheidungen über das Vereinsleben sowie die Bestellung und Abberufung des Vorstands werden von der Mitgliederversammlung beschlossen (§§27, 30 BGB). Im Rahmen der Mitgliederversammlung werden mit der Mehrheit der Stimmen von anwesenden Mitgliedern Beschlüsse verabschiedet. Ein Mindestkapital des eingetragenen Vereins wird nicht gesetzlich fixiert. Mitgliederbeiträge werden innerhalb der Vereinssatzung festgesetzt (§58 Nr. 2 BGB). Für den Vorstand und die Vereinsmitglieder haftet der Verein (Organhaftung § 31 BGB). Jedes Mitglied ist zum Austritt aus dem eingetragenen Verein legitimiert. Die Auflösung des eingetragenen Vereins erfolgt entweder durch Auslauf der in der Vereinssatzung festgeschriebenen Zeit oder aber durch Beschluß der Mitgliederversammlung (§§ 41, 42, 74 Abs. 2 BGB).

3.8.1.2. Zweckverband

Als Zweckverband wird ein öffentlich-rechtlicher Zusammenschluß von Gemeinden und Gemeindeverbänden zu einer gemeinschaftlichen Erfüllung von Aufgaben bezeichnet, zu deren Durchführung diese befugt oder aber verpflichtet sind. "Als Körperschaft des öffentlichen Rechts verwaltet der Zweckverband seine Angelegenheiten im Rahmen der Gesetze unter eigener Verantwortung. Die von den Gemeinden bzw. Gemeindeverbänden zu erfüllenden Aufgaben, zu deren Wahrnehmung der Verband gegründet wird, gehen auf diesen über und scheiden damit aus dem gemeindlichen Wirkungskreis aus."[133] Für die Gründung des Zweckverbandes wird eine Vereinbarung über die Verbandssatzung benötigt. Als Organe des Zweckverbandes wirken die Verbandsversammlung sowie der Verbandsvorsitzende. Hauptorgan des Zweckverbandes ist die Verbandsversammlung, die sich aus den Vertretern seiner Mitglieder zusammensetzt. Die Verbandsversammlung hat über die Satzungen zu entscheiden und wählt den Verbandsvorsitzenden.

---

131 Kistenmacher, Hans (1994), S. 138.

132 Vgl. Kistenmacher, Hans (1994), S. 138.

133 Kistenmacher, Hans (1994), S. 140.

Für die Deckung des Finanzbedarfs wird dem Zweckverband ermöglicht, Gebühren und Beiträge zu erheben.
Die Auflösung des Zweckverbandes kann zum einen durch Ablauf der in der Satzung festgeschriebenen Zeit erfolgen oder zum anderen durch einen Beschluß der Verbandsversammlung. Hierzu ist ein Beschluß der satzungsmäßigen Stimmenzahl von zwei Dritteln notwendig.[134]

3.8.2. Beurteilung der Organisationsformen

Die von der regionalen Wirtschaftsförderung wahrgenommenen Aktionsfelder der Standortberatung (Gewerbeflächenmanagement), Standortmarketing und Bestandspflege sind keine "hoheitlichen" Aufgaben. Daher sind sowohl Organisationsformen des Privatrechts als auch des öffentlichen Rechts für die Durchführung dieser Aktivitäten möglich.
Regionales Standortmarketing, Bestandspflege und Standortberatung sind Aktivitäten der Wirtschaftsförderung, um zu einer Verbesserung der wirtschaftlichen Aktivitäten beizutragen. In bezug auf das Standortmarketing sind Standortinformationen sowie die Beratung von ansiedlungsinteressierten Unternehmen von hoher Bedeutung. Im Rahmen der Bestandspflege ist eine kontinuierliche Betreuung von ortsansässigen Unternehmen wichtig, um Standortprobleme frühzeitig zu ermitteln und zusammen mit den Unternehmen nach Lösungsansätzen zu forschen. Eine regelmäßige Kontaktpflege mit den Unternehmen, insbesondere Großunternehmen innerhalb einer Region, ist hierbei erforderlich. Für eine Region mit internationaler Bedeutung, wie z.B. die Region Rhein-Main, ist eine umfassende Zusammenarbeit mit den in der Region vorhandenen Kommunen und auch privaten Institutionen unerläßlich. Die Einbeziehung von Privaten ist für die Ausarbeitung eines ganzheitlichen, auf der Koordination und Kooperation von relevanten Entscheidungsträgern beruhenden Entwicklungskonzepts notwendig. Insbesondere ist hierbei die Beteiligung von Kreditinstituten anzuführen, die zu einer Steigerung der finanziellen Handlungsräume beitragen. Hier bietet die privatrechtliche Organisationsform von regionalen Wirtschaftsförderinstitutionen den Vorteil, flexibler auf Erfordernisse des Investorenmarktes reagieren zu können. Auch für die kommunale Zusammenarbeit ist eine privatrechtliche Form sinnvoll, da der in Betracht kommende öffentlich-rechtliche Zweckverband aufgrund seiner schwerfälligen Führungsorganisation der privatrechtlichen Konstruktion unterlegen ist.

Die Neuansiedlungsförderung erfordert eine Identifikation des regionalen Gefüges sowie eine sorgfältige Ausarbeitung einer gemeinsamen Marketing-Kampagne der Kommunen. Beim eingetragenen Verein ist auch kritisch anzumerken,

---

134 Vgl. Kistenmacher, Hans (1994), S. 140.

daß seine Mitglieder problemlos aus dem Verein austreten können, so daß die Gefahr der Instabilität einer regionalen Witschaftsförderinstitution besteht.

Als Ergebnis ist festzuhalten, daß die Vorteilhaftigkeit einer Organisationsform von regionalen Wirtschaftsförderinstitutionen nur unter Berücksichtigung der jeweiligen regionalen Ziele bestimmt werden kann. In Anlehnung an die kommunale Wirtschaftförderung ist auch hier keine allgemeingültige Empfehlung für die Organisationsform einer regionalen Wirtschaftsförderungsinstitution in der Bundesrepublik Deutschland möglich.

3.9. Kommunale und regionale Wirtschaftsförderung im Gefangenendilemma

Kritiker der kommunalen und regionalen Wirtschaftsförderung vertreten die Auffassung, daß Wirtschaftsförder-Aktivitäten aus gesamtwirtschaftlicher Perspektive nicht zu einer Wohlfahrtssteigerung beitragen. Begründet wird diese Meinung damit, daß sich die Unternehmen dort ansiedeln, wo die Standortbedingungen mit ihren Standorterwartungen kompatibel sind. Die Entscheidung für einen Standort wird auf diese Weise dem Marktmechanismus überlassen, und Eingriffe ins Marktgeschehen durch kommunale bzw. regionale Wirtschaftsförderung sind demnach überflüssig. Unter volkswirtschaftlichen Gesichtspunkten würden die Kosten der kommunalen und regionalen Wirtschaftsförderung eingespart, und die dann zur Verfügung stehende Finanzmittel könnten in andere Bereiche mit höheren Ertragserwartungen investiert werden. Dies wäre jedoch nur dann möglich, wenn alle Gebietskörperschaften sich dahingehend einigen würden, nirgendwo Wirtschaftsförderung zu betreiben. Unterstellt man, daß sich alle Gebietskörperschaften bis auf eine einzige an die Absprache halten, wäre diese eine Gebietskörperschaft in der Lage, aufgrund von Maßnahmen der Wirtschaftsförderung, Unternehmen abzuwerben, für die Kommune oder Region zu gewinnen und ihre eigene Wohlfahrt zu Lasten aller anderen Gebietskörperschaften zu steigern. Dieser Sachverhalt wird zur Konsequenz haben, daß alle anderen Gebietskörperschaften wiederum Wirtschaftsförderung betreiben. Diese Situation wird als Gefangenendilemma bezeichnet.[135]

Das Gefangenendilemma der kommunalen und regionalen Wirtschaftsförderung ist jedoch nicht nur auf die Bundesrepublik beschränkt. Vielmehr verdeutlicht das Gefangenendilemma die notwendige Kooperation der kommunalen und regionalen Wirtschaftsförderung im internationalen Wettbewerb um Unternehmensansiedlungen.

---

[135] Vgl. Röck, Werner (1995), S. 28.

3.10. Vorläufige Bewertung kommunaler und regionaler Wirtschaftsförderung

In der Praxis ist eine strikte Trennung kommunaler und regionaler Aufgaben der Wirtschaftsförderung nicht zu vollziehen. Die vielfältigen und differenzierten Handlungsfelder der Wirtschaftsförderung führen vielmehr zu Überschneidungen, die einen pragmatischen Ansatz für die Aufgabenverteilung zwischen Kommune und Region im Bereich Wirtschaftsförderung erfordern. Letztendlich bedeutet dies, daß die regionale Wirtschaftsförderinstitution ihre Aufgaben in der Regel nur in enger Abstimmung mit den Kommunen in einer Region erfüllen kann.

Für die kommunale sowie die regionale Wirtschaftsförderung kann ein gemeinsames Anforderungsprofil aufgestellt werden, das im folgenden aufgezeigt wird, jedoch nicht den Anspruch der Vollständigkeit erhebt.

1. Aktionsfelder müssen kontinuierlich definiert und langfristig angelegt werden. Zielsetzungen dürfen nicht nach Zeitabschnitten von Legislaturperioden ausgerichtet werden. Wechselnde politische Mehrheitsverhältnisse dürfen die Kontinuität kommunaler und regionaler Wirtschaftsfördermaßnahmen nicht beeinträchtigen.

2. Wirtschaftsförderung sollte aus der Perspektive von Unternehmen vollzogen werden. Dienstleistungsangebote von Wirtschaftsförderern müssen den Bedarfen und der Nachfrage von Unternehmen entsprechen.

3. Die notwendige Einflußnahme der Wirtschaftsförderung auf andere kommunale und regionale Planungsaktivitäten muß dadurch stattfinden, daß ihr ein Mitspracherecht eingeräumt wird. Somit kann erreicht werden, daß sich Repräsentanten aus Politik mit Aktionsfeldern und Zielen kommunaler und regionaler Wirtschaftsförderung identifizieren.

4. Regionale Wirtschaftsförderung aus institutionenökonomischer Perspektive

Aktivitäten der regionalen Wirtschaftsförderung unterliegen in hohem Maße Anreiz-, Steuerungs- und Koordinationsproblemen. Institutionenökonomische Theorieansätze beziehen diese Problembereiche explizit in die Analyse ein und werden infolgedessen gewählt, um Ansatzpunkte für Erklärung und Gestaltung der Koordination zwischen kommunaler und regionaler Wirtschaftsförderung zu erhalten.

Regionale Wirtschaftsförderer versuchen, dem Kommunalegoismus, d.h. einer einseitigen Ausrichtung auf kommunale Belange, mit geeigneten Anreizen entgegenzutreten.
Mit der Bündelung kommunaler Angelegenheiten, so beispielsweise in Hinblick auf die Gewerbeflächenvermarktung, wird die Absicht verfolgt, Anreize zu geben, die positive Auswirkungen auf das wirtschaftliche Ergebnis einer Region haben. Für große Verdichtungsräume, wie z.B. die Region Rhein-Main, versucht die regionale Wirtschaftsförderung, Kommunen dahingehend zu motivieren, Teilnehmer einer Key-Player-Region im internationalen Wettbewerb zu sein und ihnen so einen Anreiz zu geben, die regionale Wirtschaftsförderung in ihrer Arbeit zu unterstützen. Eine gemeinsame Außendarstellung soll das regionale Identifikationsgefühl ("Wir-Gefühl") steigern und die sozioökonomischen Beziehungen innerhalb der Region kräftigen.[136]
Regionale Wirtschaftsförderinstitutionen, als Institutionen zur Bündelung und Koordination kommunaler Interessen, übernehmen eine Steuerungsfunktion in Form einer Moderatorentätigkeit. Die Ausübung dieser Steuerungsfunktion ist mit Problemen behaftet, da kommunale Interessen, z.B. im Hinblick auf Infrastruktur oder Gewerbeflächenmanagement, divergieren können. Die Tätigkeit regionaler Wirtschaftsförderinstitutionen wird durch eine ungleiche Informationsverteilung zwischen kommunaler und regionaler Wirtschaftsförderung erschwert.

---

136 Als Beispiel einer gemeinsamen Außendarstellung ist das neue Logo der Region Rhein-Main anzuführen, das am 22. Januar 1998 eingeführt wurde. Das Logo besteht aus zwei blauen Linien, welche die Flußläufe Rhein und Main darstellen sowie einem grünen Kreis, der Symbolcharakter für den hohen Natur- und Freizeitwert hat, und einem Dreieck, das die Spitze des neuen Wahrzeichens der Stadt Frankfurt und der Region Rhein-Main, den Messeturm, repräsentiert. Viele Kommunen und Großunternehmen der Region Rhein-Main haben sich bereit erklärt, das Logo für ihre Identifikation mit der Region zu verwenden und damit für die Region zu werben. Vgl. Wirtschaftsförderung Region Frankfurt Rhein-Main (1998), S. 1.

Als theoretische Grundlage zur Analyse dieser Kooperationsbeziehung bietet sich die Neue Institutionenökonomik an, in deren Mittelpunkt die Analyse von Kooperationen zwischen Wirtschaftssubjekten unter spezifischen Annahmen steht, sowie die Begründung der ökonomischen Notwendigkeit von Institutionen. Hier kommen besonders die Prinzipal-Agenten-Theorie sowie der Transaktionskostenansatz für eine Beurteilung regionaler Wirtschaftsförderung in Betracht.

4.1. Annahmen und Erkenntnisinteresse

Während die neoklassische Theorie das Menschenbild des homo oeconomicus unterstellt, wird in den neueren ökonomischen Theorien diese Annahme aufgegeben. Die Möglichkeiten ökonomisch handelnder Personen zur Informationsaufnahme und –verarbeitung sind eingeschränkt und die Wirkungen ökonomischen Handelns lassen sich nicht vollständig voraussagen. Auch vertragliche Konstruktionen und Absicherungen können nicht alle eventuell eintretenden Möglichkeiten berücksichtigen, so daß Unvollkommenheiten bei sämtlichen ökonomischen Transaktionen als Gegebenheit hingenommen werden müssen.[137] Die Neue Institutionenökonomik leistet einen Beitrag, Strukturen und Verhaltenswirkungen sowie die Effizienz und den Wandel von ökonomischen Institutionen unter diesen Annahmen verständlich zu machen.[138] Wirtschaftstheoretische Aspekte werden mit organisationstheoretischen Elementen in Verbindung gebracht. Unsicherheiten und Unvollkommenheiten werden im Gegensatz zur neoklassischen Theorie explizit berücksichtigt.[139] Durch diese Unvollkommenheiten wird die Entscheidungs- und Handlungskoordination der einzelnen Akteure zu einem maßgeblichen Problem.[140] Der institutionelle Rahmen, der Einfluß ausübt auf das wirtschaftliche Ergebnis, wird in die ökonomische Analyse integriert.[141]

Unvollkommenheiten des Marktes führen dazu, daß die Handlungskoordination der Akteure zu einem Problem werden kann. Aus der Koordination von Einzelentscheidungen entstehen Koordinationskosten; entweder in Form von Transaktionskosten (wenn die Koordination über den Markt erfolgt) oder in Form von Organisationskosten (wenn die Koordination sich innerhalb einer Institution vollzieht).

---

137 Vgl. Pfaffmann, Eric (1997), S. 41.

138 Vgl. Ebers, Mark/Gotsch, Wilfried (1995), S. 185.

139 Vgl. Kaas, Klaus Peter (1994), S. 245.

140 Vgl. Kaas, Klaus Peter (1994), S. 247.

141 Vgl. Richter, Rudolf (1994), S. V.

Durch die Analyse der Koordinationskosten können institutionelle Arrangements erklärt werden. Kaas gibt folgende Definition von Institutionen: "Unter Institutionen versteht man natürlich gewachsene oder von den Wirtschaftssubjekten getroffene Arrangements, die Verhaltensanreize setzen und Unsicherheit reduzieren."[142] Demnach sind Institutionen als Systeme zu bezeichnen, welche durch formungebundene (informelle) oder formgebundene (formale) Regeln charakterisiert werden können, einschließlich der benötigten Vorkehrungen zu deren Durchsetzung.[143] Formale Institutionen können zusätzlich unterteilt werden in Institutionen i.S. des objektiven Rechts (z.B. auf der Grundlage des Grundgesetzes oder des Bürgerlichen Gesetzbuchs) sowie in Institutionen i.S. des subjektiven Rechts (z.B. durch einen Anspruch, der sich aufgrund eines Arbeitsvertrags ergibt).

Durch die Bildung von Institutionen und den Aufbau von Ordnungsstrukturen sollen individuelle Verhaltensweisen in eine vorgezeigte Richtung gelenkt werden. Somit schränken Institutionen die Freiheit sowie die Anonymität des Markts ein.[144] Mit der Gründung von Institutionen versuchen Gruppen von Wirtschaftssubjekten, eine gemeinsame Zielsetzung zu verfolgen, d.h. eine gemeinschaftliche Zielfunktion zu maximieren. Institutionen beinhalten Funktionsregeln[145] für die Festlegung von Entscheidungskompetenzen und Verfahrensregeln. Funktionsregeln werden demnach aufgestellt, um Befugnisse zu gewähren und Kontrollmöglichkeiten zu erteilen.

Alle Institutionen haben in irgendeiner Weise einen mehr oder weniger starken Einfluß auf den Handlungsraum, der einzelnen Wirtschaftssubjekten zur Verfügung steht. Auch deren soziales Verhalten kann hiervon betroffen sein, welches wiederum Einfluß auf die wirtschaftliche Entwicklung hat.

Die Neue Institutionenökonomik faßt Theorieansätze zusammen, die einen Zusammenhang herstellen zwischen Institution, Austausch, Kosten und Effizienz. Institutionen werden gebildet, um den Austausch von Gütern und Dienstleistungen zu regeln; dieser Austausch ist mit Kosten verbunden, die wiederum auf die Effizienz der Faktorallokation Einfluß haben. Letztendlich bestimmt die Effizienz der Faktorallokation über die Vorteilhaftigkeit und damit die Wahl von In-

142 Kaas, Klaus Peter (1994), S. 246.

143 Vgl. Richter, Rudolf/Furubotn, Eirik (1996), S. 7.

144 Vgl. Kaas, Klaus Peter (1995b), S. 20.

145 Funktionsregeln beziehen sich auf Kompetenzen der handlungsorientierten Segmentierung von Funktionen.

stitutionen.[146] Demnach läßt sich der Erkenntnisgegenstand der Neuen Institutionenökonomik aus zwei Fragestellungen ableiten:[147]

1. "Welche (alternativen) Institutionen haben bei welchen Arten von Koordinationsproblemen des ökonomischen Austauschs die relativ geringsten Kosten und die größte Effizienz zur Folge?" (Explikative Sichtweise)

2. "Wie wirken sich die Koordinationsprobleme, die Kosten und die Effizienz von Austauschbeziehungen auf die Gestaltung und den Wandel von Institutionen aus?" (Instrumentelle Sichtweise)

Die explikative Sichtweise bezieht sich auf die Begründung der institutionellen Infrastruktur einer Wirtschaft, d.h. sie gibt Antworten auf die Frage, warum sich wirtschaftliche Zusammenhänge in einer bestimmten Weise herausgebildet haben.
Bei der instrumentellen Sichtweise steht die Frage im Vordergrund, welche institutionellen Lösungen für ein bestimmtes Koordinationsproblem effizient sind.[148]

Es sind vor allem drei Theorieansätze, die den Kern der Neuen Institutionenökonomie ausmachen. Diesen Ansätzen ist gemeinsam, daß sie sich mit Institutionen und deren Auswirkungen auf das Verhalten von Wirtschaftsakteuren auseinandersetzen.[149] Alle drei Theorien dienen "zur Erklärung einer Welt der Unsicherheit und unvollkommenen Information, in der unvollkommene Akteure, Menschen mit begrenzter Rationalität und Moral, in ihrem ökonomischen Handeln aufeinander angewiesen sind."[150]

In den Fragestellungen sind jedoch grundlegende Unterschiede festzustellen:

1. Der *Property Rights-Ansatz* untersucht die Auswirkung von Rechtsordnung und Verfügungsrechten auf das Verhalten der Akteure. Hierbei wird die Hypothese aufgestellt, daß die Verteilung von Verfügungsrechten über

---

146 Vgl. Ebers, Mark/Gotsch, Wilfried (1995), S. 185.

147 Ebers, Mark/Gotsch, Wilfried (1995), S. 185.

148 Vgl. Kaas, Klaus Peter (1995a), S. 3.

149 Vgl. Kaas, Klaus Peter (1994), S. 247.

150 Kaas, Klaus Peter (1991), S. 359.

knappe Ressourcen Einfluß nimmt auf das individuelle Verhalten von Wirtschaftssubjekten.[151]

2. In der *Prinzipal-Agenten-Theorie* geht es um die Analyse der Kooperation zwischen Akteuren unter der Annahme asymmetrisch verteilter Informationen. Erklärt wird die Delegation von Aufgaben zwischen kooperierenden Wirtschaftssubjekten unter der weiteren Annahme, daß diese divergierende Zielvorstellungen haben.[152] Die Prinzipal-Agenten-Theorie leistet einen Beitrag zur Analyse der optimalen Ausgestaltung von Vertragsbeziehungen unter Berücksichtigung dieser beiden Annahmen.[153]

3. Der *Transaktionskostenansatz* analysiert die Auswirkungen von Koordinationskosten auf die Effizienz unterschiedlicher Koordinationsformen. Es wird untersucht, unter welchen Bedingungen es vorteilhaft ist, Transaktionen am Markt oder in Unternehmen abzuwickeln.[154] Hierbei wird der Versuch unternommen, die Existenz von Institutionen zu begründen und das Ausmaß der vertikalen Integration, sowie allgemein von Kooperationen, zu hinterfragen.

Folgende Annahmen haben (nach Kaas) weitreichende Konsequenzen für die Ergebnisse der neuen Forschungsrichtung:[155]

a) Unsicherheit über die Zukunft
Zukünftige Ereignisse sind nicht im vorhinein bekannt. Deshalb ist es ungewiß, zu welchem Ergebnis Entscheidungen führen.[156] Zusätzlich besteht Ungewißheit für ein Wirtschaftssubjekt darüber, welche Entscheidungen von anderen Akteuren getroffen werden,[157] was wiederum Einfluß auf die eigene Entscheidung haben kann.

b) Begrenzte Rationalität der Akteure
Die Annahme der begrenzten Rationalität der Akteure bezieht sich auf die Tatsache, daß sich diese zwar ihrer Intention nach rational verhalten, ihnen dies aber aufgrund der begrenzten Informationsbeschaffungs- und

---

151 Vgl. Richter, Rudolf/Bindseil, Ulrich (1995), S. 134. Auf diesen Theorieansatz wird im folgenden kein Bezug genommen, da die Wirtschaftsförderung nicht über Eigentumsrechte verfügt und somit keine Übertragungsmöglichkeit besteht.

152 Vgl. Kaas, Klaus Peter (1995a), S. 4.

153 Vgl. Graumann, Matthias (1994), S. 144.

154 Vgl. Graumann, Matthias (1994), S. 144.

155 Vgl. Kaas, Klaus Peter (1994), S. 245-246.

156 Vgl. Richter, Rudolf/Bindseil, Ulrich (1995), S. 137.

157 Vgl. Elsner, Wolfram (1987), S. 5.

-verarbeitungsmöglichkeiten nur in eingeschränkten Ausmaß möglich ist (kognitive Grenzen der Informationsverarbeitung).[158] Da Informationsbeschaffung und –verarbeitung mit Kosten (Zeit und Sachmittel) verbunden sind, muß im vorhinein auch eine Entscheidung über die Informationsbasis getroffen werden.

c) Opportunismus
Alle Formen der Täuschung können als Opportunismus dargestellt werden. Im Rahmen der Neuen Institutionenökonomik wird dieser Begriff für die unvollständige bzw. verzerrte Weitergabe von Informationen verwendet.[159] Opportunistisches Verhalten führt zu einer künstlich hervorgerufenen Informationsasymmetrie, wodurch Koordinationsprobleme zwischen den Akteuren vorgezeichnet sind.

In dieser Ausarbeitung sollen zum einen Beziehungen zwischen einem Prinzipal (Auftraggeber) und einem Agenten (Auftragnehmer) auf die Kooperationsbeziehung zwischen der kommunalen und regionalen Wirtschaftsförderung übertragen werden. Zum anderen wird der Versuch unternommen, die Wirtschaftsfördertätigkeit unter Transaktionskosten-Gesichtspunkten ökonomisch zu analysieren.

4.2. Prinzipal-Agenten-Theorie

4.2.1. Erkenntnisinteresse und Konzept

Als Bestandteil der Neuen Institutionenökonomie soll mit der Prinzipal-Agenten-Theorie die vertragliche Ausgestaltung von Koordinationsbeziehungen als Grundlage für ökonomische Handlungen analysiert werden.[160] In diesem Zusammenhang befaßt sich diese Theorie insbesondere mit der Analyse und Gestaltung von Austauschbeziehungen zwischen einem Auftraggeber (Prinzipal) und seinem Auftragnehmer (Agenten), die durch folgende Merkmale gekennzeichnet sind.[161]

1. Sowohl der Auftraggeber als auch der Auftragnehmer handeln in eigenem Interesse (Annahme der individuellen Nutzenmaximierung), so daß ein Zielkonflikt zwischen Prinzipal und Agent auftreten kann.

---

158 Vgl. Richter, Rudolf/Bindseil, Ulrich (1995), S. 137.

159 Vgl. Kaas, Klaus Peter (1991), S. 363.

160 Vgl. Fischer, Marc (1995), S. 320.

161 Vgl. Elschen, Rainer (1991), S. 1004.

2. Externe Umweltfaktoren (Umweltbedingungen) führen dazu, daß sichere Ergebnisprognosen nicht gestellt werden können. Dies kann als Ursache angeführt werden, warum es beim Auftraggeber (Prinzipal) Unsicherheit über die Ergebnisse des Auftraghandelns gibt.

3. Eine Beurteilung des Verhaltens des Auftragnehmers (Agenten) durch den Auftraggeber (Prinzipal) ist nicht immer möglich, da der Auftraggeber Informationsdefizite über das Verhalten, insbesondere über die Leistungsfähigkeit und -bereitschaft des Auftragnehmers hat.

Der Prinzipal überträgt dem Agenten Aufgaben und räumt diesem Handlungsspielräume ein. Durch eine arbeitsteilige Zusammenarbeit zwischen Akteuren sollen ökonomische Ressourcen effizienter eingesetzt werden. Eine Delegation von Entscheidungskompetenzen erfolgt beispielsweise unter dem Aspekt der Zeiteinsparung. Die Delegation ist grundsätzlich dann sinnvoll, wenn erstens die Grenzkosten der Informationsbeschaffung für den Auftragnehmer (Agent) günstiger sind als für den Auftraggeber (Prinzipal) und zweitens die Präferenzen des Prinzipals und des Agenten weitgehend kongruent sind.[162]

Die Prinzipal-Agenten-Situation ist dadurch gekennzeichnet, daß der Auftragnehmer (Agent) beauftragt wird, die Interessen des Auftraggebers (Prinzipals) zu vertreten, und in seinem Interesse Entscheidungen zu treffen.[163] Die Erreichung der ökonomischen Zielsetzung des Prinzipals soll durch die getroffenen Entscheidungen positiv beeinflußt werden. Hierbei besteht die Möglichkeit, daß der Prinzipal ein einzelnes Wirtschaftssubjekt ist oder sich aus einer Gruppe von Wirtschaftssubjekten zusammensetzt.
Mit der Übertragung von Aufgaben, Handlungs- und Entscheidungskompetenzen an den Agenten beabsichtigt der Prinzipal, spezielle Kenntnisse und Fähigkeiten des Agenten für sich zu nutzen. Diese können sich beispielsweise auf spezifisches Know-how (Humankapital) des Agenten beziehen.[164]

Die asymmetrische Informationsverteilung muß dahingehend überprüft werden, ob sie Fehlallokationen oder Wohlfahrtsverluste mit sich bringen kann, und welche Kooperationsdesigns und Organisationsformen dazu beitragen, diese Wohlfahrtsverluste zu begrenzen. Je geringer der Informationsstand des Auftraggebers (Prinzipals) über Motive, Handlungsmöglichkeiten, Leistungsvermögen und -bereitschaft des Auftragnehmers (Agenten) ist, desto höher ist das potentielle Risiko, daß der Agent von den ursprünglichen Vereinbarungen abweichende Maßnahmen durchführt und darüber hinaus seine eigenen Interessen in den

---

162 Vgl. Ewerhart, Christian/Schmitz, Patrick (1997), S. 64.

163 Vgl. Schmidt, Ulrich/Theilen, Bernd (1995), S. 483.

164 Vgl. Ebers, Mark/Gotsch, Wilfried (1995), S. 195.

Vordergrund stellt.[165] Ausgehend von der Analyse von Prinzipal-Agenten-Beziehungen sollen Empfehlungen für Austauschbeziehungen der beteiligten Akteure abgegeben werden.[166]

Die Annahme der individuellen Nutzenmaximierung kann dazu führen, daß Zielkonflikte der beteiligten Akteure auftreten. Die Unsicherheit resultiert aus dem potentiellen Verhalten der Austauschpartner. Es ist davon auszugehen, daß jeder einzelne seine Stärken und Schwächen besser einschätzen kann als andere Akteure innerhalb einer Prinzipal-Agenten-Beziehung. Das Ergebnis einer derartigen Kooperation wird beeinflußt von Faktoren, die beide Austauschpartner betreffen, wie z.B. Fähigkeit, Kompetenz, Fleiß, Anstrengung, Sorgfalt, Offenheit, Ehrlichkeit und Entgegenkommen.[167] Aufgrund der existierenden Informationsasymmetrie besteht somit Unsicherheit über das Ergebnis einer Kooperation.

Prinzipal-Agenten-Beziehungen werden in Hinbick auf Koordinationsprobleme von beiden Kooperationspartnern problematisiert und analysiert. Überlegungen hierzu basieren einerseits auf einem vertragstheoretischen Organisationskonzept und zum anderen auf einer verhaltensorientierten Betrachtungsweise, welche Maximierung des Eigennutzes und Interessendivergenzen berücksichtigt.[168]

Grundlage des *vertragstheoretischen Organisationskonzepts* ist die Regelung einer Austauschbeziehung durch den Abschluß von Verträgen. Diese konkretisieren die Bindewirkung der Austauschbeziehung in bezug auf Zuständigkeiten und Pflichten der Austauschpartner.[169]

Die *verhaltensorientierte Betrachtungsweise* bezieht sich auf Eigenschaften der Akteure, die sich an ihrem Eigennutz orientieren und durch opportunistisches Verhalten gekennzeichnet sind.[170] Zwischen der Komplexität von Verträgen und dem Anreiz, sich opportunistisch zu verhalten, besteht ein funktionaler Zusammenhang in der Hinsicht, daß durch die Zunahme der Spezifität des Vertragsverhältnisses die Abhängigkeit der Vertragsparteien steigt.[171]

---

165 Vgl. Ebers, Mark/Gotsch, Wilfried (1995), S. 195.

166 Vgl. Fischer, Marc (1995), S. 320.

167 Vgl. Spreemann, Klaus (1990), S. 562.

168 Vgl. Ebers, Mark/Gotsch, Wilfried (1995), S. 195.

169 Vgl. Ebers, Mark/Gotsch, Wilfried (1995), S. 196.

170 Vgl. Ebers, Mark/Gotsch, Wilfried (1995), S. 196.

171 Vgl. Pfaffmannn, Eric (1997), S. 42.

Es ist nicht möglich, explizite Verhaltensnormen zu fordern, die detaillierte Anweisungen enthalten, welche Entscheidungen getroffen werden sollen. Die Formulierung expliziter Verhaltensnormen ist zudem mit hohen Kosten (erheblicher Verwaltungsaufwand) verbunden, da der Prinzipal sich umfangreiche Informationen beschaffen müßte. Dies wiederum würde den Sinn einer Prinzipal-Agenten-Beziehung in Frage stellen: Der Prinzipal könnte in diesem Fall selbst die durchzuführenden Aufgaben erledigen. Daher werden implizite Verhaltensnormen vorgegeben, die dem Agenten unter Berücksichtigung der vereinbarten Zielvorgabe Handlungsmöglichkeiten einräumen.

Ein Verhaltensrisiko bleibt für den Prinzipal bestehen sowie darüber hinaus ein exogenes Risiko, auf das keiner der beiden Vertragspartner Einfluß nehmen kann. Bei der Auftragsbeziehung wird davon ausgegangen, daß das eingetroffene Ergebnis zwar von den Maßnahmen des Agenten, von seinem Arbeitseinsatz und Verhalten abhängt, aufgrund des externen Risikos aber nicht ausschließlich dadurch erklärt werden kann.[172] Dem Prinzipal ist es, ebenso wie dem Agenten, nicht möglich, im voraus vollkommene Gewißheit über eintretende Ereignisse zu haben. Um wenigstens das Verhaltensrisiko einzuschränken, bleibt dem Prinzipal jedoch die Möglichkeit, Informations- und Kontrollsysteme einzuführen, die das endogene Risiko reduzieren und zu einer pareto-optimalen Lösung beitragen sollen. Pareto-Optimalität liegt dann vor, wenn eine Veränderung von Bedingungen zugunsten des einen Vertragspartners nicht mehr möglich ist, ohne den Nutzen des anderen zu mindern.[173]

Der Nutzen des Agenten ist abhängig von monetären und nicht-monetären Einflußgrößen. Während die monetären Determinanten sich beispielsweise auf das Gehalt beziehen, handelt es sich bei den nicht-monetären Größen u.a. um Macht, Karriere, Selbstbestätigung und Prestige.[174]
Die monetäre Vergütung entspricht einem finaniellen Anreizsystem, das den Agenten für seine Anstrengungen, Bemühungen und persönlichen Einsatz entschädigen soll. Hierzu wird eine Belohnungsfunktion aufgestellt, an deren Bemessungsgrundlage zwei Anforderungen zu stellen sind. Zum einen muß sie intersubjektiv überprüfbar sein und zum anderen mit der Zielvorgabe des Prinzipals übereinstimmen, d.h. eine Erhöhung der Bemessungsgrundlage muß mit einer Nutzenerhöhung des Prinzipals verbunden sein. Mit diesem monetären Anreizsystem soll erreicht werden, daß die Entscheidungen, Handlungen und der Arbeitseinsatz des Agenten mit den Erwartungen des Prinzipals in Überein-

---

172 Vgl. Fischer, Marc (1995), S. 320.

173 Vgl. Fischer, Marc (1995), S. 320.

174 Vgl. Ebers, Mark/Gotsch, Wilfried (1995), S. 196.

stimmung gebracht werden.[175] Die Beteiligung am Ergebnis ist eine Möglichkeit, opportunistisches Verhalten des Agenten und somit die Verhaltensunsicherheit zu reduzieren.

Neben dem Anreizsystem ist es zur Steuerung des Verhaltens von Agenten notwendig, ein Überwachungssystem aufzubauen. Hiermit wird die Absicht verfolgt, neben der Ergebnisbeobachtung die Anstrengungen bei operativen Tätigkeiten zu prüfen und zu kontrollieren.[176] Anreiz- und Kontrollmechanismen werden eingesetzt, um Gefahren opportunistischen Verhaltens zu mindern.[177]

Abschließend sei bemerkt, daß die Aussagen aus der Prinzipal-Agenten-Theorie größtenteils Tendenzcharakter haben, die sich aus unterschiedlichen organisatorischen Gestaltungsmöglichkeiten ergeben.[178] Organisatorische Probleme entstehen vor allem aus der interpersonellen Übermittlung von Informationen und der Tatsache, daß Informationsaufnahme, -speicherung und -verarbeitung mit pagatorischen Kosten verbunden sind, so daß organisatorische Lösungen gefunden werden müssen, die zu einer Ressourcenersparnis führen.

4.2.2. Ökonomische Analyse der Wirtschaftsförderung im Rahmen der Prinzipal-Agenten-Theorie

Der Zusammenschluß von Kommunen in der regionalen Wirtschaftsförderung weist Merkmale einer Prinzipal-Agenten-Beziehung auf. Kommunen übertragen Aufgabenbereiche an die regionale Wirtschaftsförderung in der Erwartung, durch die Bündelung kommunaler Angelegenheiten eine Verbesserung des regionalen Standorts (z.B. im Hinblick auf Infrastruktur) zu erreichen. Die Delegation von Handlungsbefugnissen u.a. im Bereich der internationalen Standortvermarktung an die regionale Wirtschaftsförderung erfolgt unter dem Aspekt einer gemeinschaftlichen Außendarstellung. Interkommunale Kooperationen finden zunehmend Interesse, denn wie im vorangegangenen Kapitel gezeigt wurde, ist die Bildung von Regionen unter dem Aspekt des europäischen Zusammenwachsens (Europa der Regionen) von zentraler Bedeutung.[179]
Die regionale Wirtschaftsförderung ist eine Institution zur Koordination dezentraler kommunaler Aufgaben. Koordination setzt Informationsprozesse zwischen

---

175 Vgl. Fischer, Marc (1995), S. 321.

176 Vgl. Fischer, Marc (1995), S. 321.

177 Vgl. Pfaffmann, Eric (1997), S. 42.

178 Vgl. Fischer, Marc (1995), S. 322.

179 Die Regionalisierungsdebatte in Hinblick auf eine interkommunale Kooperation findet u.a. für die Region Rhein-Main, Region Stuttgart, Region Hannover und das Rhein-Neckar Dreieck statt.

den Vertragspartnern voraus. Informationen und Informationsprozesse haben somit konstitutiven Charakter für regionale Wirtschaftsförderinstitutionen. Eine derartige Kooperation wird durch Leistung und Gegenleistung begründet, die ein breites Aktivitätenspektrum beinhalten können. Leistungen sind an ein Leistungsversprechen gekoppelt, das man in der neueren ökonomischen Theorie auch als Kontraktgut bezeichnet.[180] Kontraktgüter sind i.d.R. kundenspezifische, komplexe Dienstleistungen, die mit hohen Informations- und Unsicherheitsproblemen behaftet sind, wie z.B. Gewerbeflächenberatung für Großunternehmen.

Für Kommunen kann es sinnvoll sein, Dienstleistungen der regionalen Wirtschaftsförderinstitution in Anspruch zu nehmen. Kommunen sind somit als Auftraggeber die Prinzipale, während die regionale Wirtschaftsförderinstitution als Agent der Austauschbeziehung betrachtet werden kann. Am Beispiel regionaler Marketing-Aktivitäten läßt sich zeigen, wie aus dieser Arbeitsteilung Vorteile entstehen können. Für Kommunen ist es nicht ohne weiteres möglich, ihren Standort international zu vermarkten, d.h. Unternehmen zu akquirieren oder eine regionale Bindung von Unternehmen zu erzeugen. Ein Alleingang ist ein aufwendiges Unterfangen und mit hohen Kosten für die jeweilige Kommune verbunden. Ihre Finanzausstattung verhindert kommunale Einzelstrategien im Bereich des internationalen Marketings. Eine Bündelung der finanziellen Möglichkeiten trägt zu einer Vergrößerung der Handlungsspielräume in diesem Bereich bei.

Für die Aufgaben, die von den Kommunen an die regionale Wirtschaftsförderung übertragen werden, ist ein Entgelt zu entrichten. Deren Organisationsform bestimmt die Bezeichnung für die zu entrichtende Entlohnung. Im vorigen Kapitel wurden als Organisationsformen der eingetragene Verein sowie der Zweckverband genannt. Beim eingetragenen Verein (e.V.) ist ein Mitgliedsbeitrag zu entrichten, während ein Zweckverband eine Verbandsumlage erhebt. Für beide Organisationsformen wird somit ein Pauschalbetrag fällig. Die Zahlung einer erfolgsabhängigen Provision entfällt. Da die Bemessungsgrundlage für Aktivitäten der regionalen Wirtschaftsförderung nicht eindeutig definiert sowie die Zielgrößen nicht ex ante bestimmbar sind, kann keine funktionale Beziehung zwischen den monetären Beiträgen der Kommunen und der Festlegung der Bemessungsgrundlage hergestellt werden. Die regionale Wirtschaftsförderung hat unterschiedliche Tätigkeiten mit unterschiedlichen Leistungsdimensionen zu vollbringen, die nur eingeschränkt meßbar sind. Es ist deshalb sinnvoll, auf eine leistungsorientierte Entlohnung zu verzichten und einen Pauschalbetrag zu erheben, da sonst die Gefahr besteht, daß nur solche Anstrengungen unternommen werden, deren Output meßbar ist. Beipielsweise würde dann nur

---

180 Vgl. Kaas, Klaus Peter (1995a), S. 8.

Wert auf die Anzahl von Neuansiedlungen gelegt werden, während qualitiative Anforderungen an ein Struktur-Mix vernachlässigt würden. Die Etablierung eines Struktur-Mix ist aber eine wesentliche von Wirtschaftsförderern zu beachtende Qualitätsdimension, um eine langfristige Entwicklung des ökonomischen Potentials einer Region zu gewährleisten (sustainable development).

Die Wahl der Organisationsform für regionale Wirtschaftsförderinstitutionen bestimmt neben der zu entrichtenden Entlohnung auch die vertragliche Konstruktion der formalen Absprachen, die Grundlage für eine Prinzipal-Agenten-Beziehung sind. Im Fall eines eingetragenen Vereins bildet die Vereinssatzung, in der Zweck und Aufgaben schriftlich fixiert sind, die Grundlage der Austauschbeziehung. Im Fall der Zweckverbände, wie sie u.a. für die Region Rhein-Main und für die Region Stuttgart bestehen, sind Gesetze als Regelwerk für formale Absprachen erlassen worden.[181] Derartige Gesetze geben Auskunft über Verbandsmitglieder, Verbandsgebiet, Aufgaben und die Zusammenarbeit mit den Verbandsmitgliedern.

Ein Vergleich der beiden formalen Regelungen, der Vereinssatzung und dem Gesetz, zeigt, daß die Bindewirkung unterschiedlich stark ausgeprägt ist. Die Bindewirkung für die regionale Wirtschaftsförderung als Agent ist im Fall des eingetragenen Vereins schwächer einzustufen als im Fall eines Gesetzes. Das Regelwerk gesetzlicher Bestimmungen ist zum einen wesentlich umfangreicher ausgestaltet und schwieriger zu durchbrechen als beim eingetragenen Verein. Zum anderen können Kommunen als Vereinsmitglieder aus dem eingetragenen Verein austreten und somit zur Destabilisierung der interkommunalen Kooperation beitragen.

Die Leistung bzw. der Beitrag der regionalen Wirtschaftsförderung zur Zielerreichung kann nicht wie ein Gewinnbeitrag in Geldeinheiten gemessen werden, so daß als Verhandlungsgrundlage Leistungsvereinbarungen getroffen werden sollten. Regionale Wirtschaftsförderer können nicht mit einer Erfolgsbeteiligung motiviert werden.

Die Analyse der Prinzipal-Agenten-Beziehung im Rahmen der kommunalen/regionalen Wirtschaftsförderung ist u.a. deshalb von Interesse, weil sie zeigt, wie Kooperationen bei divergierenden Zielvorstellungen und Informationsasymmetrien gestaltet werden können. Dies wird im nächsten Abschnitt diskutiert.

---

181 Für die Region Rhein-Main wurde am 11. September 1974 das Gesetz über den Umlandverband Frankfurt erlassen. Für die Region Stuttgart ist am 2. Februar 1994 das Gesetz über die Stärkung der Zusammenarbeit in der Region Stuttgart in Kraft getreten.

4.2.3. Charakteristika der Prinzipal-Agenten Beziehung im Rahmen der kommunalen/regionalen Wirtschaftsförderung

Die Beziehung zwischen kommunaler und regionaler Wirtschaftsförderung weist Charakteristika einer Prinzipal-Agenten Beziehung auf, deren zentrale Merkmale sind:

a) Erwartungen
Was erwarten die kommunalen Wirtschaftsförderer von der regionalen Wirtschaftsförderung?

b) Interessenwahrung
Sind Interessen- und Zielkonflikte zwischen kommunaler und regionaler Wirtschaftsförderung vorhanden?

c) Urteilsvermögen
Haben kommunale Wirtschaftsförderer Probleme, Verhaltensweisen der regionalen Wirtschaftsförderung zu beurteilen?

Mit Hilfe dieser Merkmale wird analysiert, inwiefern die Theorie auf kommunale und regionale Wirtschaftsförderung übertragen werden kann.

4.2.3.1. Erwartungen der Kommunen

Im Fall einer regionalen/kommunalen Prinzipal-Agenten-Beziehung agiert der eine Partner als Agent (regionale Wirtschaftsförderung) und der andere Partner setzt sich aus vielen einzelnen Wirtschaftssubjekten, den Kommunen, zusammen. Es gibt also einen Agenten und mehrere Prinzipale, die sich zu einer Kooperationsbeziehung entschließen. Charakterisiert werden kann diese Kooperationsbeziehung durch Leistung der Kommunen und Gegenleistung der regionalen Wirtschaftsförderung. Leistungen der Kommunen beziehen sich u.a. auf die Bereitstellung von Informationen über kommunale Gewerbeflächenangebote. Auf diese Weise findet eine Eingliederung der Kommunen in eine regionale Kooperation statt.
Im Vordergrund der folgenden Analyse stehen Leistungen, die vom Agenten zu erbringen sind, da die Kommunen als Auftraggeber Anforderungen und Erwartungen an die regionale Wirtschaftsförderung als Auftragnehmer stellen. Es handelt sich dabei um eine Übertragung von Aufgabenbereichen, von der die Kommunen einen Vorteil erwarten, da sie ansonsten die Kooperationsbeziehung nicht eingehen würden.

Es stellt sich somit die Frage, was die Kommunen von der regionalen Wirtschaftsförderung (Agent) erwarten. Die Kommunen als Prinzipale erwarten von der regionalen Wirtschaftsförderung (Agent) eine sorgfältige und zielorientierte

Aufgabenbearbeitung. Diese Erwartungen der kommunalen Wirtschaftsförderung an die Aufgabenbearbeitung orientieren sich vorwiegend an den getroffenen formalen Absprachen (z.B. Vereinssatzung). Sie reichen jedoch oftmals nicht aus, das Anforderungsprofil der regionalen Wirtschaftsförderung eindeutig abzugrenzen, was auch damit zusammenhängt, daß Wirtschaftsförderung eine Querschnittsfunktion ist.

Formale Absprachen beziehen sich auf Koordination und Stärkung der Zusammenarbeit der Mitglieder auf dem Gebiet der Wirtschaftsförderung, Durchführung gemeinsamer Maßnahmen, Förderung der wirtschaftlichen Entwicklung, Stärkung der wirtschaftlichen Position der Kommunen, Diskussion wichtiger finanzieller und wirtschaftlicher Zukunftsfragen der Region sowie Standortwerbung für die Region. Diese Aufgabenbereiche sind nur sehr vage und nicht eindeutig mit Inhalten gefüllt, so daß Mißverständnisse und unterschiedliche Erwartungen in bezug auf das Anforderungsprofil regionaler Wirtschaftsförderung und die Intensität ihrer Bearbeitung auftreten können.

Beispielhaft soll der Bereich der regionalen Standortwerbung angeführt werden. Kommunen übertragen an die regionale Wirtschaftsförderung die Aufgabe, den regionalen Standort zu vermarkten. Eine weiterführende Abgrenzung dieses Aufgabenbereichs gibt es nicht. Die regionale Wirtschaftsförderung ist mit dem Problem konfrontiert, wie sie die finanziellen Beiträge ihrer Auftraggeber, der Kommunen, aufteilen soll, um eine regionale Standortwerbung durchzuführen, mit der alle beteiligten Kommunen einverstanden sind. Hierzu gibt es mehrere Möglichkeiten, so beispielsweise Kontaktaufnahme mit ausländischen Kammerverbänden, Teilnahme an Messen (z.B. an der Internationalen Tourismus Börse in Berlin), Herstellung von Kontakten zu ausländischen Großunternehmen oder auch Anzeigenwerbung in internationalen Magazinen und Zeitschriften. Die Erwartungen der Kommunen an die Verwendung der Mitgliedsbeiträge im Falle eines eingetragenen Vereins können divergieren und zu Spannungen innerhalb der Kooperationsbeziehung führen.
Unterschiedliche Erwartungen der Kommunen resultieren also v.a. aus unzureichenden formalen Absprachen.

4.2.3.2. Interessenkonflikte

Durch die Zusammenarbeit von kommunalen Wirtschaftsförderungseinheiten mit einer regionalen Wirtschaftsförderungsinstitution wird eine Austauschbeziehung aufgebaut. Wird die regionale Orientierung als Makro-Ebene bezeichnet und die kommunale als Mikro-Ebene, so kann das Problem auftreten, daß Kommunen durch die Eingliederung in eine Makro-Ebene befürchten, daß ihr Stellenwert zu niedrig angesetzt und ihre individuellen, kommunalen Interessen nicht genügend berücksichtigt werden. Für eine Kommune als Prinzipal ist das Ausmaß der Aktivitäten und Bemühungen bei der Vertretung regionaler Interessen nicht direkt beobachtbar. Sie kann nur mutmaßen, ob die regionale Wirtschaftsförderung die Interessen aller Kommunen in gleichem Umfang berücksichtigt.

Diese Austauschbeziehungen können neben unterschiedlichen Erwartungen an die regionale Wirtschaftsförderung dadurch beeinträchtigt werden, daß unterschiedliche und sogar widerstreitende Ziele auf kommunaler und regionaler Ebene bestehen. Dieser Sachverhalt soll am Beispiel des Ausbaus von Verkehrsinfrastrukturen, so am Ausbau eines Flughafens, verdeutlicht werden. Regionale Wirtschaftsförderer begrüßen den Ausbau, da hierdurch die wirtschaftliche Entwicklung einer Region gefördert wird (z.B. Zunahme des Arbeitsplatzangebots, Erhöhung der regionalen Steuereinnahmen). Die an den Flughafen angrenzenden Kommunen begrüßen zwar die damit verbundene ökonomische Verbesserung des regionalen Standorts, befürchten aber eine erhöhte Lärmbelästigung durch die Zunahme des Flugverkehrs. Andere Kommunen dagegen, die durch ihre räumliche Distanz weniger der Lärmbelästigung durch den Ausbau des Flughafens ausgesetzt sind, befürworten das Bauprojekt, da hierdurch die Attraktivität des Standorts für Unternehmen gestärkt wird. Es entsteht ein Interessenkonflikt zwischen kommunaler und regionaler Wirtschaftsförderung und zwischen Kommunen untereinander. In diesem Fall ist die regionale Wirtschaftsförderung nicht in der Lage, zu einer pareto-optimalen Lösung beizutragen.

Aber auch das Gewerbeflächenmanagement auf regionaler Ebene kann einen Interessenkonflikt zwischen regionaler und kommunaler Wirtschaftsförderung auslösen. Erhält die regionale Wirtschaftsförderung die Anfrage eines Großkonzerns zur Standortberatung innerhalb der Region, können sich einzelne Kommunen zurückgesetzt fühlen, auch wenn sie vielleicht nicht die Standortvoraussetzungen erfüllen, die von dem betreffenden Unternehmen als notwendig angegeben wurden. Es können Zweifel an der Kompetenz der regionalen Wirtschaftsförderung auftreten. Kritiker werden die Notwendigkeit regionaler Wirtschaftsförderung in Frage stellen. Die einzelne Kommune wird bezweifeln, ob ihre Interessen wirklich gleichwertig berücksichtigt wurden. Der kommunale Wirtschaftsförderer erkennt nur, daß seine Kommune eine Nutzeneinbuße beispielsweise durch entgangene Gewerbesteuer hat, erkennt aber nicht, daß die Gewerbesteuer zumindest in der Region bleibt. Regionale Wirtschaftsförderer müßten sich damit verteidigen, daß sie eine an den Anforderungen eines bestimmten Unternehmens orientierte Standortberatung durchführen. Weiterhin müßten sie Überzeugungsarbeit leisten, daß die gesamte Region von der Neuansiedlung profitiert, also auch die Kommune als deren Teilbereich. Insbesondere für Verdichtungsräume sind Neuansiedlungen von Großunternehmen unter dem Aspekt "Europa der Regionen" von zentraler Bedeutung, da die Bedeutung einer Region gesteigert wird und zusätzliche Akquisitionen (Folgeeffekte) wahrscheinlich sind.

Abschließend ist zu bemerken, daß zwischen kommunaler und regionaler Wirtschaftsförderung Interessenkonflikte auftreten können, die nicht pareto-optimal zu lösen sind, insbesondere durch die Mikro/Makro-Betrachtungsweise. Während kommunale Wirtschaftsförderer Unternehmen an die Kommune binden wollen, besteht für regionale Wirtschaftsförderer das Ziel, Unternehmen an die Region zu binden.

4.2.3.3. Urteilsvermögen der Kommunen

Das Verhalten von kommunalen und regionalen Wirtschaftsförderakteuren hat Auswirkungen auf die Kooperationsbeziehung zwischen Prinzipal und Agenten. Für Kommunen als Prinzipale ergibt sich ein Beurteilungsproblem im Hinblick auf das Verhalten der regionalen Wirtschaftsförderung (des Agenten) in bezug auf seine Fähigkeit, Kompetenz, Ehrlichkeit, Fairness, Anstrengung, Sorgfalt und sein Entgegenkommen. Es sind drei Grundarten der Verhaltensunsicherheit innerhalb der Prinzipal-Agenten-Beziehung zu differenzieren: Qualitätsunsicherheit, Holdup und Moral Hazard,[182] die im Rahmen der kommunalen und regionalen Wirtschaftsförderung analysiert werden sollen.

1. Qualitätsunsicherheit

Die *Qualitätsunsicherheit*, auch *hidden characteristics* genannt[183], bezieht sich auf das Leistungspotential des Agenten.

Kommunale Wirtschaftsförderer beurteilen die regionale Wirtschaftsförderung im Hinblick auf ihre Fähigkeit und Bereitschaft, eine Leistung für Kommunen zu erbringen. Das Verhalten der regionalen Wirtschaftsförderung ist zwar ex ante nicht vorhersehbar, jedoch ex post beobachtbar. Die Kommunen beurteilen Maßnahmen, die von der regionalen Wirtschaftsförderung vollzogen wurden. Die Leistung, interkommunale Zusammenarbeit zu stärken, kann z.B. mit einer Studie in Form eines Imageprofils der Region ermittelt werden. Hierzu bewerten kommunale Wirtschaftsförderer die Qualitätsdimensionen der regionalen Wirtschaftsförderung. Als Qualitätsdimensionen der regionalen Wirtschaftsförderung können u.a. aufgeführt werden: Informationsangebot (z.B. Wirtschaftsstrukturanalysen der Region), Beratungsangebot (z.B. in bezug auf Verbesserungen der Informations- und Kommunikationsinfrastruktur auf kommunaler

182 Vgl. Spreemann, Klaus (1990), S. 562-563.

183 Vgl. Spreemann, Klaus (1990), S. 566.

Ebene), Europa-Aktivitäten (z.B. Teilnahme an regionalen Foren für den europäischen Informationsaustausch).

Die Bereitschaft, eine Leistung zu vollbringen, kann von den Kommunen zusätzlich durch weitere Bestimmungsfaktoren spezifiziert werden, so z.B. Schnelligkeit und Sorgfalt, mit denen Wirtschaftsstrukturanalysen den Kommunen zur Verfügung gestellt werden.

2. Moral Hazard

Die *Moral-Hazard*-Problematik, die auch als *hidden action* bezeichnet wird[184], bezieht sich auf die Nicht-Trennbarkeit zwischen Verhaltensrisiko und exogenem Risiko.[185]
Eine eindeutige Leistungsbeurteilung sowie eine Bewertung des Leistungsergebnisses ist nicht möglich, da die Einwirkung des exogenen Risikos unbekannt ist. Dem Prinzipal, d.h. den Kommunen, ist es nicht möglich, Handlungen der regionalen Wirtschaftsförderung (Agenten) zu beobachten, so daß der Agent ein schlechtes Resultat dem Zufall zurechnen wird und ein gutes Resultat den durchgeführten Aktivitäten.[186]

Kommunen können zwar beobachten, welche Ergebnisse die regionale Wirtschaftsförderung erzielt hat, so z.B. die Anzahl der akquirierten Unternehmen in der Region innerhalb eines bestimmtes Zeitraums. Sie haben aber keine Einsichtsmöglichkeit in die Anstrengungen und Bemühungen, beispielsweise im Hinblick auf Such- und Vermittlungsaktivitäten der regionalen Wirtschaftsförderung. Kommunale Kontrollmechanismen, die hierüber Auskunft geben könnten, sind mit einem hohen personellen Aufwand verbunden. Hierfür fehlen den meisten Kommunen die notwendigen Ressourcen. Zudem ist damit ein weiterer zeitlicher und sachlicher Aufwand verbunden. Die Kommunen haben also keine Eingriffsmöglichkeiten, nicht zuletzt infolge ihrer eingeschränkten Finanzausstattung.

3. Holdup

Holdup oder *hidden intention* [187] bezieht sich auf Verhaltensmerkmale, die zu einem Ausnutzen von Vertragslücken führen können. Vertragslücken ergeben sich daraus, daß dem Partner juristischer Freiraum gewährt wird, da es nicht möglich ist, alle denkbaren Fallunterscheidungen ex ante präzise zu definieren. Regionale Wirtschaftsförderer haben Freiraum, ihre Aufgabenbereiche mit In-

---

184 Vgl. Spreemann, Klaus (1990), S. 566.

185 Vgl. Spreemann, Klaus (1990), S, 571.

186 Vgl. Schmidt, Ulrich/Theilen, Bernd (1995), S. 483.

187 Vgl. Spreemann, Klaus (1990), S. 566.

halten zu füllen, was auch damit zusammenhängt, daß Wirtschaftsförderung als Querschnittsfunktion zu bezeichnen ist, deren Aufgabenbereiche nicht explizit abgrenzbar sind. Satzungen von eingetragenen Vereinen regionaler Wirtschaftsfördereinrichtungen ermöglichen Freiräume für die zu erbringenden Leistungen, so daß für die Mitglieder (z.B. die Kommunen) Unsicherheit über Maßnahmen der regionalen Wirtschaftsförderung besteht. Handlungsspielräume der regionalen Wirtschaftsförderung ermöglichen, abhängig von ihren jeweiligen Interessen, Aufgaben mit einer Intensität wahrzunehmen, die von den Erwartungen der Prinzipale (der Kommunen) abweicht.

4.2.3.4. Gestaltung der Kooperation

Probleme, die auf eine der drei Grundarten der Verhaltensunsicherheit zurückzuführen sind, können Disharmonien in der Kooperationsbeziehung zwischen der regionalen und der kommunalen Wirtschaftsförderung hervorrufen. Ein Kooperationspartner erleidet eine Nutzeneinbuße. Schon der Verdacht oder die Bedenken hinsichtlich der Konsequenzen der Verhaltensunsicherheit können die Kooperationsbeziehung in Gefahr bringen, obwohl diese vorteilhaft für beide Partner genutzt werden könnte. Denn die Kooperationsbeziehung wurde ja eingegangen, um Vorteile zu erzielen, d.h. vor allem, den Stellenwert der Region mit ihren regionalen Verflechtungen zu erhöhen und so die Attraktivität des Standorts für Unternehmen zu steigern.

Die Probleme, die sich aus einer Prinzipal-Agenten Beziehung ergeben, müssen entschärft werden. Hierzu muß die Bereitschaft vorhanden sein, potentielle Aktionsräume nicht zu Lasten des Kooperationspartners auszunutzen sowie dies dem Partner glaubwürdig zu vermitteln. Maßnahmen zur Lösung solcher Probleme sind mit einem Ressourcenverbrauch verbunden. Zusätzlich ist zu konstatieren, daß die Gestaltungsmöglichkeiten der Kooperation keine Garantie für eine reibungslose Prinzipal-Agenten-Beziehung geben. Nur in einer Welt vollkommener Information kann eine First-best-Lösung zustande kommen. Somit ist es notwendig, ein Kooperationsdesign auszuwählen, das zu einer Second-best-Lösung führt. Die Auswahl eines Kooperationsdesigns hängt u.a. von der Risikobereitschaft der Kooperationspartner ab sowie von den Kosten.

In bezug auf die Gestaltungsmöglichkeiten der Kooperation lassen sich Signaling und Screening unterscheiden. Beide Möglichkeiten werden im folgenden diskutiert und auf die Beziehung zwischen kommunaler und regionaler Wirtschaftsförderung übertragen.

Bereits vor Abschluß einer formalen Absprache zwischen der kommunalen und regionalen Wirtschaftsförderung (z.B. Satzung, gesetzliche Grundlagen) muß die regionale Wirtschaftsförderung, als Agent, den Kommunen, als Prinzipalen, glaubwürdig signalisieren, über welches Leistungspotential sie verfügt. Signaling bezieht sich somit auf die Leistungsbegründung,[188] d.h. die Kommunen müssen von der Leistung der regionalen Wirtschaftsförderung überzeugt sein. Hiermit ist ein Grundsatzproblem für die Akteure der kommunalen Wirtschaftsförderung verbunden, da sie befürchten, durch die Eingliederung in eine regionale Wirtschaftsförderung an Bedeutung zu verlieren. Kommunale Wirtschaftsförderer sind mißtrauisch gegenüber Argumenten, die regionale Wirtschaftsförderer anführen, um Kommunen von der regionalen Ausrichtung zu überzeugen (Kommunalegoismus). Damit die regionale Wirtschaftsförderung den Kommunen ihr Leistungspotential glaubwürdig signalisieren kann, muß der Leistungsumfang sehr präzise formuliert werden, um Mißverständnissen der Wirtschaftsförderung als Querschnittsaufgabe entgegenzutreten. Die Präzisierung des Leistungsumfangs hat dementsprechend erste Priorität.

Wie bereits erwähnt wurde, können inhaltlich unzureichende Formulierungen des Leistungspotentials, wie z.B. Förderung der wirtschaftlichen Entwicklung, Ursache einer Verhaltensunsicherheit sein, die es zu verhindern gilt. Die genaue Abgrenzung des Leistungsumfangs ist notwendig, um erfolgreich Signaling zu betreiben.
Die Leistungsbegründung der regionalen Wirtschaftsförderung mit Argumenten der Leistungsfähigkeit bezieht sich v.a. auf gewonnene Erfahrungen oder auf besondere Fähigkeiten, wie z.B. Vertriebskompetenz und Verhandlungsgeschick im Bereich des Gewerbeflächenmanagements. Der Abbau von Verhaltensunsicherheit liegt im wohlverstandenen Interesse der regionalen Wirtschaftsförderung, des Agenten, um eine Stärkung der Kooperationsbeziehung zu erreichen.

Neben dem Nachweis der Leistungsfähigkeit der regionalen Wirtschaftsförderung muß diese darüber hinaus die Sicherung ihres Leistungswillens den Kommunen dokumentieren. Dies wird als Selbstbindung bezeichnet. Beispiele zur Selbstbindung sind Garantien oder Konventionalstrafen bei Leistungsmängeln.[189] So können glaubwürdige Garantiezusagen Gefahren der Verhaltensunsicherheit begrenzen. Garantien (als Form der Selbstbindung) werden verwendet, um den Prinzipalen zu signalisieren, daß der Agent von seiner Leistung überzeugt ist. Regionale Wirtschaftsförderer geben aber i.d.R. keine Garantien ab, und im Schadensfall (z.B. unzureichende Vermarktung der Region, Unternehmensverlagerungen in andere Regionen) müssen sie auch keine Konventionalstrafe leisten. Die Praktikabilität dieses Verfahrens scheint daher begrenzt.

---

188 Vgl. Kaas, Klaus Peter (1990), S. 541.

189 Vgl. Kaas, Klaus Peter (1990), S. 545.

Den regionalen Wirtschaftsförderen stehen nur wenige Möglichkeiten zur Verfügung, um ihren Leistungswillen zu bekunden. So bieten sich beispielsweise freiwillige Berichterstattungen über aktuelle Verhandlungen mit Unternehmen in bezug auf das Gewerbeflächenmanagement an oder Dokumentationen von aktuellen Marketing-Maßnahmen (Publikationen in internationalen Zeitschriften, Kontaktpflege mit ausländischen Kammerverbänden etc.).

Eine unterstützende Wirkung zur Sicherung des Leistungswillens hat die Reputation von regionalen Wirtschaftsförderern. Maßnahmen der Wirtschaftsförderung haben langfristige Implikationen, so daß regionale und kommunale Wirtschaftsförderer eine langanhaltende Kooperationsbeziehung eingehen. Während es bei einmaligen Geschäftsbeziehungen nicht möglich ist, die Beziehung durch Vertrauen zu stärken, ist dies bei längerfristig angelegten Prinzipal-Agenten-Beziehungen, so auch bei regionaler/kommunaler Wirtschaftsförderung, umso wichtiger. Die Reputation des Agenten, d.h. in diesem Fall der regionalen Wirtschaftsförderung, entsteht hauptsächlich durch die Kommunikation der Prinzipale, der Kommunen. Die Wahrscheinlichkeit ist groß, daß die regionale Wirtschaftsförderung bei den einzelnen Kommunen eine unterschiedliche Reputation aufgrund unterschiedlicher Qualitätserwartungen genießt. Vertrauensbildende Maßnahmen müssen daher besonders bei den Kommunen, die in bezug auf die regionale Orientierung der Wirtschaftsförderung skeptisch eingestellt sind, eingesetzt werden. Das Verhalten der regionalen Wirtschaftsförderung soll diesen Kommunen signalisieren, daß ein regionaler Alleingang nicht angestrebt wird. Die regionale Wirtschaftsförderung muß versuchen, durch die Eingliederung der Kommunen in ein regionales Gefüge zu einer Verstärkung des "Wir-Gefühls" der Region beizutragen, das der ökonomischen Entwicklung der Region dient, wovon die Kommunen profitieren sollen. Die regionale Wirtschaftsförderung sollte durch die Bildung von Vertrauenskapital den Teilnehmern "ihrer" Institution ein Identifikationsgefühl vermitteln. Regionale Wirtschaftsförderer versuchen dementsprechend, als zuverlässige Vertragspartner gegenüber den Kommunen zu handeln.

Gibt es kommunale Befürchtungen, daß die Leistungsbegründung nicht ausreicht, um die Leistungsfähigkeit der regionalen Wirtschaftsförderung zu beurteilen, werden Screening-Verfahren eingesetzt. Kommunen versuchen hierbei, Informationen über Aktivitäten der regionalen Wirtschaftsförderung zu erhalten, um in einem nächsten Schritt zu beurteilen, ob die regionale Wirtschaftsförderung die geeignete Institution ist, zu einer ökonomischen Entwicklung der Region beizutragen. Nur wenn die Kommunen überzeugt sind, daß regionale Wirtschaftsförderer einen wesentlichen Beitrag hierzu leisten, werden sie eine regionale Orientierung unterstützen. Ansonsten wird die Kooperationsbeziehung zwischen kommunaler und regionaler Wirtschaftsförderung eingestellt.

4.2.3.5. Zusammenfassende Beurteilung der Kooperationsbeziehung

Die Prinzipal-Agenten-Theorie als Bestandteil der Neuen Institutionenökonomik leistet einen Beitrag zur Analyse der Kooperationsbeziehung zwischen kommunaler und regionaler Wirtschaftsförderung. Für die Analyse dieser Kooperationsbeziehung wurden Merkmale der Prinzipal-Agenten-Beziehungen, nämlich Erwartung, Interessenwahrung und Urteilsvermögen, herangezogen.

Es wurde herausgearbeitet, daß Kommunen unterschiedliche Erwartungen im Hinblick auf das Leistungspotential von regionalen Wirtschaftsförderern haben. Verursacht werden divergierende Erwartungen der Kommunen in erster Linie durch unzureichende formale Absprachen (z.B. Vereinssatzung). Daher sind präzise Definitionen der Aufgabenbereiche der regionalen Wirtschaftsförderung notwendig, um einen Konsens der Erwartungen zu erzielen, der zu einer Stabilisierung der interkommunalen Kooperation beiträgt.

Kommunen befürchten durch die Eingliederung in eine regionale Wirtschaftsförderung eine Unterbewertung ihrer kommunalen Bedeutung. Divergenzen zwischen kommunalen und regionalen Interessen können auftreten, so daß pareto-optimale Lösungen der regionalen Wirtschaftsförderung unwahrscheinlich sind.

Kommunen haben ein Beurteilungsproblem im Hinblick auf das Verhalten der regionalen Wirtschaftsförderung. Dieses Phänomen wird als Verhaltensunsicherheit bezeichnet. Damit Kommunen eine regionale Ausrichtung von Wirtschaftsfördermaßnahmen unterstützen und sich an der Kooperationsbeziehung beteiligen, müssen sie vom Leistungspotential und Leistungswillen der regionalen Wirtschaftsförderung überzeugt sein. Daher besteht für die regionalen Wirtschaftsförderer die Notwendigkeit, Bedürfnisse und Eigenschaftsprofile der Kommunen zu erkunden und zu beobachten, damit die regionale Wirtschaftsförderung ihr Leistungsprofil an die Leistungsanforderungen der Kommunen anpassen kann. Hierdurch besteht die Möglichkeit, die Verhaltensunsicherheit innerhalb der Kooperationsbeziehung abzubauen, was wesentlichen Einfluß hat auf das Ergebnis der Prinzipal-Agenten-Beziehung.

4.3. Koordinationsstrukturen auf der Basis des Transaktionskostenansatzes

4.3.1. Erkenntnisinteresse und Konzept

Ausgangspunkt transaktionskostentheoretischer Überlegungen sind Austauschbeziehungen zwischen Wirtschaftssubjekten. Im Mittelpunkt des Interesses stehen materielle und immaterielle Güter, die mit institutionellen Handlungsrechten eines oder mehrerer Wirtschaftssubjekte verbunden sind und erwartungsbildenden Charakter haben.[190] Alternative institutionelle Koordinationsformen wirtschaftlicher Leistungsbeziehungen werden überprüft. Einheit der Analyse ist die Transaktion, deren Kosten ein effizienzorientiertes Entscheidungskriterium zur Beurteilung unterschiedlicher institutioneller Arrangements bilden.[191]

Hauptbestandteil von Transaktionskosten sind die anfallenden Informationskosten. Dieser Aspekt ist von grundsätzlicher Bedeutung. Kosten entstehen bei der individuellen Informationssuche hauptsächlich durch den Zeitaufwand und sind als individuell unterschiedliche Opportunitätskosten zu bezeichnen.[192] Darüber hinaus ist die Unsicherheit über den Fortgang der Transaktion eine wesentliche Determinante. Diese Unsicherheit beruht auf der Unkenntnis über mögliche zukünftige Rahmenbedingungen und das zukünftige Verhalten der Vertragsparteien. Veränderungen der vertraglichen Vereinbarungen, beispielsweise infolge von Abweichungen des Verhaltens von Vertragsparteien, führen zu Anpassungskosten.

Aufgrund der mit einer Transaktion verbundenen Unsicherheit kommen subjektive Zielsetzungen und Einstellungen zum Tragen, die sich auf die Wahl der Koordinationsformen auswirken.[193] Unter der Bedingung gegebener Einflußgrößen (ceteris paribus) wird die Koordinationsform mit den geringsten Transaktionskosten gewählt. Eine optimale Substitution von Markttransaktionen durch unternehmensinterne Transaktionen ist dann erreicht, wenn die Grenzkosten letzterer geringer sind als die Grenzkosten ersterer (komparative Transaktionskostendifferenz).

Die Transaktionskostentheorie leistet dementsprechend einen Kostenvergleich alternativer institutioneller Arrangements in bezug auf die Abwicklung und Organisation von Transaktionen.[194] Eine verursachungsgemäße Zuordnung von Kosten, die für die Erstellung eines Gutes bzw. einer Leistung anfallen, ist nicht immer problemlos möglich. Dies gilt ebenso für die Quantifizierung von Transaktionskosten, die u.a. für die Anbahnung und Abwicklung von wechselseitigen Leistungsbeziehungen anfallen. Transaktionskosten sind demnach mit einem Operationalisierungsproblem verbunden und dienen lediglich zur Orientierung über die relative Vorteilhaftigkeit von unterschiedlichen Austauschbeziehungen.

---

190 Vgl. Picot, Arnold/Dietl, Helmut (1990), S. 178.

191 Vgl. Picot, Arnold/Dietl, Helmut (1990), S. 178.

192 Vgl. Bössmann, Eva (1983), S. 110.

193 Vgl. Bössmann, Eva (1983), S. 110.

194 Vgl. Ebers, Mark/Gotsch, Wilfried (1995), S. 208.

Zusammenfassend ist festzuhalten, daß Transaktionskosten im Zusammenhang mit der Bestimmung, Übertragung und Durchsetzung von Handlungsrechten entstehen, und zwar hauptsächlich in Form von Informations- und Kommunikationskosten, die mit der Anbahnung, Vereinbarung, Kontrolle und Anpassung wechselseitiger Leistungsbeziehungen verbunden sind.[195] Transaktionskosten sind Kosten vertraglicher Beziehungen, „welche die Verständigung der an der Transaktion beteiligten Personen regeln."[196] Kosten für die Bereitstellung, Nutzung und Aufrechterhaltung von Institutionen können unter dem Begriff der Transaktion subsumiert und folgendermaßen klassifiziert werden:

1. Such- und Informationskosten
2. Verhandlungs- und Entscheidungskosten
3. Kosten der Überwachung und Durchsetzung von Leistungsverpflichtungen

4.3.2. Vergleich der regionalen Wirtschaftsförderung mit einer Unternehmung

Jede Unternehmung hat einen Geschäftszweck. Eine regionale Wirtschaftsförderungsinstitution kann als Unternehmung verstanden werden, welche die Absicht verfolgt, die wirtschaftliche Leistungskraft der Region zu fördern. Leistungen einer regionalen Wirtschaftsförderung sind zum einen, Marketing für die Region zu betreiben, und zum anderen, Dienstleistungen für Unternehmen anzubieten, wobei der Schwerpunkt hier im Gewerbeflächenmanagement besteht. Somit kann ein Vergleich mit einer Marketingagentur bzw. einem Dienstleistungsunternehmen gezogen werden. Es werden Anstrengungen unternommen, Standortverbesserungen in der Region durchzusetzen.

Ein weiteres Merkmal einer Unternehmung besteht darin, Gewinne zu erwirtschaften. In bezug auf die regionale Wirtschaftsförderung ist anzumerken, daß sie selbst keinen Gewinn für die eigene Gewinn- und Verlustrechnung (GuV) erwirtschaftet. Das Ziel ihrer Arbeit ist vielmehr, einen Nutzen für die Region zu stiften, der sich indirekt in der Reduktion von Arbeitslosigkeit, höherem Steueraufkommen etc. ausdrücken soll.

Verbesserungen in den Rahmenbedingungen sollen die Attraktivität des Standorts erhöhen, um Unternehmen in der Region zu halten oder für den Standort neu zu gewinnen. Auf diese Weise werden Steueraufkommen in der Region erwirtschaftet, die den "Gewinn der Region" darstellen, z.B. in Form von Gewerbesteuereinnahmen.

---

195 Vgl. Picot, Arnold/Dietl, Helmut (1990), S. 178.

196 Schumann, Jochen (1992), S. 437.

Ein Vergleich zwischen einer regionalen Wirtschaftsförderinstitution und einem Unternehmen kann demnach aufgrund des bestehenden Geschäftszwecks, der zu vollbringenden Leistung, gezogen werden.

4.3.3. Einflußfaktoren von Transaktionskosten in der regionalen Wirtschaftsförderung

1. Arbeitsteilung zwischen regionaler und kommunaler Wirtschaftsförderung

Die regionale Wirtschaftsförderung kann nur dann als sinnvoll erachtet werden, wenn hierdurch ökonomische Vorteile erreicht werden. Dies ist u.a. dann der Fall, wenn durch eine Aufgabenteilung zwischen kommunaler und regionaler Wirtschaftsförderung Ressourcen eingespart werden, im Vergleich zur Alternative, daß es keine regionale Wirtschaftsförderung gibt. Hieran ist die Bedingung geknüpft, daß die Leistungsbereiche, d.h. Aufgaben, die von der regionalen Wirtschaftsförderung wahrzunehmen sind, definiert werden. Der Nutzen der regionalen Wirtschaftsförderung muß demnach höher sein als die von ihr verursachten Kosten. Der potentielle Nutzengewinn durch die regionale Wirtschaftsförderung kann u.a. damit begründet werden, daß sie regionale Standortinteressen wahrnimmt (z.B. Ausbau des Arbeitsplatz-Angebots in der Region) und im internationalen Standortwettbewerb eine bedeutende Vermarktungsfunktion übernimmt, die von den Kommunen alleine nur eingeschränkt durchgeführt werden kann. Regionale Wirtschaftsförderinstitutionen müssen demnach die ihnen übertragenen Aufgaben besser (beispielsweise zeitsparender) durchführen, als wenn sich Kommunen selbst darum bemühen (Eigenerstellung). Die regionale Wirtschaftsförderung muß zu einer Effizienzsteigerung beitragen, die im wesentlichen durch ihre Koordinationsfunktion begründet werden kann.

Unter der Prämisse, daß die regionale Wirtschaftsförderung von Kommunen beauftragt wird, Marketingmaßnahmen (Marketing der regionalen Wirtschaftsförderung) durchzuführen sowie das regionale Gewerbeflächenmanagement zu übernehmen, ist von einer Arbeitsteilung zwischen regionaler und kommunaler Wirtschaftsförderung zu sprechen. Kommunen stellen der regionalen Wirtschaftsförderung Informationen, u.a. über Gewerbeflächenangebote, zur Verfügung. Diese sammelt die Informationen und stellt einen Katalog der zu vermarktenden Gewerbeflächen innerhalb der Region zusammen. Marketing-Maßnahmen sind hierbei ein wichtiges Instrument, um potentielle Standortsuchende auf eine Region aufmerksam zu machen sowie mit diesen in Verbindung zu gelangen, um sie in einem weiteren Schritt an entsprechende Kommunen zu vermitteln. Aber auch Unternehmen, die ihren Standort bereits innerhalb einer Region haben und sich räumlich erweitern wollen, muß die regionale Wirtschaftsförderung eine Auswahlalternative anbieten können. Hierzu selektiert sie kommunale

Gewerbeflächen nach dem Anforderungsprofil der standortsuchenden Unternehmen. Somit nimmt die regionale Wirtschaftsförderung eine Intermediärstellung zwischen Unternehmen und Kommune ein, indem sie Kontakte zwischen standortsuchenden Unternehmen und Standort-Anbietern (Kommune) herstellt. Die regionale Wirtschaftsförderung verfolgt die Absicht, Unternehmen innerhalb der Region anzusiedeln und an diese zu binden, um deren wirtschaftliche Position zu stärken.

Aus der Perspektive der regionalen Wirtschaftsförderung handelt es sich um eine Erweiterung ihrer Absatzmöglichkeiten, die durch eine interkommunale Kooperation im Bereich des Gewerbeflächenmanagements zustande kommt. Standortsuchende Unternehmen dagegen haben auf diese Weise die Möglichkeit, aus einer Vielzahl von Gewerbeflächen auszuwählen und sich für einen Standort zu entscheiden, der ihren individuellen Bedürfnissen entspricht. Auf den ersten Blick erscheint die Etablierung der regionalen Wirtschaftsförderung als "one stop agency" im Bereich des Gewerbeflächenmanagements für Kommunen und Unternehmen unter Transaktionskostengesichtspunkten sinnvoll. Die Informationen über regionale Standortfaktoren werden durch die regionale Wirtschaftsförderung zusammengetragen, so daß Unternehmen nicht mehr eine Vielzahl von Kommunen innerhalb einer Region kontaktieren müssen, um einen Standort auswählen. Such- und Informationskosten können durch die Etablierung einer regionalen Wirtschaftsförderinstitution gesenkt werden.

Doch Kommunen können Vorbehalte gegenüber dieser Vorgehensweise haben, wie sie bereits im Rahmen der Prinzipal-Agenten-Beziehung dargestellt wurden, so beispielsweise im Hinblick auf ihre Verhaltensunsicherheit gegenüber der regionalen Wirtschaftsförderung.

2. Verhalten von regionalen und kommunalen Wirtschaftsförderern

Inwiefern die regionale Wirtschaftsförderung geeignet ist, eine Intermediärstellung zwischen Kommunen und Unternehmen einzunehmen, hängt von der Effizienz ab, Transaktionen durchzuführen. So hängt beispielsweise die Höhe der Informationskosten einerseits von dem Verhalten der Transaktionspartner und andererseits von der rechtlichen Ausgestaltung der Kooperationsbeziehung ab. Im Rahmen der Prinzipal-Agenten-Theorie wurde darauf hingewiesen, daß Satzungen von eingetragenen Vereinen Freiräume für die Ausgestaltung der Kooperationsbeziehung beinhalten. Möglichkeiten der Ausgestaltung führen u.a. dazu, daß Verhaltensunsicherheit in bezug auf das Anforderungsprofil der Kommunen an die regionale Wirtschaftsförderung besteht. Dies hat zur Konsequenz, daß der Informationsbedarf über Tätigkeiten der Kommunen steigt, was zu einer Erhöhung der Informationskosten beiträgt. Aus Transaktionskostengesichtspunkten ist es demnach notwendig, formale Absprachen über Handlungsmöglichkeiten der regionalen Wirtschaftsförderung präziser zu formulieren, als dies im Rahmen von Vereinssatzungen möglich ist.

3. Anzahl von regionalen Wirtschaftsförderern

Wirtschaftsförderinstitutionen auf regionaler Ebene können klassifiziert werden als Wirtschaftsförderinstitutionen i.e.S. und Wirtschaftsförderinstitutionen i.w.S. Wirtschaftsförderinstitutionen i.e.S. sind Institutionen, die vorwiegend interkommunale Interessen wahrnehmen und von diesen auch beauftragt werden, gemeinsames Gewerbeflächenmanagement sowie die regionale Vermarktung des Standorts durchzuführen. Darüber hinaus sind jedoch weitere Institutionen auf dem Gebiet der Wirtschaftsförderung aktiv. Hierzu zählen u.a. Industrie- und Handelskammern sowie Handwerkskammern. Beide Institutionen übernehmen Lobbyfunktionen hauptsächlich für kleine und mittelständische Betriebe.

Zwischen Wirtschaftsförderinstitutionen i.e.S. und solchen i.w.S. ist ein hohes Maß an Koordination notwendig, damit keine Konkurrenz zwischen beiden institutionellen Arrangements entsteht, die nachteilig für Unternehmen zu bewerten ist. Eine Vielzahl von Institutionen auf dem Gebiet der regionalen Wirtschaftsförderung birgt die Gefahr, daß Unternehmen den Überblick verlieren, welche Institution für ausgewählte Aufgabenbereiche zuständig sind. Darüber hinaus verursacht die Koordination zwischen den Institutionen ein erhöhtes Maß an Transaktionskosten.

4.3.4. Die Bedeutung des Transaktionskostenansatzes für die Existenz regionaler Wirtschaftsförderung

Der Transaktionskostenansatz als alleinige Argumentationsbasis ist nicht ausreichend, um eine zuverlässige Aussage über die Effizienz der regionalen Wirtschaftsförderung zu treffen. Die Entscheidung, ob regionale Wirtschaftsförderung notwendig ist und unter volkswirtschaftlichen Gesichtspunkten zu einer Ressourceneinsparung beiträgt, kann nicht nur unter Zugrundelegung des Transaktionskostenansatzes erfolgen.

In bezug auf das Gewerbeflächenmanagement wurde dargestellt, daß die regionale Wirtschaftsförderung eine Intermediärstellung einnimmt zwischen Kommune und Unternehmung. Die regionale Wirtschaftsförderung führt eine Vorauswahl durch, damit Marktpartner in Kontakt treten können. Daraus lassen sich jedoch keine Schlußfolgerungen ziehen über die Effizienz der zwischengeschalteten Institution, die von räumlichen, sachlichen, persönlichen und zeitlichen Komponenten abhängt, die dementsprechend auch berücksichtigt werden müssen. Eine transaktionskostentheoretische Betrachtungsweise im Rahmen der regionalen Wirtschaftsförderung führt zu einer Fokussierung auf die Kosten, während der Wert der Leistung in den Hintergrund gerückt wird. Der Wert der regionalen Wirtschaftsförderung besteht auch in einem Imagegewinn für die Region im internationalen Wettbewerb von Standorten. Für die Messung des Imagegewinns müssen weitere Kriterien herangezogen werden, die zu einer Operationalisierung beitragen.

5. Die Region Frankfurt/Rhein-Main

Die bisherigen Ausführungen zum Thema kommunaler und regionaler Wirtschaftsförderung sowie deren Eingliederung in ein theoretisches Analysekonzept erfolgten weitestgehend unabhängig von einem bestimmten Bezugsrahmen. Lediglich in Einzelfällen wurden Anmerkungen gemacht, die sich auf die Region Rhein-Main bezogen. Diese Vorgehensweise wurde gewählt, um zentrale Aspekte der Wirtschaftsförderung, so z.B. hinsichtlich Rechtsgrundlagen, Zielsetzungen, Zielgruppen, Organisation, aufzuzeigen, die unabhängig vom gewählten Bezugsrahmen in der Bundesrepublik existieren. Auch die theoretische Ausarbeitung der Aktivitäten regionaler Wirtschaftsförderung hinsichtlich Anreiz-, Steuerungs- und Koordinationsproblemen im Rahmen der Neuen Institutionenökonomik wurde vorgestellt, ohne Bezug auf einen Aktionsraum zu nehmen.

Grundvoraussetzung für die konkrete Beurteilung der Umsetzung regionaler Wirtschaftsförderung sind Kenntnisse über die Struktur einer Region. Die Analyse der Struktur der Region Rhein-Main wird in dieser Ausarbeitung anhand von drei Themenbereichen erfolgen, die für die regionale Wirtschaftsförderung besondere Bedeutung haben und im Rahmen ihrer praktischen Implementierung innerhalb der Region Rhein-Main zu beachten sind.

1. Abgrenzung und Kennzahlen der Region Rhein-Main

In der Region Rhein-Main sind mehrere Wirtschaftsförderinstitutionen tätig. Für eine zielgerichtete Aufgabendurchführung ist eine Abstimmung der Interaktion notwendig. Hierzu müssen u.a. die Anzahl und die Reichweite von regionalen Wirtschaftsförderinstitutionen definiert werden. Nur unter Berücksichtigung dieser Grundvoraussetzung können Aktivitäten der regionalen Wirtschaftsförderung, wie beispielsweise regionales Gewerbeflächenmanagement, internationale Vermarktung des Standorts sowie gemeinsame Außendarstellung, gewährleistet werden. Die raumbezogene Abgrenzung kann somit als notwendige Bedingung zur Koordination innerregionaler Angelegenheiten angeführt werden. Diese Abgrenzung muß der Anforderung an Verfügbarkeit von Information genügen. Dies ist nicht ohne weiteres in der Region Rhein-Main durchführbar, da sie nicht nur auf ein Bundesland begrenzt ist, sondern sich auf mehrere Bundesländer, Hessen, Rheinland-Pfalz und Bayern erstreckt. Die Zusammenstellung relevanter Daten, so z.B. Arbeitsmarktdaten, kann daher in der Region Rhein-Main zu einem grundsätzlichen Problem werden. Für regionale Wirtschaftsförderer ist statistisches Datenmaterial sowie dessen Auswertung als Handlungsgrundlage notwendig. Diese Informationsgrundlage ist für die Region Rhein-Main jedoch nicht ohne weiteres gewährt. Die Auswertung und Analyse von Daten ist jedoch erforderlich, um innerregionale Diskrepanzen, u.a. in bezug auf Bevölkerungswachstum, Bruttowertschöpfung, Zunahme von Arbeitsstätten zu erkennen, und beispielsweise unerwünschten Konzentrationsprozessen entgegensteuern zu können.

Des weiteren wird an die Abgrenzung einer Region die Forderung einer gemeinsamen Problemlage gestellt, also z.B. einer Stadt und ihres Umlandes. In diesem Zusammenhang wird der Aspekt der Suburbanisierung in der Region Rhein-Main thematisiert, der eine gemeinsame Abstimmung zwischen Stadt und Umland erfordert.

2. *Suburbanisierung*

"Suburbanisierung wird verstanden als innerregionale Dekonzentration von Bevölkerung und Beschäftigung, gemessen durch die Zunahme des Anteils der Bevölkerung im Umland (= suburbaner Raum) an der gesamten Bevölkerung und Beschäftigung im Verdichtungsraum (= Region) und Abnahme der Kernstadt."[197] Der Begriff Suburbanisierung bezieht sich somit auf die Erhöhung des Anteils der Umlandgemeinden an Bevölkerung, Arbeitsstätten oder Beschäftigten in der Region.[198] Durch die Auswertung des statistischen Datenmaterials für die Region Rhein-Main wird belegt, daß sich diese – unter Zugrundelegung dieser definitorischen Begriffsabgrenzung – im Prozeß der Suburbanisierung befindet. Mit der anhaltenden Suburbanisierung ist eine innerregionale Dekonzentration verbunden in bezug auf Arbeitsstätten, Beschäftigung und Bevölkerung. Aufgrund von Abwanderungstendenzen aus der Kernstadt in den suburbanen Raum können Konflikte und Abstimmungsprobleme zwischen Stadt und Umlandgemeinden auftreten. Beispielhaft sind Unternehmensverlagerungen in den suburbanen Raum anzuführen, die zur Verlagerung von Gewerbesteuer-Einnahmen und dadurch zu finanziellen Disparitäten zwischen Kernstadt und Umlandgemeinden führen können.[199] Dieses Ungleichgewicht der kommunalen Finanzausstattung führt zu einer Erschwerung der innerregionalen Kooperation. Gemeinden im suburbanen Raum werden durch diesen Veränderungsprozeß finanzielle Handlungsmöglichkeiten eingeräumt, wodurch die Eingliederung in eine regionale Wirtschaftsförderung möglicherweise in Frage gestellt wird.

---

197 Gaebe, Wolf (1987), S. 46.

198 Vgl. Gaebe, Wolf (1987), S. 45.

199 Wirtschaftspolitische Akteure der Kernstadt Frankfurt bezeichnen die Umlandgemeinden als "Speckgürtel". Hierdurch soll u.a. zum Ausdruck gebracht werden, daß Umlandgemeinden von der Anziehungskraft Frankfurts profitieren, sich jedoch nur in geringem Maße an den Ausgaben, die zur Attraktivität der Stadt beitragen, beteiligen. Die Unausgewogenheit der Finanzausstattungen zwischen Kernstadt und Umland kann als Nährboden der Kirchturmpolitik bezeichnet werden, die von regionaler Wirtschaftsförderung unterbunden werden soll.

3. Internationalität der Region Rhein-Main

Frankfurt ist das Zentrum der Region Rhein-Main, einer der bedeutendsten Regionen im internationalen Wettbewerb. In Frankfurt befinden sich Zentralen von weltmarktorientierten Unternehmen sowie Stammsitze internationaler Banken. Von der Internationalität der Stadt Frankfurt profitiert nicht nur die Stadt Frankfurt selbst, sondern auch ihre Umlandgemeinden. Während die Stadt Frankfurt hohe Investitionen tätigen muß, um ihre Internationalität zu erhalten, sind die Umlandgemeinden die Nutznießer dieser Investitionen. Die Internationalität des Standorts stellt somit besondere Anforderungen an regionale Wirtschaftsförderer in der Region Rhein-Main, z.B. die Interessen der Großstadt ebenso zu berücksichtigen wie die Interessen der Umlandgemeinden. Im Rahmen dieser Ausarbeitung ist es somit notwendig, die Internationalität des Standorts besonders zu berücksichtigen. Zur Akquisition und Bindung von Unternehmen in der Region Rhein-Main dienen harte Standortfaktoren als zentrales Marketinginstrument, z.B. der Frankfurter Großflughafen als internationaler Verkehrsknotenpunkt. Hierzu hat Lutzky Bewertungskriterien europäischer Verdichtungsräume erarbeitet,[200] die für die Region Rhein-Main auf ihre Gültigkeit überprüft werden.

Für die Region Rhein-Main stehen unterschiedliche Bezeichnungen zur Auswahl, so beispielsweise Region Frankfurt, Frankfurt/Region Rhein-Main, Rhein-Main Gebiet, Rhein-Main-Raum.[201] Der sprachliche Gebrauch bezieht sich überwiegend auf einen verflochtenen Wirtschaftsraum, wobei diese Begriffe keine einheitlich akzeptierte Gebietsabgrenzung implizieren.[202] Auf der Grundlage wissenschaftlicher Überlegungen zur Raumordnung sollen zum einen der Begriff Verdichtungsraum sowie zum anderen die damit verbundenen Auswahlkriterien für Verdichtungs- und Ordnungsräume herausgearbeitet werden. Hierauf aufbauend folgt die Abgrenzung der Region Rhein-Main sowie die Auswertung von statistischem Datenmaterial zur Charakterisierung des Bezugsrahmens.

Das Rhein-Main-Gebiet ist durch Disparitäten zwischen Stadt und Umland hinsichtlich Bevölkerung und Arbeitsstätten gekennzeichnet. Als Ursache dafür ist u.a. die Suburbanisierung anzuführen, die ab Mitte der 60er Jahre in den deutschen Großstädten eintrat.[203] Diese Entwicklungsphase von Verdichtungsräu-

---

200 Vgl. Lutzky, Nikolai (1994).

201 Vgl. Bördlein, Ruth (1993), S. 49.

202 Vgl. Hill, Hermann/Nemitz, Carsten (1998), S. 6; Bördlein, Ruth (1993), S. 49; Heinz, Werner (1997), S. 77.

203 Vgl. Hill, Hermann/Nemitz, Carsten (1998), S. 1.

men ist durch eine Zunahme der Bevölkerung, der Arbeitsstätten und der Beschäftigten in den Umlandgemeinden der Region gekennzeichnet.[204] Der Begriff Suburbanisierung bezieht sich somit auf die innerregionale Dekonzentration hinsichtlich Bevölkerung und Beschäftigung durch den Anstieg des Anteils der Bevölkerung im suburbanen Raum an der Summe der Bevölkerung und Beschäftigung im Verdichtungsraum und Reduktion des Anteils in der Kernstadt.[205] Innerregionale Veränderungen können u.a. auf Verlagerungen von der Kernstadt ins Umland, so beispielsweise durch Ansiedlungen von Industrie, Handel und Dienstleistungen im Umland (Zuzüge, Neugründungen oder Unternehmenserweiterungen) zurückgeführt werden.[206] Aufgrund von Dezentralisierungstendenzen unternehmerischer Bereiche im suburbanen Raum nimmt die Bedeutung der regionalen Raumeinheit zu.[207]

In einem deskriptiven Ansatz wird die Phase der Suburbanisierung erläutert und das Ergebnis in einem nächsten Schritt auf das Rhein-Main-Gebiet angewendet.

Die Region Rhein-Main gehört zu den "Key-Player-Regionen" im internationalen Wettbewerb.[208] Durch die Globalisierung der Wirtschaft und der Finanzmärkte, die zu einem verstärkten Wettbewerb zwischen Regionen führt, steigen die Anforderungen und die Bedeutung von regionaler Wirtschaftsförderung. Anhand von Merkmalen der Agglomerationsräume mit internationalem Stellenwert wird die Internationaliät der Region Rhein-Main begründet.

5.1. Zur Problematik der Abgrenzung von Räumen

5.1.1. Abgrenzung von Verdichtungsräumen

Als Verdichtungsraum wird ein Raum definiert, der sich aus einer Kernstadt mit ihrem Umland zusammensetzt, wobei beide Teilräume aus unterschiedlichen politisch-administrativen Raumeinheiten bestehen können.[209] Die Bezeichnung Verdichtungsraum findet seit dem Ersten Raumordnungsbericht der Bundesregierung, der 1963 vorgelegt wurde, und vor allem durch das Raumordnungsgesetz vom 8.4.1965 als Begriff in der Fachsprache Verwendung.[210] Der Begriff Verdichtungsraum hat die Bezeichnung Ballungsraum substituiert, da Akteure

204 Vgl. Gaebe, Wolf (1987), S. 45.

205 Vgl. Gaebe, Wolf (1987), S. 46.

206 Vgl. Gaebe, Wolf (1987), S. 48.

207 Vgl. Heinz, Werner (1997), S. 74.

208 Vgl. Lutzky, Nikolai (1994), S. 91.

209 Vgl. Gaebe, Wolf (1987), S. 46.

210 Vgl. Müller, Georg (1970), S. 3536.

der Raumordnung der Auffassung waren, daß der Begriff Ballung eine negative Assoziation hervorrufen könnte.[211]

Die Raumentwicklung in der Bundesrepublik Deutschland und in anderen Industrieländern durchläuft eine Konzentration in bezug auf Einwohner und Arbeitsstätten.[212] Dieser Prozeß ist in einer ersten Phase durch die Urbanisierung der Städte gekennzeichnet und in der zweiten Phase durch die Suburbanisierung.[213] "Grundsätzlich sind hierbei lokale und regionale Verdichtungsprozesse mit komplementären Entleerungsprozessen in vielfach strukturschwachen, dünn besiedelten Räumen verbunden, aus denen - meist selektiv - Entwicklungspotential abgezogen wird."[214]

Diese Diskrepanz der räumlichen Entwicklung wurde als das wesentliche raumordnungspolitische Grundsatzproblem aufgefaßt, bei dem die Erhaltung der Rahmenbedingungen für eine soziale Marktwirtschaft aufgrund der raumordnungspolitischen Situation als gefährdet eingestuft wurde.[215] Das Raumordnungsgesetz des Bundes von 1965 berücksichtigte den Aspekt, daß "bei ungleicher räumlicher Entwicklung die Verdichtungsräume unaufhaltsam zu Lasten der ländlichen Räume, insbesondere der zurückgebliebenen ländlichen Gebiete wachsen, wodurch die Probleme der Verdichtung und Entleerung kumulativ zunehmen und sich das strukturelle Gefälle zwischen den beiden polaren Gebietskategorien ständig vergrößert."[216] Konsequenterweise wurde die Absicht verfolgt, Abgrenzungen von Verdichtungsräumen vorzunehmen.[217] Hierzu ist

211 Vgl. Müller, Georg (1970), S. 3537 und Tönnies, Gerd (1995), S. 1006. Die Begriffsbezeichnung "Verdichtungsraum" geht im wesentlichen auf Isbary 1962 zurück. Isbary leitete den Begriff aus der Physik ab. "Er schildert den aus dem Physikunterricht jedem geläufigen Versuch, bei dem festgestellt wird, daß gleichmäßig auf einem Blatt Papier verstreute Eisenfeilspäne sich an gewissen Stellen anhäufen, wenn ein Magnet darunter gehalten wird. Die Anhäufung bezeichnet er als Kontraktion und übersetzt dieses Wort dann mit Verdichtung. Bei der Übertragung auf die soziale Wirklichkeit wird aus dem Agglomerationsraum, der bereits seit Jahrzehnten als Ausdruck für die Anhäufung von Menschen in Großstädten und Industriebezirken bekannt ist, zunächst der Ausdruck Verdichtungszone, dem später der Verdichtungsraum folgt." Müller, Georg (1970), S. 3537.

212 Vgl. Tönnies, Gerd (1995), S. 1006.

213 Vgl. Tönnies, Gerd (1995), S. 1006.

214 Tönnies, Gerd (1995), S. 1006.

215 Vgl. Tönnies, Gerd (1995), S. 1006.

216 Tönnies, Gerd (1995), S. 1006.

217 Vgl. Tönnies, Gerd (1995), S. 1006.

anzumerken, daß durch kein Verfahren der Raumforschung optimale Verdichtungsräume bestimmt werden können.[218]

Zur Problematik der Abgrenzung von Verdichtungsräumen haben erstmals Olaf Boustedt, Georg Müller und Karl Schwarz 1964 in einem von ihnen erarbeiteten Gutachten zur Messung von Verdichtungsschäden Stellung genommen.[219] Für die Abgrenzung von Verdichtungsräumen hat dieser Expertenkreis zwei Merkmale für die Bezeichnung "Verdichtung" in Zusammenhang gesetzt. Hierbei handelt es sich einerseits um ein statisches sowie andererseits um ein dynamisches Merkmal. Das statische Merkmal entspricht einer Kombination aus Einwohner- und Arbeitsmarktdichte und bezieht sich auf den Verdichtungsgrad, der sich aus der Anzahl von Einwohnern und Beschäftigten je Quadratkilometer zusammensetzt.[220] Das dynamische Merkmal erfaßt die Dynamik des Verdichtungsprozesses durch die Bevölkerungsentwicklung.[221]

Begründet wird die Merkmalsauswahl der Einwohner-Arbeitsplatzdichte, d.h. die Summe aus Einwohnern und Beschäftigten im nichtlandwirtschaftlichen Bereich je qkm Fläche (EW+A/qkm), mit dem Argument, daß diese Kennziffer Auskunft gibt über Belastungen von Raumeinheiten, so z.B. im Hinblick auf die Einengung in den Bereichen Wohnen und Erholung. Des weiteren wird durch dieses Kriterium das Ausmaß von notwendigen Maßnahmen im Infrastrukturbereich (Verkehr, Wasser, Abwasser, Müll) und anderen Bereichen der notwendigen Daseinsvorsorge offensichtlich. Mit der Konzentration von Siedlungskomplexen und der gewerblichen Ansammlung sind externe Effekte verbunden, die im Rahmen dieses methodischen Ansatzes berücksichtigt werden.

Die Bevölkerungszunahme wird als Kriterium gewählt, welches Anhaltspunkte gewährt über die Beschleunigung von Verdichtungsschäden, die mit dem Einwohneranstieg verbunden sind.[222]

Bereits 1968 wurden diese Kriterien für die Abgrenzung von Verdichtungsräumen in den Ausschußberatungen der Ministerkonferenz für Raumordnung verwendet.[223] Im Rahmen einer Schwellenwert-Diskussion zur Abgrenzung von Verdichtungsräumen wurde festgelegt, daß Gemeinden einen Mindestwert in bezug auf die Einwohner-Arbeitsplatzdichte von 1250 aufweisen sollten. Aber

---

218 Vgl. Tönnies, Gerd (1995), S. 1006 und Müller, Georg (1970), S. 3545.

219 Vgl. Müller, Georg (1970), S. 3537.

220 Vgl. Tönnies, Gerd (1995), S. 1006.

221 Vgl. Tönnies, Gerd (1995), S. 1006.

222 Vgl. Müller, Georg (1970), S. 3543.

223 Vgl. Müller, Georg (1970), S. 3540.

auch angrenzende Gemeinden mit einer Einwohner-Arbeitsplatzdichte von 750 bis 1250 sowie einem Bevölkerungswachstum zwischen 1961 und 1967 von 10% und/oder 50 EW/qkm wurden zur territorialen Abgrenzung herangezogen. Als drittes Auswahlkriterium wurden angrenzende Gemeinden mit einer Einwohner-Arbeitsplatzdichte von 330 bis 750 sowie einem Bevölkerungswachstum zwischen 1961 und 1967 von 20% und /oder 100 EW/qkm verwendet.[224] Kommunen, die diese Auswahlkriterien von Verdichtungsräumen nicht erfüllen, jedoch innerhalb eines Verdichtungsraums angesiedelt sind, werden nicht als isolierte "Inseln" behandelt, sondern dem Verdichtungsraum mit seiner Fläche und Einwohnerzahl zugerechnet.[225] Zusätzlich definierte dieser Ausschuß die Mindestgröße der Gesamtfläche von Verdichtungsräumen mit 100 qkm sowie die Mindestgröße in bezug auf die Einwohnerzahl mit 150.000 Einwohnern.[226]

Der Verdichtungsprozeß der Region Rhein-Main schreitet weiter fort. Insbesondere die Randgebiete sind hiervon betroffen. Exemplarisch für die Region Rhein-Main ist der Wetteraukreis mit der Stadt Bad Vilbel anzuführen. Unter dem Aspekt der planerischen Gesamtkonzeption ist es sinnvoll, einen Ordnungsraum zu bilden, der sich aus einem Verdichtungsraum mit seinen Randgebieten zusammensetzt. Als Ordnungsraum wird ein Raum bezeichnet, in dem eine räumliche Ordnung u.a. für wirtschaftliche Entwicklungen aufgebaut werden soll.[227] Hierzu ist anzumerken, daß eine Anpassung des Raums an Entwicklungen oftmals nur mit einer Zeitverzögerungen vollzogen werden kann, da Veränderungen spontan eintreten können.

Unter Berücksichtigung des Homogenitätsprinzips[228] werden Ordnungsräume (Verdichtungsräume und ihre Randbereiche) nach der 35. Entschließung der Ministerkonferenz für Raumordnung (MKRO) von 1977[229] unter funktionalen Gesichtspunkten abgegrenzt:

---

224 Vgl. Müller, Georg (1970). S. 3541.

225 Vgl. Müller, Georg (1970), S. 3541-3542.

226 Vgl. Müller, Georg (1970), S. 3541; Tönnies, Gerd (1995), S. 1007; Bördlein, Ruth (1993), S. 50.

227 Vgl. Ernst, Werner (1995), S. 752.

228 Im Rahmen des Homogenitätsprinzip werden diskrete räumliche Grundeinheiten wie beispielsweise Gemeinden unter Verwendung eines oder mehrere Merkmale zu homogenen Regionstypen aufgefaßt. Als Beispiele für Regionstypen können Fremdenverkehrsregionen, Industrieregionen, ländliche Regionen und Verdichtungsräume angeführt werden. Vgl. Sinz, Manfred (1995), S. 808.

229 In bezug auf die Abrenzung von Ordnungsräumen muß auf Kriterien der MKRO von 1977 zurückgegriffen werden, da seither keine neuen Abgrenzungskriterien festgesetzt wurden (Auskunft von Mitarbeitern des Bundesamtes für Bauwesen und Raumordnung im Januar 1999).

- "Anteil der Berufspendler 1970 aus Nahbereichen des Randgebiets in benachbarte Verdichtungsräume an den Erwerbstätigen dieses Nahbereichs in Höhe von etwa 15%
- Anzahl der Berufspendler 1970 aus den Nahbereichen in benachbarte Verdichtungsräume - bezogen auf die Fläche des Nahbereichs - von etwa 10 Auspendlern je qkm oder
- ersatzweise Einbeziehung aller Nahbereiche, die Teile des Verdichtungsraumes erfassen." [230]

In der vorliegenden Ausarbeitung wird der Ordnungsraum der Region Rhein-Main zugrundegelegt. Institutionen der regionalen Wirtschaftsförderung in der Region Rhein-Main haben zwar unterschiedliche territoriale Abgrenzungen ihres Wirkungsgebiets, die sich jedoch insgesamt in den Ordnungsraum der Region Rhein-Main einfügen lassen. Teilräume der regionalen Wirtschaftsfördergesellschaften lassen sich somit in den Ordnungsraum integrieren. Demnach ist es unter funktionalen Gesichtspunkten sowie unter der bereits aufgeführten planerischen Gesamtkonzeption sinnvoll, diese Gebietsabgrenzung auszuwählen.

Diese Tatsache ist ein wichtiger Aspekt, der von regionalen Wirtschaftsförderern berücksichtigt werden muß. Besonders im Rahmen der Suburbanisierung des tertiären Sektors werden Anforderungen an das regionale Gewerbeflächenmanagement gestellt, da hiermit Unternehmensfluktuationen in Randbereiche der Region Rhein-Main verbunden sind. Als aktuelles Beispiel kann die Verlagerung von Unternehmen aus der Kernstadt Frankfurt in Randgebiete, wie beispielsweise Bad Vilbel (Wetteraukreis), angeführt werden. Dies betrifft u.a. die Gesellschaft für Zahlungssysteme (GZS), Dresdner Bauspar AG, Lahmeyer International AG.[231] Unter dem Aspekt der innerregionalen Dekonzentration, die verstärkt durch Abwanderungen von Unternehmen im Dienstleistungsbereich (Suburbanisierung des tertiären Sektors) aus der Kernstadt in Randgebiete resultiert, erscheint es sinnvoll, den Ordnungsraum der Region Rhein-Main als territoriale Abgrenzung zur regionalen Wirtschaftsförderung auszuwählen.

230 Bördlein, Ruth (1993), S. 51 und vgl. Tönnies, Gerd (1995), S. 1007.

231 Vgl. o.V. (1998): Brüssel soll entscheiden: "Preis-Dumping" oder nicht? Frankfurt und Bad Vilbel streiten über Grundstücksverkäufe, in: Frankfurter Allgemeine Zeitung vom 8.Oktober 1998.

5.1.2. Abgrenzung und Kennzahlen der Region Rhein-Main[232]

Unter Berücksichtigung von raumordnerischen Gesichtspunkten erstreckt sich der Ordnungsraum zwischen Darmstadt im Süden, Mainz und Wiesbaden im Westen, Aschaffenburg im Osten sowie dem Taunuskamm im Norden.[233] Unter funktionsräumlicher Betrachtungsweise bildet die Region Rhein-Main eine Einheit, während unter verwaltungsbezogenen Kriterien unterschiedliche Zuständigkeiten zu verzeichnen sind, da es sich hierbei um drei Bundesländer (Rheinland-Pfalz, Hessen und Bayern) handelt.[234] Eine einheitliche Verwaltungsorganisation für diese Raumeinheit existiert nicht. Die verschiedenen verwaltungsmäßigen Zuständigkeiten wirken erschwerend auf die innerregionale Koordination. Während monozentrisch strukturierte Räume in Hamburg, München oder Berlin vorzufinden sind, ist das Rhein-Main Gebiet durch eine polyzentrische Struktur gekennzeichnet,[235] d.h. es gibt nicht nur ein Zentrum, sondern außer der Großstadt Frankfurt[236] (643.469 EW, Hessen) gibt es weitere Oberzentren innerhalb der Region. Hierbei handelt es sich um die beiden Landeshauptstädte Mainz (186.136 EW, Rheinland Pfalz) und Wiesbaden (267.726 EW, Hessen) sowie Darmstadt (137.876 EW, Hessen) und Offenbach (116.214 EW, Hessen).[237] Der Ordnungsraum Rhein-Main erstreckt sich auf ein Gebiet von ca. 8.300 qkm und entspricht demnach ca. der Hälfte des Bundeslandes Hessen[238] mit einem Bevölkerungsstand am 31.12.1997 von 4.083.281 Einwohnern. Zum Ordnungsraum Rhein-Main gehören 6 kreisfreie Städte sowie 11 Landkreise.[239] Die kreisfreien Städte sind Darmstadt, Frankfurt, Offenbach, Wiesbaden, Aschaffenburg und Mainz. Die Landkreise des Ordnungsraums sind Kreis Darmstadt-Dieburg, Kreis Groß-Gerau, Hochtaunuskreis, Main-Kinzig-Kreis, Main-Taunus-Kreis, Kreis Offenbach, Rheingau-Taunus-Kreis, Wetteraukreis, Kreis Aschaffenburg, Kreis Miltenberg, Kreis Mainz-Bingen.

---

232 Zur Berechnung der Indikatoren wurde statistisches Datenmaterial vom Umlandverband Frankfurt verwendet und für den Ordnungsraum Rhein-Main ausgearbeitet.

233 Vgl. Bördlein, Ruth (1993), S. 51; Hill, Hermann/Nemitz Carsten (1998), S. 6. Aigner/Miosga nehmen die gleiche Gebietsabgrenzung vor und bezeichnen diesen Raum als Wirtschaftsregion Region Rhein-Main. Vgl. Aigner, Birgit/Miosga, Manfred (1994), S. 82.

234 Vgl. Heinz, Werner (1997), S. 77.

235 Vgl. Heinz, Werner (1997), S. 77.

236 Die Angabe zur Höhe der Bevölkerung bezieht sich auf den Stand vom 31.12.1997. Vgl. Umlandverband Frankfurt (1998b): Statistik-Trends Region Frankfurt Rhein-Main (10/1998), S. 2.

237 Vgl. o.V. (1998b): Statistik-Trends Region Frankfurt Rhein-Main (10/1998), S. 2.

238 Vgl. Umlandverband Frankfurt (1995): Statistik-Trends Region Rhein-Main, S. 1.

239 Vgl. Bördlein, Ruth (1993), S. 52.

Abbildung 5.1.: Ordnungsraum Rhein-Main

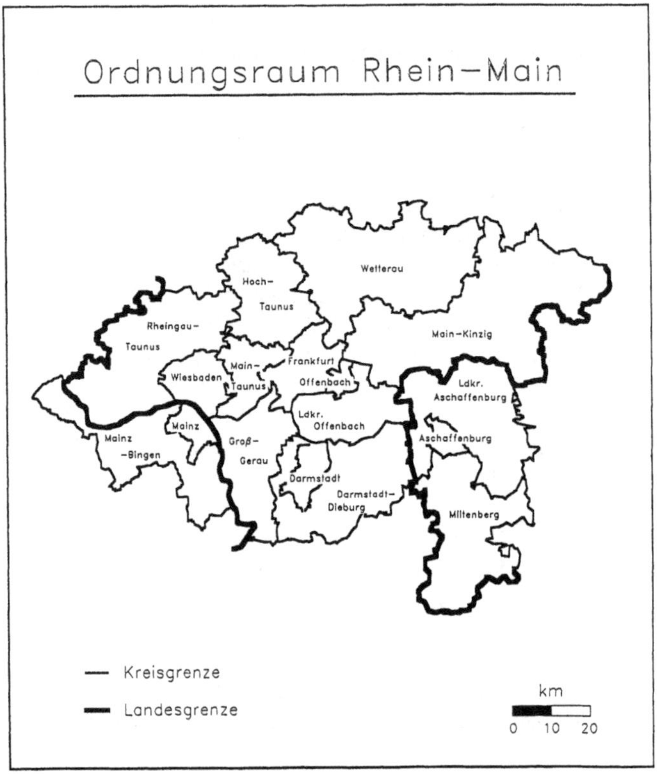

Quelle: Bördlein, Ruth (1993), S. 53.

1. Bevölkerung[240]

Im Ordnungsraum Rhein-Main lebten Ende 1997 ca. 4,1 Millionen Einwohner. Seit der Volkszählung von 1987 ist ein Einwohner-Anstieg im Ordnungsraum Rhein-Main von 334.486 zu verzeichnen. Dies entspricht einer Zunahme von 8,9%. Diese Bevölkerungszunahme ist mit zunehmenden intraregionalen Verlagerungsprozessen verbunden. Während in den kreisfreien Städten das Bevölkerungswachstum unter dem Regionsdurchschnitt lag, betrug der Zuwachs in 7 der 11 Kreise über 10%. Im Kreis Mainz-Bingen war der Bevölkerungsanstieg mit 15,6% am höchsten, gefolgt vom Wetteraukreis (14,4%) sowie dem Kreis Darmstadt-Dieburg (12,7%). Die prozentualen Veränderungen der kreisfreien Städte zeigen nur eine leicht zunehmende Tendenz (beispielsweise Darmstadt mit 2,1%, Frankfurt 3,6% und Offenbach mit 4,1%), während die Kreise höhere Zuwachsraten der Bevölkerung registrieren konnten. Dieses Bevölkerungswachstum basiert u.a. auf starken Zuwanderungen. Die positive Bevölkerungsentwicklung innerhalb des Ordnungsraums Rhein-Main ist vor allem auf die Zunahme der ausländischen Bevölkerung zurückzuführen, deren Anteil an der Gesamtbevölkerung zwischen 1987 und 1997 von 11,2% auf 15,2% stieg, mit einer deutlichen Konzentration in den Großstädten Frankfurt und Offenbach. In Offenbach ist die Konzentration mit 26% am höchsten, gefolgt von Frankfurt mit 24,9%.

Neben der innerregionalen Diskrepanz der Bevölkerungszunahme ist auch Heterogenität in bezug auf die Bevölkerungsdichte im ausgewählten Ordnungsraum festzustellen. Die Bevölkerungsdichte für die Gesamtregion wurde Ende 1997 mit 493 Einwohner pro qkm registriert. Spitzenwerte erreichten hierbei die kreisfreien Städte Offenbach mit 2.594 sowie Frankfurt mit 2.590. Insbesondere in den Randbereichen, z.B. bei den bayrischen Landkreisen Aschaffenburg und Miltenberg mit 247 und 181, sind unterdurchschnittliche Bevölkerungsdichten festzustellen.[241]

---

240 Vgl. hierzu Tabelle 5.1.: Bevölkerung im Ordnungsraum Rhein-Main.

241 Die Bevölkerungsdichte des Ordnungsraums Rhein-Main mit 489 ist im Vergleich zu anderen deutschen Regionen, z.B. der Stadtregion Rhein-Ruhr (Regierungsbezirk Düsseldorf sowie Teile der Regierungsbezirke Köln, Arnsberg und Münster) mit 933 gering. Auch im europäischen Vergleich, so der Ile de France (907), South East Region (650) und Brüssel und sein Umland (dies bezieht sich auf die Stadt Brüssel sowie dem Arrondissements Halle Vilvoorde und Nivelles) mit 829 ist die Bevölkerungsdichte niedrig. Vgl. Umlandverband Frankfurt (1995): Statistik-Trends Region Rhein-Main, S. 16.

Tabelle 5.1: Bevölkerung im Ordnungsraum Rhein-Main

Kreisfreie Stadt/Kreis	Bevölkerung 1997			Bevölkerung 1987			Veränderung 1987 bis 1997				Fläche in km² 1997	Bevölkerungsdichte (Einw./km² 1997)
	insgesamt 31.12.97	davon Ausländer		insgesamt 31.12.87	davon Ausländer		insgesamt	in %	darunter:			
		Anzahl	Ant. %		Anzahl	Ant. %			Saldo d. nat. Bevölker.-entwickl.	Wanderungssaldo		
HESSEN												
Darmstadt	137.876	20.365	14,8	135.034	15.088	11,2	2.842	2,1	-2.295	5.137	122,2	1.128
Frankfurt	643.469	160.532	24,9	621.379	128.983	20,8	22.090	3,6	-11.793	33.883	248,4	2.590
Offenbach	116.214	30.193	26,0	111.626	21.603	19,4	4.588	4,1	-649	5.237	44,8	2.594
Wiesbaden	267.726	49.870	18,6	252.461	29.106	11,5	15.265	6,0	-6.237	21.502	203,9	1.313
Kreis Darmstadt-Dieburg	282.141	33.601	11,9	250.274	18.825	7,5	31.867	12,7	4.574	27.293	658,5	428
Kreis Groß-Gerau	247.412	47.246	19,1	227.395	31.886	14,0	20.017	8,8	3.314	16.703	453,1	546
Hochtaunuskreis	222.243	27.707	12,5	204.248	17.808	8,7	17.995	8,8	-2.922	20.917	482,1	461
Main-Kinzig-Kreis	402.152	45.177	11,2	358.399	29.295	8,2	43.753	12,2	1.480	42.273	1.397,4	288
Main-Taunus-Kreis	215.401	28.235	13,1	201.086	19.041	9,5	14.315	7,1	3.653	10.662	222,4	969
Kreis Offenbach	331.335	46.771	14,1	303.762	35.009	11,5	27.573	9,1	4.048	23.525	356,3	930
Rheingau-Taunus-Kreis	183.197	19.190	10,5	164.005	9.771	6,0	19.192	11,7	765	18.427	811,5	226
Wetteraukreis	288.176	25.551	8,9	251.926	14.731	5,8	36.250	14,4	-852	37.102	1.100,7	262
BAYERN												
Aschaffenburg	66.819	9.396	14,1	61.245	5.431	8,9	5.574	9,1	-1.176	6.750	62,6	1.067
Kreis Aschaffenburg	172.481	12.586	7,3	153.209	7.485	4,9	19.272	12,6	5.078	14.194	699,1	247
Kreis Miltenberg	129.883	14.365	11,1	114.557	8.874	7,7	15.326	13,4	3.875	11.451	715,7	181
RHEINLAND-PFALZ												
Mainz	186.136	36.019	19,4	173.282	18.082	10,4	12.854	7,4	707	12.147	97,8	1.903
Kreis Mainz-Bingen	190.620	12.947	6,8	164.907	6.987	4,2	25.713	15,6	2.796	22.917	605,8	315
Ordnungsraum	4.083.281	619.751	15,2	3.748.795	418.005	11,2	334.486	8,9	4.366	330.120	8.282,3	493

Quelle: Umlandverband Frankfurt (1998b): Statistik-Trends Region Rhein-Main (Stand 10/1998), S. 2; eigene Berechnungen

2. Sozialversicherungspflichtig Beschäftigte[242]

Im Ordnungsraum Rhein-Main gab es Mitte 1997 ca. 1,56 Millionen (Stand 30.6.1997) sozialversicherungspflichtig Beschäftigte. Hiervon entfielen mehr als die Hälfte auf die kreisfreien Städte, davon allein 29% auf Frankfurt am Main (absolut: 452.363 sozialversicherungspflichtig Beschäftigte). Im Zeitraum zwischen 1987 und 1997 stieg die Anzahl der abhängig Beschäftigten im Ordnungsraum Rhein-Main um insgesamt 4%. Neben einer innerregionalen Verlagerung der Bevölkerung ist auch eine innerregionale Diskrepanz der sozialversicherungspflichtig Beschäftigten festzustellen. In den kreisfreien Städte Darmstadt, Frankfurt und Offenbach nahm in diesem Zeitraum die Anzahl der sozialversicherungspflichtig Beschäftigten deutlich ab. Darmstadt weist einen Rückgang von 5.610 auf (-6,3%), Frankfurt von 4.230 (-0,9%) und Spitzenreiter ist Offenbach mit 6.126 (-11,9%). Lediglich in der Stadt Aschaffenburg konnte zwischen 1987 und 1997 ein deutlich positiver Saldo ermittelt werden mit einer absoluten Zunahme der sozialversicherungspflichtig Beschäftigten von 2.859 (7,9%).

Im Gegensatz zur Abnahme der sozialversicherungspflichtig Beschäftigten in den kreisfreien Städten Darmstadt, Frankfurt und Offenbach ist in den Landkreisen im Vergleichszeitraum eine deutliche Zunahme zu registrieren. In 7 von 11 Landkreisen beträgt die Erhöhung über 10%. Am deutlichsten ist diese positive Veränderung im Main-Taunus-Kreis festzustellen, hier beträgt der Zuwachs der sozialversicherungspflichtig Beschäftigten 31,4%, gefolgt vom Kreis Mainz-Bingen mit 16,5%. Die restlichen 5 Landkreise mit einem Anstieg über 10 % sind: Hochtaunuskreis 14,2%; Kreis Groß-Gerau 11,5%; Rheingau-Taunus-Kreis 11,1%; Wetteraukreis 10,7%; Kreis Darmstadt-Dieburg 10,6%.

---

242 Vgl. hierzu Tabelle 5.2.: Sozialversicherungspflichtig Beschäftigte im Ordnungsraum Rhein-Main.

Tabelle 5.2: Sozialversicherungspflichtig Beschäftigte im Ordnungsraum Rhein-Main

Kreisfreie Stadt/Kreis	Anzahl insgesamt 30.06.97	Anteil am Ordnungsraum Rhein-Main in %	Ausländer insgesamt	Ausländer-anteil in %	Vergleich mit 1987		
					Anzahl insgesamt 30.06.87	Veränderung 1987-1997	
						absolut	in %
HESSEN							
Darmstadt	83.736	5,36	7.828	9,35	89.346	-5.610	-6,28
Frankfurt	452.363	28,96	73.792	16,31	456.593	-4.230	-0,93
Offenbach	45.529	2,91	7.552	16,59	51.655	-6.126	-11,86
Wiesbaden	115.698	7,41	13.273	11,47	114.039	1.659	1,45
Kreis Darmstadt-Dieburg	59.385	3,80	8.395	14,14	53.705	5.680	10,58
Kreis Groß-Gerau	90.411	5,79	15.953	17,64	81.123	9.288	11,45
Hochtaunuskreis	68.200	4,37	8.338	12,23	59.712	8.488	14,21
Main-Kinzig-Kreis	109.361	7,00	11.813	10,80	108.168	1.193	1,10
Main-Taunus-Kreis	73.723	4,72	9.584	13,00	56.126	17.597	31,35
Kreis Offenbach	101.939	6,53	15.618	15,32	93.310	8.629	9,25
Rheingau-Taunus-Kreis	40.380	2,59	4.413	10,93	36.344	4.036	11,10
Wetteraukreis	68.580	4,39	6.477	9,44	61.959	6.621	10,69
BAYERN							
Aschaffenburg	38.979	2,50	3.155	8,09	36.120	2.859	7,92
Kreis Aschaffenburg	43.523	2,79	4.081	9,38	40.019	3.504	8,76
Kreis Miltenberg	36.280	2,32	4.256	11,73	35.377	903	2,55
RHEINLAND-PFALZ							
Mainz	95.135	6,09	9.282	9,76	94.746	389	0,41
Kreis Mainz-Bingen	38.813	2,48	3.124	8,05	33.325	5.488	16,47
Ordnungsraum	1.562.035	100,00	206.934	13,25	1.501.667	60.368	4,02

Quelle: Umlandverband Frankfurt (1998b): Statistik-Trends Region Rhein-Main (Stand 10/1998), S. 4; eigene Berechnungen

3. *Arbeitsstätten*[243]

In bezug auf Arbeitsstätten und Gesamtbeschäftigte muß auf die Arbeitsstättenzählung von 1987 zurückgegriffen werden, da seitdem keine neuen Daten für die Region Rhein-Main erhoben wurden.

Die Arbeitsstättenzählung von 1987 ergab für den Ordnungsraum Rhein-Main ca. 170.000 Arbeitsstätten, dies bedeutet eine Zunahme von 26.814 bzw. 16% gegenüber 1970.[244] Festzustellen ist im Vergleichszeitraum in Frankfurt ein Rückgang von 970 Arbeitstätten. Rückgänge in diesem Bereich sind auch für die Stadt Offenbach anzuführen, die eine Abnahme der Arbeitsstätten von 1.006 zu verzeichnen hatte, sowie für Mainz mit einer Abnahme von 464 Arbeitsstätten. In den kreisfreien Städten Darmstadt und Wiesbaden stagnierte die Zahl der Arbeitsstätten im Vergleichszeitraum zwischen 1970 und 1987.

Demgegenüber konnten alle Kreise eine Zunahme von Arbeitsstätten feststellen. Dies kann als Indiz der innerregionalen Dekonzentration von Arbeitsstätten im Ordnungsraum im Vergleichszeitraum angeführt werden. Spitzenreiter in bezug auf die Zunahme von Arbeitsstätten zwischen 1970 und 1987 war der Landkreis Offenbach; hier konnte eine absolute Zunahme von Arbeitsstätten von 5.201 festgestellt werden. Aber auch der Main-Kinzig-Kreis, der Hochtaunuskreis und der Main-Taunus-Kreis weisen eine deutliche Zunahme auf. Hier ist eine jeweilige Zunahme von 4.122, 3.026 und 3.310 zu registrieren.

Im Ordnungsraum Rhein-Main waren 1987 20% der Arbeitsstätten dem produzierenden Bereich zuzuordnen. Dementsprechend entfielen auf die Bereiche private und öffentliche Dienstleistungen 80%.

---

243 Vgl. hierzu Tabelle 5.3.: Arbeitsstätten und Beschäftigte im Ordnungsraum Rhein-Main.

244 Vgl. Umlandverband Frankfurt (1995): Statistik-Trends Region Rhein-Main, S. 7.

Tabelle 5.3: Arbeitsstätten und Beschäftigte im Ordnungsraum Rhein-Main

Kreisfreie Stadt/Kreis	Arbeitsstätten					Beschäftigte				
	insgesamt 1987	darunter: produzierender Bereich *)	darunter: private Dienstleistungen	darunter: öffentliche Dienstleistungen	Veränderung 1970-1987 insgesamt	insgesamt 1987	darunter: produzierender Bereich*)	darunter: private Dienstleistungen	darunter: öffentliche Dienstleistungen	Veränderung 1970-1987 insgesamt
HESSEN										
Darmstadt	5.659	889	4.288	482	252	106.099	36.834	44.455	24.810	9.028
Frankfurt	35.457	5.063	27.832	2.562	-970	558.852	131.682	338.373	88.797	13.607
Offenbach	3.928	818	2.839	271	-1.006	55.834	21.254	23.720	10.860	-10.136
Wiesbaden	11.347	2.026	8.521	800	16	145.249	35.202	70.634	39.413	10.064
Darmstadt-Dieburg	10.214	2.549	7.183	482	2.918	74.846	33.050	32.989	8.807	17.145
Groß-Gerau	8.939	1.778	6.596	565	2.983	103.091	53.866	38.666	10.559	14.106
Hochtaunuskreis	9.522	1.866	7.146	510	3.026	72.466	24.096	37.189	11.181	16.596
Main-Kinzig-Kreis	16.561	3.769	11.813	979	4.122	143.258	65.907	56.771	20.580	24.063
Main-Taunus-Kreis	8.420	1.634	6.390	396	3.310	74.648	21.320	45.758	7.570	31.305
Kreis Offenbach	14.766	3.183	11.048	535	5.201	117.912	51.821	56.528	9.563	25.336
Rheingau-Taunus-Kreis	6.484	1.544	4.540	400	1.035	48.165	20.119	18.443	9.603	7.166
Wetteraukreis	10.669	2.635	7.472	562	942	78.859	29.869	35.897	13.093	8.425
BAYERN										
Aschaffenburg	4.073	815	2.987	271	1.543	46.770	18.959	20.616	7.195	7.284
Kreis Aschaffenburg	6.551	1.945	4.270	325	1.797	53.623	31.512	18.522	3.589	15.481
Kreis Miltenberg	5.301	1.577	3.429	296	1.233	46.136	28.373	13.170	4.593	8.148
RHEINLAND-PFALZ										
Mainz	5.748	947	4.190	611	-464	111.821	31.725	49.779	30.317	14.704
Kreis Mainz-Bingen	6.336	1.498	4.394	444	876	46.993	19.982	20.905	6.106	5.097
Ordnungsraum	169.975	34.536	124.938	10.491	26.814	1.884.622	655.571	922.415	306.636	217.419

*) einschließlich Land- und Forstwirtschaft
Quelle: Umlandverband Frankfurt (1995): Statistik-Trends Region Rhein-Main (Stand 10/1995), S.6; eigene Berechnungen

4. *Bruttowertschöpfung*[245]

Im Ordnungsraum Rhein-Main wurde 1995 eine Bruttowertschöpfung (BWS) von ca. 251 Mrd. DM registriert, davon entfiel auf die Stadt Frankfurt über ein Drittel (33,45%). Die Bruttowertschöpfung entspricht der Summe der produzierten Sachgüter und Dienstleistungen (abzüglich Vorleistungen) in den jeweiligen Preisen eines Jahres. Die kreisfreien Städte konnten insgesamt 55,47% der Bruttowertschöpfung des Rhein-Main Gebietes auf sich konzentrieren, somit enfielen auf die Landkreise 44,53%.
Ein Vergleich der Bruttowertschöpfung im Ordnungsraum Rhein-Main zwischen 1992 und 1995[246] zeigt folgende Veränderung. Die Bruttowertschöpfung stieg zwischen 1992 und 1995 von 237.082 Mio DM auf 251.712 Mio DM. Der Anteil der Bruttowertschöpfung in Frankfurt ist von 35,43% im Jahre 1992 auf 33,45% 1995 gesunken. Die Summe des Anteils der Bruttowertschöpfung in den kreisfreien Städten ist von 58,58% im Jahre 1992 auf 55,47% gesunken. Demnach ist im Vergleichszeitraum der Anteil der Bruttowertschöpfung in den Landkreisen des Ordnungsraums Rhein-Main gestiegen, und zwar von 41,42% auf 44,53%.

Der Dienstleistungsbereich leistete 1995 einen Beitrag von 74,51% zur Bruttowertschöpfung. Das produzierende Gewerbe erbrachte nur 25,21%. Auch im Bereich der Bruttowertschöpfung sind innerregionale Disparitäten festzustellen. Während in Frankfurt a.M. und in Wiesbaden der Anteil der Bruttowertschöpfung im Dienstleistungsbereich ca. 80% erreichte, wurde im Kreis Miltenberg lediglich ein Anteil von 52,95% festgestellt.

Ein Vergleich des Anteils des produzierenden Gewerbes und des Dienstleistungsbereichs an der Bruttowertschöpfung im Ordnungsraums Rhein-Main zwischen 1992 und 1995 zeigt folgende Veränderung: Während die Bruttowertschöpfung im Dienstleistungsbereich bis auf die Ausnahme Hochtaunuskreis zwischen 1992 und 1995 gestiegen ist, ging die Bruttowertschöpfung im produzierenden Bereich zurück.

---

245 Vgl. hierzu Tabelle 5.4.: Bruttowertschöpfung (BWS) im Ordnungsraum Rhein-Main.

246 Vgl. hierzu die Tabelle der Bruttowertschöpfung im Ordnungsraum Rhein-Main von 1992 im Anhang 1.

Tabelle 5.4: Bruttowertschöpfung (BWS) im Ordnungsraum Rhein-Main (1995)*)

Kreisfreie Stadt/Kreis	BWS insgesamt 1995		BWS nach Wirtschaftsbereichen (1995, in Mio DM)					Anteil an der BWS 1995	
	in Mio DM	% Anteil am Ordnungsraum Rhein-Main	Land- und Forstwirtschaft	Produzierendes Gewerbe	Handel und Verkehr	Dienstleistungsunternehmen	übrige Bereiche	Produzierendes Gewerbe	Dienstleistungsbereich
HESSEN									
Darmstadt	12.598	5,00	9	4.180	1.841	4.627	1.941	33,18	66,75
Frankfurt	84.188	33,45	21	15.157	16.198	46.892	5.920	18,00	81,97
Offenbach	6.959	2,76	1	2.297	779	3.059	823	33,01	66,98
Wiesbaden	18.177	7,22	16	3.388	2.420	9.376	2.975	18,64	81,26
Kreis Darmstadt-Dieburg	9.219	3,66	63	2.483	1.395	4.525	752	26,93	72,37
Kreis Groß-Gerau	14.480	5,75	39	5.908	2.270	5.388	876	40,80	58,94
Hochtaunuskreis	11.800	4,69	19	2.953	1.391	6.547	889	25,03	74,81
Main-Kinzig-Kreis	16.528	6,57	77	5.683	2.202	6.933	1.634	34,38	65,16
Main-Taunus-Kreis	12.711	5,05	18	2.245	1.806	8.023	619	17,66	82,20
Kreis Offenbach	16.765	6,66	17	4.521	3.246	8.147	834	26,97	72,93
Rheingau-Taunus-Kreis	5.891	2,34	52	1.532	641	2.933	733	26,01	73,11
Wetteraukreis	9.765	3,88	96	2.218	1.434	5.035	983	22,71	76,31
BAYERN									
Aschaffenburg	4.257	1,69	5	1.563	693	1.365	631	36,72	63,17
Kreis Aschaffenburg	5.535	2,20	35	2.584	745	1.880	291	46,68	52,68
Kreis Miltenberg	4.378	1,74	48	2.012	368	1.586	364	45,96	52,95
RHEINLAND-PFALZ									
Mainz	13.460	5,35	15	2.977	1.565	6.169	2.733	22,12	77,76
Kreis Mainz-Bingen	5.001	1,99	177	1.756	936	1.660	472	35,11	61,35
Ordnungsraum	251.712	100,00	708	63.457	39.930	124.145	23.470	25,21	74,51

*) Die BWS entspricht der Summe der produzierten Sachgüter und Dienstleistungen (abzüglich Vorleistungen) in jeweiligen Preisen eines entsprechenden Jahres.
Quelle: Umlandverband Frankfurt (1998b): Statistik-Trends Region Rhein-Main (Stand 10/1998), S. 8; eigene Berechnungen

5. High-Tech-Unternehmen als Schwerpunkt der Geschäftstätigkeit in der Region Rhein-Main

Einen Schwerpunkt der Geschäftstätigkeit in der Region bildet der High-Tech-Bereich. "Nach der Abgrenzung des Begriffs High-Tech durch das Fraunhofer-Institut für Systemtechnik und Innovationsforschung (ISI) zählen zu den High-Tech-Produkten nur solche, für deren Entwicklung mindestens 3,5% vom Umsatz der Unternehmen aufgewendet werden."[247] In der Region Rhein-Main gibt es unter Berücksichtigung dieser Abgrenzung 2.000 High-Tech-Unternehmen. In bezug auf die Technikfelder ist eine breite Variation festzustellen. Einen Schwerpunkt bilden High-Tech-Unternehmen der Informations- und Kommunikationstechnik. Konzentriert sind diese Firmen in Frankfurt am Main, im Main-Taunus-Kreis und im Kreis Offenbach.

Zusammenfassend ist festzustellen, daß die zur Charakterisierung des Ordnungsraums verwendeten Indikatoren und Kennziffern auf eine wachstumsorientierte Region hinweisen und eine starke Suburbanisierung aufzeigen, die nicht zum Vorteil der Großstädte in der Region ist. Bestätigt wird diese Tendenz u.a. durch das Bevölkerungs- und Beschäftigtenwachstum. Darüber hinaus sind auch innerregionale Disparitäten zu verzeichnen. Dies zeigt ein Vergleich der Entwicklung der Kernstädte und der Kreise innerhalb des Ordnungsraums.

5.2. Stadt-Umland-Diskussion

5.2.1. Suburbanisierung als Ursache von Stadt-Umland-Disparitäten

Mitte der 60er Jahre begann in deutschen Großstädten die Phase der Suburbanisierung.[248] Diese Entwicklungsphase von Verdichtungsräumen ist gekennzeichnet durch die Erhöhung des Anteils der Umlandgemeinden an Bevölkerung, Arbeitsstätten oder Beschäftigten in der Region. Die Suburbanisierungsphase wird nach den Trägern des Prozesses klassifiziert in Bevölkerungssuburbanisierung, Industriesuburbanisierung und Suburbanisierung des tertiären Sektors.[249] Im letzten Abschnitt wurde statistisches Zahlenmaterial dargestellt, das Tendenzen dieses Veränderungsprozesses für die Region Rhein-Main veranschaulicht. So wurde beispielsweise gezeigt, daß der Anstieg der Bevölkerung in verstärktem Ausmaß mit innerregionalen Verlagerungsprozessen verbunden ist. Während in den kreisfreien Städten das Bevölkerungswachstum unter dem Regionsdurchschnitt lag, betrug der Zuwachs bei 7 der 11 Landkreise über 10%.

---

247 Vgl. Umlandverband Frankfurt (1995): Statistik-Trends Region Rhein-Main, S. 15.

248 Vgl. Hill, Hermann/Nemitz, Carsten (1998), S. 1.

249 Vgl. Gaebe, Wolf (1992), S. 92-94.

In einem deskriptiven Ansatz wird die Phase der Suburbanisierung erläutert, um hierauf aufbauend ausgewählte Anzeichen der Suburbanisierung in der Region Rhein-Main zu thematisieren.

1. Bevölkerungssuburbanisierung

Der Begriff Bevölkerungssuburbanisierung bezeichnet die innerregionale Dekonzentration der Bevölkerung. Es findet eine Bevölkerungsverlagerung aus der Kernstadt in den suburbanen Raum statt.[250] Als Merkmale der Bevölkerungssuburbanisierung sind die demographische/soziale/ökonomische Segregierung, unausgewogene Infrastrukturauslastung, Veränderungen auf dem Wohnungsmarkt, Zunahme der Pendlerwege sowie des Verkehrs- und Transportaufkommens und Diskrepanz der Finanzausstattung anzuführen.

Zentrales Charakteristikum der Bevölkerungssuburbanisierung sind Bevölkerungsverlagerungen zum einen aus der Kernstadt sowie aus anderen Räumen in den suburbanen Raum, die höher sind als Zuzüge in die Kernstadt. Hiermit verbunden ist eine demographische und sozioökonomische Segregation. Während in den Kernstädten u.a. der Anteil von Einpersonenhaushalten, Ausländern, Personen der älteren Generation und einkommensschwachen Bevölkerungsgruppen zunimmt, steigt der Anteil von Mehrpersonenhaushalten der Mittelschicht im suburbanen Gebiet. Hiermit verbunden sind veränderte Anforderungen an Wohnungsräume. Während die Nachfrage in den Kernstädten nach kleinräumigen Wohnungen steigt, nimmt die Nachfrage nach Einfamilienhäusern im suburbanen Raum zu. Personen arbeiten zwar in der Kernstadt, wohnen jedoch zunehmend im suburbanen Raum. Hiermit verbunden ist ein Anstieg der Pendlerwege. Dies führt dazu, daß Verkehrs- und Transportvolumina steigen. Es ist ein erhöhter Investitionsbedarf in bezug auf Infrastrukturmaßnahmen im suburbanen Gebiet festzustellen. Des weiteren führt die Suburbanisierung zu einer Zunahme der Kaufkraft im suburbanen Raum.[251]

Als Grund für Fortzüge aus der Kernstadt ist u.a. das unzureichende Wohnungsangebot für die Bevölkerungsschicht mit mittlerem Einkommen anzuführen. Dieser Bevölkerungskreis stellt qualitative Anforderungen an Wohnraum, wie z.B. ruhiges Wohnen, geringe Wohndichte, landschaftlich reizvolle Gebiete mit hohem Sozialprestige, geringe Lärmbelästigung und saubere Luft.[252]

---

250 Vgl. Gaebe, Wolf (1987), S. 60.

251 Vgl. Gaebe, Wolf (1992), S. 92-93.

252 Vgl. Gaebe, Wolf (1992), S. 97-98.

2. Industriesuburbanisierung

Die Industriesuburbanisierung impliziert Verschiebungen der Tätigkeitenschwerpunkte im suburbanen Raum. Der Begriff Industriesuburbanisierung bezeichnet die innerregionale Dekonzentration der Industrie, die durch eine Zunahme der Industriebeschäftigung im suburbanen Raum gekennzeichnet ist. Dieser Aspekt steht in direktem Zusammenhang mit Reorganisierungsmaßnahmen von Industriefunktionen im Verdichtungsraum. Als Merkmale der Industriesuburbanisierung ist eine Funktions- und Branchensegregierung anzuführen.[253]

Die Industriesuburbanisierung impliziert eine Standortverschiebung, d.h. in den Kernstädten ist eine Abnahme von Betrieben und Beschäftigten u.a. in der Fertigung, Lager- und Transportdiensten zu konstatieren.[254] Demgegenüber bleiben in den Kernstädten höherrangige und hochwertige Leitungsfunktionen von Unternehmen konzentriert vorhanden.

Ursachen für Unternehmensverlagerungen des industriellen Bereichs sind vielschichtig. Zum einen werden Standortverschiebungen mit hohen Grundstückskosten in den Kernstädten begründet. Das preisgünstigere Angebot von Gewerbe- und Industrieflächen im suburbanen Raum, die infrastrukturell erschlossen sind und Raumbeziehungen zu Behörden, Kunden und Lieferanten zulassen, fördert diesen Veränderungsprozeß.[255]

Die hohen Produktionskosten, die sich u.a. aus Kommunalabgaben zusammensetzen (Gewerbesteuersätze), führen zu einer Standortveränderung in den suburbanen Raum. Aber auch die Zunahme des Verkehrs in den Kernstädten kann als Ursache angeführt werden. So sind es beispielsweise die hohe Verkehrsdichte und das geringe Angebot an Parkmöglichkeiten, die Kunden, Lieferanten und Arbeitskräften Anfahrtmöglichkeiten erschweren. Des weiteren besteht ein wesentlicher Aspekt für Unternehmensverlagerungen im abnehmenden Bedarf an Zentralität. Dieser Sachverhalt wird gestützt von neuen Verkehrs-, Transport- und Kommunikationstechnologien, die den Bedarf an Zentralität reduzieren.[256]

3. Suburbanisierung des tertiären Sektors

In Anlehnung an die Bevölkerungs- und Industriesuburbanisierung bezeichnet die Suburbanisierung des tertiären Sektors dessen innerregionale Dekonzentra-

---

253 Vgl. Gaebe, Wolf (1987), S. 95.

254 Vgl. Gaebe, Wolf (1987), S. 95.

255 Vgl. Gaebe, Wolf (1992), S. 99.

256 Vgl. Gaebe, Wolf (1992); S. 98.

tion.[257] Während der Anteil der Beschäftigung und Arbeitsplätze des tertiären Bereichs im suburbanen Raum zunimmt, ist der Anteil der Kernstadt durch eine abnehmende Tendenz gekennzeichnet. Zentrales Merkmal der Suburbanisierung des tertiären Bereichs ist die Funktions- und Branchensegregierung.

"Die Suburbanisierung des tertiären Sektors ist verbunden einerseits mit der Konzentration höher- und höchstrangiger Tätigkeiten in der Kernstadt (im höchstrangigen Zentrum) und der Ausweitung und Ausdifferenzierung der Funktionen, andererseits mit der Konzentration und Steuerung niederrangiger, flächenextensiver und nicht publikumsorientierter Tätigkeiten im Verdichtungsraum".[258] Die Konzentration höchstrangiger Tätigkeiten, u.a. in bezug auf Leitungs-, Verwaltungs-, Kontroll-, Finanzierungs-, Handels-, Versorgungs-, Beratungs-, Vermittlungsfunktionen, bezieht sich vorwiegend auf spezialisierte informations-, kontakt-, beratungs- und flächenintensive Funktionsbereiche von Hauptverwaltungen, Banken, Versicherungen, Werbeagenturen, Maklerbüros sowie Rechts- und Wirtschaftsberatungen.[259] Aufgrund der Funktions- und Branchensegregierung wird ein Verlagerungsprozeß von Kaufkraft und Kundenströmen in den suburbanen Raum in Gang gesetzt, der zu einer Umverteilung von Arbeitsplätzen in den suburbanen Raum führt und zu einer Stärkung der Ober- und Mittelzentren beiträgt. Nachfrageorientierte Tätigkeitsbereiche mit geringer Reichweite für den kurz- und mittelfristigen Bedarf nehmen im suburbanen Raum zu. Dies gilt u.a. für den Einzelhandel und Bankfilialen.

Entsprechend der Industriesuburbanisierung sind die Gründe für Abwanderungen des tertiären Sektors vielschichtig. So sind die hohen Grundstückskosten sowie hohe Pacht- und Mietzahlungen der Kernstädte anzuführen, die niederrangige tertiäre Tätigkeiten mit niedrigem Realumsatz in den suburbanen Raum verdrängen. Lediglich Funktionsbereiche mit hohen Flächenerträgen bleiben in der Kernstadt konzentriert vorhanden. Auch in bezug auf den tertiären Sektor ist die Verbesserung der Verkehrs- und Kommunikationstechnik anzuführen, die eine Standortbindung an zentrale Orte nicht unbedingt erfordert.[260]

Zusammenfassend ist festzuhalten, daß der Begriff Suburbanisierung innerregionale Dekonzentrationstendenzen in bezug auf Bevölkerung und Arbeitsstätten impliziert. Im folgenden sollen ausgewählte Merkmale der Suburbanisierung in der Region Rhein-Main dargestellt werden.

---

257 Vgl. Gaebe, Wolf (1987), S. 112.

258 Gaebe, Wolf (1987), S. 113.

259 Vgl. Gaebe, Wolf (1987), S. 115.

260 Vgl. Gaebe (1992), S. 99.

5.2.2. Suburbanisierung der Region Rhein-Main

Seit 1987 sind zunehmend Suburbanisierungstendenzen in der Region Rhein-Main festzustellen.[261] Diese Entwicklungstendenz ist geprägt durch eine Gewichtsverschiebung zugunsten des Frankfurter Umlands, so daß insbesondere Dörfer und kleinere Gemeinden von der Suburbanisierung wirtschaftlich profitieren. "Die einseitige Funktionalisierung der Umlandgemeinden als Wohnvororte der Kernstadt (Suburbanisierung) wird abgelöst von einer sukzessiven Verstädterung (Urbanisierung), in deren Verlauf die Umlandgemeinden an Zentralität gewinnen."[262] Besonders betroffen von diesem Veränderungsprozeß sind Frankfurt und Offenbach.[263]

In bezug auf die *Bevölkerungssuburbanisierung* ist festzustellen, daß der Wegzug aus der Kernstadt Frankfurt ins Umland deutlich zunimmt. Seit 1992 ist die Anzahl von Personen, die aus dem Stadtgebiet in Umlandkreise abwandern, deutlich gestiegen. In den Jahren 1990 bis 1996 hat die Stadt Frankfurt der Wanderungsstatistik zufolge – Wegzug minus Zuzug – 18.906 Menschen "verloren", im gleichen Zeitraum der achtziger Jahre waren es 10.384 Menschen. Während in den früheren Jahren die Nettoabwanderung durchschnittlich ca. 1.000 Menschen im Jahr betrug, ist sie 1992 auf 4.000 gestiegen. Seit 1992 sind aus dem übrigen Bundesgebiet und insbesondere aus dem Ausland mehr Menschen nach Frankfurt gezogen als abgewandert. Während die Anzahl der Deutschen, die die Kernstadt Frankfurt verlassen haben, in den vergangenen Jahren kontinuierlich hoch gewesen ist, hat die Zahl der ausländischen Einwohner kaum abgenommen. Von den Umlandgemeinden im suburbanen Raum (Main-Taunus-Kreis, Hochtaunus-Kreis, Wetteraukreis, Main Kinzig-Kreis, Kreis Offenbach sowie Kreis Groß-Gerau) hat nur der Kreis Groß-Gerau mehr Einwohner an Frankfurt verloren als umgekehrt. Besonders beliebt ist der Main-Kinzig-Kreis. Dorthin sind seit 1990 5.000 Menschen aus Frankfurt gezogen. [264]

Seit der letzten Volkszählung von 1987 ist die Anzahl der Einwohner innerhalb der Region Rhein-Main um ca. 334.000 gestiegen. Die prozentuale Bevölkerungszunahme im Zeitraum von 1987 und 1997 entspricht somit 9%. Die 6 kreisfreien Städte des Bezugsraums konnten lediglich ein unterdurchschnittli-

---

[261] Vgl. Heinz, Werner (1997), S. 78.

[262] Heinz, Werner (1997), S. 88. Der Begriff Urbanisierung bezieht sich u.a. auf die Zunahme der Funktions- und Nutzungsmischung, der Bevölkerungs- und Arbeitsplatzdichte in Städten. Vgl. Gaebe, Wolf (1992), S. 91. Aufgrund der Tatsache, daß die Umlandgemeinden im Rhein-Main-Gebiet an Zentralität zunehmen, ist der Begriff "Urbanisierung" hierauf übertragbar.

[263] Vgl. Hill, Hermann/Nemitz, Carsten (1998), S. 2.

[264] Vgl. o.V.(1998): Wegzug ins Umland nimmt deutlich zu, in: Frankfurter Allgemeine Zeitung vom 27. März 1998.

ches Bevölkerungswachstum verzeichnen, während der Anstieg in 7 der 11 Kreise über 10% betrug. Beispielhaft ist die Zunahme der Einwohnerzahl im Kreis Mainz-Bingen mit 15,6% anzuführen, gefolgt vom Wetteraukreis mit 14,4% und dem Kreis Miltenberg mit 14,4%.[265]

Neben der Anzahl der Bevölkerungsentwicklung profitiert der suburbane Raum auch von der Bevölkerungszusammensetzung. So ist die Bevölkerungszusammensetzung der Umlandgemeinden durch Haushalte in der Wachstumsphase gekennzeichnet. Bestätigt wird diese Aussage, daß der Saldo der natürlichen Bevölkerungsentwicklung zwischen 1987 und 1997 in den Kreisen positiv ist, während in den 6 kreisfreien Städten diese Kennzahl einen negativen Wert einnimmt.[266]

Hierdurch ergeben sich zwischen der Kernstadt Frankfurt und ihrem suburbanen Raum sozialstrukturelle Veränderungen, die durch ein unterschiedliches Maß von bewohnerorientierter Lohn- und Einkommensteuer gekennzeichnet ist. "Während die Umlandgemeinden vom Zuzug gutverdienender Mittelschichtsangehörigen profitieren (in Frankfurt wird gearbeitet, im Umland gewohnt), hat die Konzentration einkommensschwächerer Schichten für den Haushalt der Kernstadt gegenteilige Konsequenzen."[267]

Gemeinden im näheren, aber auch weiteren Umland der Kernstädte werden zunehmend als Wohnorte in Anspruch genommen. Darüber hinaus findet "eine Verlagerung von Arbeitsstätten des produzierenden Gewerbes, aber auch von Logistik-, Distributions- und Verwaltungsfunktionen in Gemeinden außerhalb der Kernstädte ... (statt) bei gleichzeitig zunehmender Konzentration hochwertiger tertiärer Büroarbeitsplätze in den Oberzentren."[268] Dieser Veränderungsprozeß ist mit Folgeeffekten verbunden. Beispielhaft sind das zunehmende Pendlervolumen sowie ein ansteigendes Ausmaß des Straßen- und Verkehrsaufkommens zu nennen. Mit der Zunahme von Ein- und Auspendlern, die im suburbanen Raum wohnen und ihren Arbeitsplatz in Frankfurt haben, ist ein Anstieg der Verkehrsproblematik verbunden.[269] Aigner und Miosga stellten bereits 1994 fest, daß ca. 300.000 Pendler täglich nach Frankfurt kommen, wovon ca. 200.000 das Auto als Verkehrsmittel verwenden.

---

265 Vgl. hierzu die Tabelle 5.1: Bevölkerung im Ordnungsraum Rhein-Main im letzten Abschnitt. Hierzu wurde statistisches Datenmaterial aus: Umlandverband Frankfurt (1998b): Statistik-Trends Region Frankfurt Rhein-Main Stand 10/1998, verwendet und für den Bezugsraum ausgewertet.

266 Hier gilt der gleiche Hinweis wie in Fußnote 261.

267 Heinz, Werner (1997), S. 81.

268 Heinz, Werner (1997), S. 78.

269 Vgl. Hill, Hermann/Nemitz, Carsten (1998), S. 2.

Aber auch in bezug auf funktionale Einrichtungen ist ein Veränderungsprozeß in den ehemals kleinen Gemeinden festzustellen. Hier sind insbesondere die Einrichtung von weiterführenden Schulen, der Ausbau im Freizeit- und Kulturbereich sowie die Erweiterung von Einkaufsmöglichkeiten anzuführen, die das funktionale Angebot erhöhen.[270] Das Phänomen der Bevölkerungssuburbanisierung wird durch den Aspekt verstärkt, daß hohe Anteile der Kreise Darmstadt-Dieburg, Main-Taunus und Offenbach im Dienstleistungsbereich "Handel" festzustellen sind. Dies kann als Hinweis angeführt werden, daß die Suburbanisierung von Einzelhandelsfunktionen mit der Bevölkerungssuburbanisierung in Verbindung steht.[271] „Allerdings verbirgt sich hinter diesen Zahlen ebenso die Entwicklung des innerhalb der Bundesrepublik zentral und verkehrsgünstig gelegenen Rhein-Main-Gebiets zum Standort zahlreicher Handels- und Vertriebsunternehmen für verschiedene Produkte (EDV-Hardware, ausländische Automobilunternehmen u.a.).“[272]

Die *Suburbanisierung im Arbeitsstättenbereich*, d.h. Betriebsverlagerungen aus der Kernstadt hinaus in Umlandgemeinden sowie Betriebserweiterungen und Neuansiedlungen im Umland (infolge u.a. der günstigeren preislichen Konditionen), haben dazu geführt, daß bei insgesamt zunehmender Beschäftigung der Anteil der Kernstadt Frankfurt an Arbeitsplätzen abnimmt.[273] Für die Umlandgemeinden Frankfurts dagegen setzt eine positive Entwicklung in bezug auf das Arbeitsplatzangebot ein, die durch eine zunehmende Tendenz der Beschäftigtenanzahl gekennzeichnet ist. Dieser Sachverhalt gilt insbesondere für den tertiären Sektor. Während in der Region Rhein-Main seit 1970 ca. 150.000 Arbeitsplätze im produzierenden Gewerbe abgebaut wurden, konnte im Vergleichszeitraum eine Zunahme der Arbeitsplätze im tertiären Sektor von 350.000 registriert werden. Hier ist ein Schwerpunkt bei Forschung und Entwicklung festzustellen. "Von Frankfurt bis Wiesbaden ist der Bereich nördlich des Mains der Standort der intensiven Tertiärisierung der Wirtschaft. Südlich des Mains von Hanau über Offenbach, Darmstadt, Groß-Gerau bis Mainz ist die Tendenz zu modernen Industrien (Hochtechnologie) stärker ausgeprägt. Darmstadt ist das Technologiezentrum der Region."[274] Von besonderem Interesse ist, daß der Anteil der Beschäftigten im suburbanen Raum an den Beschäftigten insgesamt vorwiegend auf die Tertiärbeschäftigten zurückzuführen ist.[275]

---

270 Vgl. Heinz, Werner (1997), S. 88.

271 Vgl. Bördlein, Ruth (1993), S. 56-57.

272 Bördlein, Ruth (1993), S. 57.

273 Vgl. Heinz, Werner (1997), S. 78.

274 Schriever, Wolf (1996), S. 223.

275 Vgl. Rautenstrauch, Lorenz (1990), S. 243.

Der zunehmende Anstieg der Tertiärisierung im suburbanen Raum darf jedoch nicht nur in Verbindung gebracht werden mit Dienstleistungsbetrieben, die sich dort ansiedeln, um beispielsweise den täglichen Bedarf der Daseinsvorsorge des abgewanderten Teils der Bevölkerung zu decken. Darüber hinaus ist zu berücksichtigen, daß Unternehmensansiedlungen beispielsweise in Eschborn und Oberursel zu einem weiteren Anstieg des tertiären Bereichs beigetragen haben (Folgeeffekte). In jüngster Zeit sind Ansiedlungserfolge vor allem in Bad Vilbel zu verzeichnen. Generell ist festzustellen, daß die Standortbedingungen im suburbanen Raum insbesondere für den tertiären Bereich verbessert wurden (u.a. durch den Ausbau von modernen Büroräumen). Dies hat zur Konsequenz, daß viele einzelne Kommunen nicht nur als Wohnorte genutzt werden, sondern zunehmend auch als Standort für Arbeitsstätten in Anspruch genommen werden. Mit diesem Veränderungsprozeß sind bestimmte Konsequenzen verbunden. Während die Bevölkerungssuburbanisierung dazu führt, daß kleine Kommunen als Wohnvororte der Kernstädte genutzt werden, bietet die Suburbanisierung von Arbeitsstätten die Möglichkeit, sich eigenständig zu entwickeln und der Wohnbevölkerung und den Beschäftigten urbane Angebote zu machen.[276]

Die Suburbanisierung von Arbeitsstätten in der Region Rhein-Main hat auch Auswirkungen in bezug auf Verbesserungen der Arbeitsplatzqualität. Arbeitsplätze in der Region Rhein-Main werden als höherwertig und zukunftssicher eingeschätzt.[277] Es findet eine Arbeitsplatzverlagerung von Logistik-, Distributions- und Verwaltungsfunktionen in Umlandgemeinden außerhalb der Kernstadt Frankfurt statt. In der Kernstadt Frankfurt ist hingegen eine zunehmende Konzentration hochwertiger Büroarbeitsplätze im tertiären Sektor festzustellen. Insbesondere gilt dies für höherwertige Dienstleistungen, die in der Region Rhein-Main konzentriert angeboten werden. Beispielhaft können hier Beratungsunternehmen der Computerindustrie angeführt werden. Je höher die Zentralität der Region Rhein-Main im internationalen Wettbewerb ist und die Region durch positive Veränderungen hinsichtlich harter Standortfaktoren (u.a. Ausbau der Verkehrsinfrastruktur) und weicher Standortfaktoren (u.a. Erhöhung des kulturellen Angebots) gekennzeichnet ist, desto höher ist die Wahrscheinlichkeit, daß ein bedeutender Teil der Unternehmen sich an Standorten im Umland ansiedelt. Dieser Enwicklungsprozeß wird gestützt durch neue Verkehrs-, Transport- und Kommunikationstechnologien, die den Bedarf an Zentralität reduzieren. Des weiteren sind günstigere Mietkonditionen sowie preiswertere Gewerbeflächen im suburbanen Raum anzuführen sowie niedrigere Gewerbesteuer-Hebesätze, die einen positiven Einfluß auf die Attraktivität von Standorten im suburbanen Raum haben.

---

276 Vgl. Rautenstrauch, Lorenz (1990), S. 245.

277 Vgl. Heinz, Werner (1997), S. 89.

Die Suburbanisierung im Arbeitsstättenbereich führt zu finanziellen Dispariäten innerhalb der Region Rhein-Main. Divergenzen in bezug auf Gewerbesteuer-Hebesätze (in Frankfurt werden 550 Punkte erhoben, während im Frankfurter Umland im Durchschnitt 330 Punkte veranschlagt werden), unterschiedliche Mietbelastungen und Grundstückspreise können als Ursache für Unternehmensverschiebungen in den suburbanen Raum angeführt werden.

Die Umlandgemeinden Frankfurts profitieren von dieser Entwicklung, da hiermit eine Zunahme ihrer Einnahmen verbunden ist. Dies gilt insbesondere in bezug auf Einkommens- und Gewerbesteuer, die zu einer Verbesserung der kommunalen Finanzsituation beitragen.[278] Mit der Zunahme der kommunalen Wirtschafts- und Steuerkraft ist ein Anstieg des kommunalen Selbstbewußtseins sowie ein Zuwachs der politischen Macht der Frankfurter Umlandgemeinden verbunden.[279] Kommunen der Region Rhein-Main, die finanzielle Handlungsräume haben, sind stolz auf ihre Autonomie. Dies kann zur Folge haben, daß die Bereitschaft zur interkommunalen Kooperation u.a. im Bereich des Gewerbeflächenmanagements abnimmt.

Durch die Suburbanisierung von Arbeitsstätten kann ein erhebliches Konfliktpotential in bezug auf die Gewerbeflächenvermarktung zwischen der Kernstadt Frankfurt und dem suburbanen Raum entstehen. Im folgenden wird unter Zugrundelegung der Suburbanisierung des tertiären Sektors am Beispiel von Bad Vilbel ein derartiges Konfliktpotential aufgezeigt.

Eine Folge der *Suburbanisierung des tertiären Sektors* ist auch die Verschärfung des Spannungsverhältnisses zwischen der Stadt Frankfurt und ihrem Umland.[280] Vor allem im Bereich der regionalen Wirtschaftsförderung ist ein intensiver "Bürgermeisterwettbewerb" in bezug auf die Ansiedlung von gewerbesteuerkräftigen Unternehmen festzustellen.[281]

Die Brisanz des Spannungsverhältnisses zwischen Frankfurt und seinem Umland wird an folgendem Beispiel deutlich.[282] Frankfurt plant derzeit (Stand 8. Oktober 1998) eine Beschwerde bei der EU-Kommission gegen die Stadt Bad

---

278 Vgl. Heinz, Werner (1997), S. 89.

279 Vgl. Heinz, Werner (1997), S. 89.

280 Vgl. Hill, Hermann/Nemitz, Carsten (1998), S. 10.

281 Vgl. Aigner, Birgit/Miosga, Manfred (1994), S. 82-83.

282 Die folgende Darstellung des Konflikts zwischen den Städten Frankfurt am Main und Bad Vilbel beruht auf: o.V.(1998): Brüssel soll entscheiden: Preis-Dumping oder nicht? Frankfurt und Bad Vilbel streiten über Grundstücksverkäufe, in: Frankfurter Allgemeine Zeitung vom 8. Oktober 1998. Diesem Aufsatz ist auch das Zitat und die Hinweise auf das Rechtsgutachten entnommen.

Vilbel (Wetterau-Gemeinde) aufgrund des Verkaufs eines Grundstücks an den bisher in Frankfurt ansässigen Sender "Hit Radio FFH". Frankfurt, insbesondere die Wirtschaftsförderung Frankfurt GmbH, erhebt gegen die Stadt Bad Vilbel den Vorwurf, mit Niedrigpreisen Unternehmen aus der Stadt Frankfurt abzuwerben. Die Stadt Bad Vilbel dementiert diesen Vorwurf und bestätigt, daß dieses Grundstück über ihrem Einkaufspreis dem Radiosender angeboten wurde. Die Stadt Frankfurt beklagt, daß das 4.500 Quadratmeter große Gelände an den Privatsender FFH für nur 350 DM pro Quadratmeter verkauft wurde, obwohl die Bodenrichtwertkarte 750 DM vorsah. Bad Vilbel dagegen behauptet, daß die Stadt Frankfurt von veralteten Richtwerten ausgeht, und bezieht sich auf einen vor kurzem veröffentlichten Grundstücksmarktbericht für den Wetteraukreis, in dem die Quadratmeterpreise für Gewerbeflächen in Bad Vilbel mit 300 DM bis 650 DM angegeben werden.

Dagegen bekräftigt die Stadt Vilbel, dafür zu sorgen, daß Unternehmen in der Region bleiben. "Sowohl bei der Gesellschaft für Zahlungssysteme mbH (GZS) als auch bei der Dresdner Bauspar AG und dem Ingenieurunternehmen Lahmeyer International AG habe Bad Vilbel in Konkurrenz mit bis zu 250 anderen Standorten gestanden. Die meisten seien außerhalb der Region gewesen."

Die Stadt Frankfurt will nun von der Europäischen Union klären lassen, ob die Stadt Bad Vilbel ihre Grundstücke zu einem zu niedrigen Gewerbeflächenpreis angeboten hat. Hierzu hat bereits die Wirtschaftsförderung Frankfurt GmbH ein Gutachten einer Rechtsanwaltskanzlei eingeholt, in dem die Fälle der GZS und Lahmeyer International AG berücksichtigt werden. Diesem Gutachten ist zu entnehmen, daß Wirtschaftssubventionen, die sowohl Geld- und Sachleistungen als auch „Verschonungssubventionen“ erfassen, nach EG-Recht als Beihilfen bezeichnet werden und der Beihilfenaufsicht der EG-Kommission unterliegen. "Diese habe beispielsweise das Recht, verbindlich die Unterlassung, Aufhebung, Umgestaltung und Rückforderung von Subventionen zu verlangen. Schon 1963 habe die Kommission in einer Auflistung verschiedener Formen der Beihilfe ausdrücklich auch die unentgeltliche oder besonders preiswerte Überlassung von Grundstücken oder Gebäuden aufgeführt."

Anhand der in Brüssel bereits getroffenen Entscheidungen in ähnlich gelagerten Fällen ist festzustellen, daß ein zentrales Kriterium für die rechtliche Beurteilung in bezug auf Beihilfen bei Grundstücksverkäufen die Frage ist, ob der Verkäufer sich intensiv bemüht hat, um zu erreichen, daß Gewerbegrundstücke zum bestmöglichen Preis veräußert wurden.

Zur Frage, ob die Beihilfenaufsicht der EG-Kommission in Brüssel sich mit den Grundstücksgeschäften in Bad Vilbel beschäftigen werde, geht aus dem Gutachten der Rechtsanwaltskanzlei hervor, daß die Kriterien in den Fällen GZS und Lahmeyer International AG höchstwahrscheinlich erfüllt sind, so daß davon auszugehen ist, daß die EU-Kommission sich mit dieser Thematik beschäftigen wird. Über den jüngsten Fall, der den Radiosender FFH betrifft, gibt das Gutachten keine Auskunft.

Zu diesem Gutachten ist zweierlei anzumerken:

1. Zwischen der Kernstadt Frankfurt und der Stadt Bad Vilbel bestehen Meinungs- und Interessendivergenzen, die zu einem Spannungsverhältnis geführt haben. Derartige innerregionale Konflikte können negative Auswirkungen auf die Attraktivität der Region Rhein-Main haben, indem sie z.B. bei Unternehmen Unsicherheit hervorrufen, ob sie die erworbenen Grundstücke behalten können oder Grundstücksgeschäfte rückgängig gemacht werden.

2. Regionale Wirtschaftsförderer in der Region Rhein-Main verfügen aufgrund gerichtlicher Entscheidungen auf EU-Ebene nicht über Sanktionsmöglichkeiten bzw. Eingriffsmöglichkeiten zur Beilegung dieses Streits. Wegen ihres eingeschränkten Durchsetzungsvermögens können sie, wenn überhaupt, nur bedingt zu einem Ausgleich unterschiedlicher Interessen beitragen. Gerade die Harmonisierung von Interessendivergenzen kann aber als wesentliche Aufgabe und wichtiger Aspekt für die Daseinsberechtigung regionaler Wirtschaftsförderinstitutionen angeführt werden.

5.3. Europäische Bedeutung der Region Rhein-Main

5.3.1. Zunehmende Bedeutung regionaler Ausrichtung

Die zunehmende Bedeutung regionaler Ausrichtung und die damit verbundene Notwendigkeit zur innerregionalen Kooperation kann auf mehrere Faktoren zurückgeführt werden. Die Europäisierung (Liberalisierung des europäischen Binnenmarktes) sowie die Globalisierung der Märkte tragen zu einer Verschärfung des grenzüberschreitenden Wettbewerbs bei. Dieser Wettbewerb findet nicht nur zwischen den Städten statt, sondern zunehmend zwischen Regionen. Er wird verstärkt durch öffentliche Förderpraktiken der Europäischen Union, so z.B. im Hinblick auf den Förderbereich "Strukturfonds der Regionen".[283]

Frankfurt und sein Umland sind Teilnehmer dieses Wettbewerbs. Die hochentwickelte Wirtschaftsstruktur der Region Rhein-Main mit einer Konzentration zukunftsorientierter Industrien und Dienstleistungsunternehmen trägt dazu bei, daß die Region nicht nur im Wettbewerb mit deutschen Verdichtungsräumen, wie Hamburg und Berlin steht, sondern zunehmend dem Wettbewerb europäischer wirtschaftsstarker Regionen, wie London, Amsterdam, Paris und Mailand

283 Vgl. Heinz, Werner (1997), S. 90.

ausgesetzt ist.[284] In diesem Zusammenhang ist hervorzuheben, daß sich die Region Rhein-Main zu einem der wichtigsten Dienstleistungszentren im nationalen wie auch im internationalen Vergleich entwickelt hat und in direkter Konkurrenz zu den europäischen Finanzplätzen London und Paris steht.[285]

Für die Formierung und Stabilisierung der regionalen Funktions- und Entwicklungsfähigkeit der Region Rhein-Main ist es notwendig, bestehende Kirchturmspolitiken der Kommunen aufzuheben[286] und innerregionale Stärken zu bündeln mit dem Ziel, eine gemischte Wirtschaftsstruktur zu etablieren, die als Grundlage für eine gesellschaftliche Vielfalt dient.[287]
Hiervon betroffen ist insbesondere die innerregionale Kooperation in Form der regionalen Wirtschaftsförderung.[288]

Je stärker die Regionen dem internationalen Wettbewerb ausgesetzt sind, verliert eine durch lokale Egoismen gekennzeichnete Kirchturmspolitk der Kommune an Tragfähigkeit. Hill und Nemitz zitieren hierzu die von Ellwein vertretene Auffassung, daß regionale Standortvorteile leichter zu bündeln sind, während Standortnachteile durch das Zusammenwirken leichter auszugleichen sind.[289] Kleinteilige Lösungsansätze reichen nicht aus, um dem internationalen Wettbewerb standzuhalten, insbesondere in Verdichtungsräumen, die durch funktionale Verflechtungen miteinander verbunden sind.[290]

Dies gilt in besonderem Ausmaß für die Region Rhein-Main, die durch eine Konzentration von Entwicklungspotential, intensive Verflechtungen zwischen Frankfurt und seinem Umland sowie durch ein hohes Maß an Konkurrenz bei der Vermarktung von Gewerbeflächen geprägt ist.

Im folgenden sollen Kriterien für Agglomerationsräume mit europäischer Bedeutung vorgestellt werden, um diese anschließend auf die Region Rhein-Main anzuwenden. Es soll gezeigt werden, daß die Region Rhein-Main zu den führenden Wirtschaftsregionen innerhalb Europas zählt. Ihre internationale Bedeutung kann herangezogen werden, um zu zeigen, warum weltwirtschaftliche Entwicklungen unmittelbare Auswirkungen auf die Region haben können. Hierbei

284 Vgl. Heinz, Werner (1997), S. 90.
285 Vgl. Aigner, Birgit/Miosga, Manfred (1994), S. 82.
286 Vgl. Heinz, Werner (1997), S. 90.
287 Vgl. Aigner, Birgit/Miosga, Manfred (1994), S. 83.
288 Vgl. Heinz, Werner (1997), S. 90.
289 Vgl. Hill, Hermann/Nemitz, Carsten (1998), S. 2.
290 Vgl. Hill, Hermann/Nemitz, Carsten (1998), S. 3.

handelt es sich vorwiegend um harte Standortfaktoren, die auf die Entwicklung des ökonomischen Potentials einer Region besonderen Einfluß haben.

5.3.2. Kriterien von Agglomerationsräumen mit europäischer Bedeutung

Nach Lutzky erfolgt die Eingrenzung von Metropolen mit gesamteuropäischer Bedeutung an Hand von folgenden zehn Bewertungskriterien:[291]

1. Mehr als 3 Millionen Einwohner
2. Regierungssitz/Verwaltungszentrum
3. Konzentration internationaler Dispositionsfunktion, v.a. Finanzierung
4. Internationale Repräsentanzen
5. Organisierte Lobbyfunktion
6. Fazilitäten für Großveranstaltungen
7. Internationale Forschungseinrichtungen
8. Großflughafen (mehr als 10 Mill. Passagiere) / internationaler Verkehrsknotenpunkt
9. Qualität des Kulturangebots
10. Medienzentrum

Von diesen zehn Bewertungskriterien müssen sieben erfüllt werden, damit die Bezeichnung Agglomerationsraum mit gesamteuropäischer Bedeutung Gültigkeit hat. Nach diesen Kriterien können die folgenden elf Agglomerationsräume als gesamteuropäische Metropolen bezeichnet werden: Rom, Madrid, Mailand, Rhein-Main, Rhein-Ruhr, Brüssel, Paris, London, Rotterdam/Den Haag/ Amsterdam, Wien, Moskau. Es handelt sich dabei um Agglomerationen, die im Standortwettbewerb bezüglich wirtschaftlicher, wissenschaftlich-technischer, kultureller und politisch-administrativer Funktionen stehen. "Auf diese Metropolen konzentrieren sich in erster Linie die Standortplanungen für künftige öffentliche und private Entscheidungszentralen mit gesamteuropäischer Steuerungskompetenz."[292]

---

291 Vgl. Lutzky, Nikolai (1994), S. 91.

292 Lutzky, Nikolai (1994), S. 91.

5.3.3. Die Region Rhein-Main als Agglomerationsraum mit europäischer Bedeutung

1. Anzahl der Einwohner in der Region[293]

Die Höhe der Einwohneranzahl ist abhängig von der zugrundegelegten Abgrenzung der Region Rhein-Main. Im Rahmen dieser Ausarbeitung wurde der Ordnungsraum der Region Rhein-Main zugrundegelegt, der eine Einwohnerzahl per 31.12.1997 von 4.083.281 hatte. Der Ordnungsraum der Region Rhein-Main umfaßt 6 kreisfreie Städte sowie 11 Kreise mit folgender Einwohneranzahl:

a) Hessen			
Darmstadt	(137.876)	Frankfurt	(643.469)
Offenbach	(116.214)	Wiesbaden	(267.726)
Kreis Darmstadt-Dieburg	(282.141)	Kreis Groß Gerau	(247.412)
Hochtaunuskreis	(222.243)	Main-Kinzig-Kreis	(402.152)
Main-Taunus-Kreis	(215.401)	Kreis Offenbach	(331.335)
Rheingau-Taunus-Kreis	(183.197)	Wetteraukreis	(288.176)
b) Bayern			
Aschaffenburg	(66.819)	Kreis Miltenberg	(129.883)
Kreis Aschaffenburg	(172.481)		
c) Rheinland-Pfalz			
Mainz	(186.136)	Kreis Mainz-Bingen	(190.620)

2. Konzentration internationaler Dispositionsfunktion, v.a. Finanzierung

Frankfurt ist als eine der Banken-Metropolen Europas zu bezeichnen. Der Begriff "Bankenkonzentration" wird damit begründet, daß sich ca. 400 Banken in Frankfurt befinden, davon über 60% ausländische Institute.[294]
Durch die Ansiedlung der europäischen Zentralbank ist von einer Zunahme der Bedeutung des Finanzplatzes Frankfurt auszugehen.[295] Da Banken mitverantwortlich sind für die Funktionstüchtigkeit wirtschaftlichen Handelns, wird Frankfurt bereits als Steuerungszentrale der deutschen Wirtschaft bezeichnet. [296] Banken haben wichtige Funktionen im Hinblick auf Kreditvergabe, Beratungs-

---

293 Die im folgenden Abschnitt genannten Zahlen sind entnommen aus: Umlandverband Frankfurt (1998b): Statistik-Trends Region Frankfurt Rhein-Main Stand 10/1998, S. 2.

294 Vgl. Aigner, Birgit/Miosga, Manfred (1994), S. 82.

295 Vgl. Hill, Hermann/Nemitz, Carsten (1998), S. 6.

296 Vgl. Schriever, Wolf (1996), S. 226.

tätigkeiten sowie der Kontrolle von Wirtschaftsunternehmen. Beispielhaft ist hier ihre Funktion in Aufsichtsräten anzuführen.[297]
Auch die Frankfurter Börse hat eine hohe Bedeutung für die internationale Finanzwelt. Sie ist mit Abstand die größte deutsche Wertpapierbörse. Am Börsenplatz Frankfurt werden zunehmend ausländische Engagements registriert.

3. Internationale Repräsentanzen

Renommierte Unternehmen mit internationaler Ausrichtung haben ihren Sitz oder zumindest eine Niederlassung in der Region Rhein-Main, wie die folgende Auswahl von Firmen aus unterschiedlichen Branchen belegt:
Adam Opel AG (Automobil), Lufthansa (Luftverkehr);
Commerzbank AG, Deutsche Bank AG, Dresdner Bank AG (Finanzdienstleistungen);
Degussa AG, Delton AG, Hoechst Marion Roussel AG (Chemie);
Andersen Consulting GmbH, American Express Inc.,
Price Waterhouse Coopers AG (Dienstleistungen);
Siemens AG (Elektronik), Metallgesellschaft AG (Metall);
Procter & Gamble AG, Nestlé Deutschland AG (Nahrungsmittel).

Beispielhaft für erfolgreiche Unternehmensansiedlungen sind Bad Homburg und Oberursel anzuführen. In Bad Homburg ist die Hauptverwaltung von Du Pont de Nemours angesiedelt, die Vertriebszentrale Deutschland von Hewlett Packard (Computerbereich), die Hauptverwaltung von Northern Telecom, die im Bereich der Telekommunikationsnetze sowie Endgeräte arbeitet.
In Oberursel hat sich das europäische Design- und Enwicklungszentrum von Mazda (Automobil) niedergelassen sowie die Hauptverwaltung der Firma Braas (Baustoffe). Die aufgeführten Unternehmungen hatten vor der Unternehmensumsiedlung ihren Standort in Frankfurt.[298]

4. Internationale Forschungseinrichtungen

In Langen, südlich von Frankfurt, befindet sich das Paul-Ehrlich-Institut (Biologie/Genforschung, neuerdings mit der deutschen Aidsforschung) sowie das Bundesinstitut für Wasser, Boden, Luft.[299] Darmstadt ist ein Standort, an dem sich konzentriert Unternehmen mit Forschungseinrichtungen aus den Bereichen Pharmazie und Kosmetik angesiedelt haben, wie z.B. Merck KGaA und Wella AG.

---

297 Vgl. Schriever, Wolf (1996), S. 226.

298 Vgl. Rautenstrauch, Lorenz (1990), S. 255.

299 Vgl. Rautenstrauch, Lorenz (1990), S. 255.

5. Fazilitäten für Großveranstaltungen

In bezug auf Fazilitäten für Großkongresse wird exemplarisch das Messewesen in Frankfurt aufgegriffen. Festzustellen ist, daß sich seit Anfang der 80er Jahre die Anzahl der Messen in Frankfurt fast vervierfacht hat.[300] Zu den bedeutendsten Messeveranstaltungen in Frankfurt zählen die Heimtextil (Internationale Fachmesse für Heim- und Haustextilien), Ambiente (Internationale Frankfurter Messe für Tischkultur), Musikmesse (Internationale Fachmesse für Musikinstrumente und Noten, Licht-, Ton- und Veranstaltungstechnik), ISH (Internationale Fachmesse Sanitär Heizung Klima), Marketing Services (Internationale Fachmesse für Werbung und Marketing), Infobase (Internationale Messe für Information und Kommunikation), IAA (Internationale Automobil-Ausstellung Personenkraftwagen/Motorräder), Frankfurter Buchmesse (Internationale Buchmesse).

Festzustellen ist, daß die Veranstaltungen der Frankfurter Messe seit den 50er Jahren eine hohe Beteiligung von internationalen Ausstellern haben. Ihre Bedeutung stieg seit den 50er Jahren kontinuierlich, so daß 46% der Aussteller im Jahr 1987 aus dem Ausland kamen.[301]

6. Großflughafen (mehr als 10 Mill. Passagiere) / internationaler Verkehrsknotenpunkt

Unter verkehrsgeographischen Aspekten hat die Region Rhein-Main wichtige Standortfaktoren aufzuweisen. So befinden sich die Kreuzpunkte von großräumigen Achsen des deutschen und des europäischen Schienen- und Autobahnnetzes in der Region. Auch das Wasserstraßen-Dreieck von Rhein und Main kann als positiver Standortfaktor der Region bezeichnet werden.[302]

Der im Südwesten von Frankfurt gelegene Rhein-Main Flughafen hat eine zentrale Bedeutung. Gemessen am Passagieraufkommen ist er nach London/Heathrow der zweitgrößte Flughafen in Europa, er verbindet die Region Rhein-Main mit allen relevanten internationalen Zentren.[303]

---

300 Vgl. Bördlein, Ruth (1993), S. 175.

301 Vgl. Bördlein, Ruth (1993), S. 176.

302 Vgl. Heinz, Werner (1997), S. 77.

303 Vgl. Rautenstrauch, Lorenz (1990), S. 235 und Hill, Hermann/Nemitz, Carsten (1998), S. 6.

7. Qualität des Kulturangebots

Die Stadt Frankfurt hat umfangreiche Bemühungen unternommen, sich von ihrem negativen Image einer häßlichen, vom Geld regierten Stadt zu distanzieren.[304] Investitionen in Kulturangebote, z.B. Museen (Städelsches Kunstinstitut, Liebighaus, Goethe-Haus und Goethe-Museum, Deutsches Architekturmuseum, Museum für moderne Kunst, Deutsches Filmmuseum, die Schirn mit wechselnden Ausstellungen, um nur einige zu nennen) haben dazu beigetragen, daß Frankfurt über eine große Auswahl kultureller Angebote verfügt, zu dem auch Konzerte und Aufführungen in kulturellen Einrichtungen, wie u.a. der Alten Oper Frankfurt, Schauspielhaus Frankfurt, Festhalle Frankfurt, Jahrhunderthalle Höchst, zählen.

In diesem Kapitel wurden regionsspezifische Kennzeichen der Region Rhein-Main herausgearbeitet. Im folgenden soll überprüft werden, inwiefern regionale Wirtschaftsförderinstitutionen in der Region Rhein-Main diese Besonderheiten in ihrer Struktur und Arbeitsweise berücksichtigen.

Dies erfolgt anhand von drei Analyseschritten:
Erstens gilt es zu überprüfen, welche territorialen Abgrenzungen von Wirtschaftsförderinstitutionen vorgenommen werden und Ursachen für mögliche Abweichungen von dem in diesem Kapitel vorgestellten Ordnungsraum zu finden.
Zweitens soll analysiert werden, inwiefern Suburbanisierungsprozesse in der Region Rhein-Main von regionalen Wirtschaftsförderern berücksichtigt werden.

Drittens soll ergründet werden, auf welche Art und Weise regionale Wirtschaftsförderer die Internationalität der Region Rhein-Main als Marketinginstrumentarium zur Außendarstellung verwenden.

---

304 Vgl. Aigner, Birgit/Miosga, Manfred (1994), S. 82.

6. Organisation der regionalen Wirtschaftsförderung in der Region Frankfurt/Rhein-Main

6.1. Anforderungen an die regionale Wirtschaftsförderung aufgrund der Standortbedingungen

Aus regionalen Standortbedingungen resultieren Anforderungen, die von der regionalen Wirtschaftsförderung beachtet werden müssen. Entscheidend in diesem Zusammenhang ist u.a. die territoriale Abgrenzung des Wirkungsbereichs, die einer gemeinsamen Problemlage zwischen Stadt- und Umland genügen muß.
In der vorliegenden Arbeit wird die Gebietsabgrenzung des Ordnungsraum Rhein-Main verwendet, da funktionale Kriterien berücksichtigt und eine planerische Gesamtkonzeption zugrundegelegt werden.[305]
In seiner weitläufigen räumlichen Struktur bietet sich der Ordnungsraum für eine Eingliederung von Kommunen in eine regionale Gemeinschaft an. Darüber hinaus werden durch die Ordnung des Gesamtraums gegenseitige Belange, so beispielsweise im Hinblick auf Stadt-Umland-Konflikte, berücksichtigt. Aus diesem Sachverhalt kann die erste Anforderung an die regionale Wirtschaftsförderung der Region Rhein-Main formuliert werden, die sich auf den Ordnungsraum als Wirkungsbereich bezieht.

Zentrales Kennzeichen der Region Rhein-Main ist die Internationalität des Standorts, wie in Kapitel 5 dargestellt. Primär bezieht sich die Internationalität auf die Kernstadt Frankfurt. Von dem internationalen Renommee der Stadt Frankfurt (u.a. unter dem Aspekt des internationalen Banken- und Finanzzentrums) profitiert nicht nur die Stadt selbst, sondern auch ihr suburbaner Raum. Durch die Suburbanisierung ergibt sich ein regionsspezifischer Handlungs- und Koordinierungsbedarf der regionalen Wirtschaftsförderung, beispielsweise in bezug auf die Reduktion von Konflikten zwischen Stadt und Umland. Hierzu ist es notwendig, eine gemeinsame Problemlage für Stadt und Umland zu definieren sowie Handlungskonzepte mit internationaler Reichweite zu erarbeiten. Die Internationalität der Region Rhein Main stellt die zweite Anforderung an die regionale Wirtschaftsförderung dar.

Als weiteres bedeutendes Kennzeichen der Region Rhein-Main ist die polyzentrische Struktur des Raumes anzuführen. Neben der Großstadt Frankfurt sind weitere kreisfreie Städte im Ordnungsraum vorhanden. Hierbei handelt es sich um Darmstadt, Offenbach, Wiesbaden, Aschaffenburg, Hanau und Mainz. Das Merkmal der polyzentrischen Struktur der Region Rhein-Main ist eine dritte wesentliche Anforderung an die regionale Wirtschaftsförderung. So besteht in der

---

305 Vgl. hierzu Kapitel 5.

Region Rhein-Main nicht nur der Konflikt zwischen einer Kernstadt mit ihren Umlandgemeinden, sondern es gibt Wechselbeziehungen und Konkurrenz zwischen mehreren Kernstädten, vor allem um ansiedlungsinteressierte Unternehmen.

Der in den 60er Jahren beginnende Prozeß der Suburbanisierung war wesentliche Ursache für Überlegungen, eine interkommunale Kooperation zwischen Frankfurt und seinem Umland aufzubauen. Dieses gemeinschaftliche Vorgehen bezog sich u.a. auf eine regionale Wirtschaftsförderung und deren institutioneller Regelung.

Unter Berücksichtigung kommunaler Selbständigkeit wird durch die innerregionale Kooperation versucht, problemadäquate Lösungen im Bereich der regionalen Wirtschaftsförderung anzubieten. Hierzu haben sich unterschiedliche Organisations- und Kooperationsstrategien in der Region Rhein-Main entwickelt, die in diesem Kapitel erörtert werden.

In der Region Rhein-Main erfolgten in den 90er Jahren zahlreiche Veränderungen im Bereich der regionalen Wirtschaftsförderung. Daraus entwickelten sich die folgenden institutionellen Arrangements:

1. Wirtschaftsförderung Region Frankfurt/Rhein-Main e.V.
2. Wirtschaftsinitiative Frankfurt Rhein-Main e.V.
3. Forum Rhein-Main
4. Rhein-Main-Erklärung

Dieser Entwicklungsprozeß ist als Anzeichen zu deuten, daß die Notwendigkeit der innerregionalen Zusammenarbeit erkannt wird, und kooperative Formen zur Verbesserung der Zusammenarbeit entwickelt werden. Hauptmotiv der Akteure der regionalen Wirtschaftsförderung ist die gemeinsame Außendarstellung der Region, weil dies zur Verbesserung eines einheitlichen Images der Region Rhein-Main beiträgt.

Vorläufer dieser institutionellen Arrangements, die sich mit der regionalen Wirtschaftsförderung der Region Rhein-Main in den 90er Jahren befassen, ist der Umlandverband Frankfurt (UVF), der am 1. Januar 1975 gegründet wurde. Ein kurzer geschichtlicher Rückblick soll die Ausgangssituation sowie bestehende Probleme dieser Institution seit ihrer Gründung aufzeigen. Hierauf aufbauend werden territoriale Abgrenzung, Aufgaben, Ziele, Organisationsstrukturen, Finanzierung analysiert.

Der Umlandverband ist als Initiator für die Gründung Wirtschaftsförderung Region Frankfurt/Rhein-Main e.V. zu nennen. Zwischen dem Umlandverband Frankfurt und der Wirtschaftsförderung Region Frankfurt/Rhein-Main e.V. besteht eine enge Verzahnung und ein Abhängigkeitsverhältnis in bezug auf Entscheidungskompetenzen, Finanzierung etc. Dieser Aspekt wird kritisch hinterfragt, um zu überprüfen, inwiefern diese organisatorische Verzahnung in der Region Rhein-Main von Nachteil für die regionale Wirtschaftsförderung ist. Die Mitglieder des Vereins sind vorwiegend Kommunen aus dem Rhein-Main-Gebiet.

Die Stadt Frankfurt hat maßgeblich dazu beigetragen, daß relativ zeitgleich nach der Gründung der Wirtschaftsförderung Region Frankfurt/Rhein-Main e.V. eine zusätzliche Institution der regionalen Wirtschaftsförderung aufgebaut wurde. Hierbei handelt es sich um die Wirtschaftsinitiative Frankfurt/Rhein-Main e.V. Während die Mitglieder der Wirtschaftsförderung Region Frankfurt Rhein-Main e.V. vorwiegend Kommunen sind, handelt es sich bei den Mitgliedern der Wirtschaftsinitiative um Unternehmen, größtenteils Großunternehmen.
Zu überprüfen ist, ob ein konkurrierendes oder komplementäres Verhältnis dieser beiden Einrichtungen besteht.

Verglichen werden u.a. der räumliche Zuschnitt des regionalen Gebiets, administrative Strukturen und Zuständigkeiten, politische Einfluß- und Machtverhältnisse, Kooperationsinteressen, Aufgaben- und Handlungsschwerpunkte, Ziele, Finanzierung, Mitglieder. Für beide Institutionen der regionalen Wirtschaftsförderung in der Region Rhein-Main wurde die Organisationsform eines eingetragenen Vereins gewählt. Die Vorteilhaftigkeit dieser Organisationsform hinsichtlich der beiden wesentlichen Aufgaben der regionalen Wirtschaftsförderung, Standortmarketing und Gewerbeflächenmanangement, soll überprüft werden.

Ferner sind das Forum Rhein-Main sowie die Rhein-Main-Erklärung als weitere institutionelle Arrangements der regionalen Wirtschaftsförderung innerhalb der Region Rhein-Main seit Beginn der 90er Jahre zu nennen. Beide organisatorische Zusammenschlüsse werden nur kurz thematisiert, da sie zu Ende der 90er Jahre gegenüber den anderen darzustellenden Institutionen an Bedeutung verloren haben.

Da es sich um mehrere für die regionale Wirtschaftsförderung zuständige Agenten handelt und sich die Zielgruppen einerseits aus Kommunen und andererseits aus Unternehmen zusammensetzen, wird diese Beziehung aus der Perspektive der Prinzipal-Agenten-Problematik thematisiert. Zusätzlich soll überprüft werden, ob die Zahl der Agenten im Bereich der regionalen Wirtschaftsförderung Auswirkungen auf Transaktionskosten, insbesondere auf Informationskosten zur Koordinierung regionaler Wirtschaftsförderung hat.

6.2. Der Umlandverband Frankfurt

6.2.1. Geschichtlicher Verlauf

Die Stadt Frankfurt gab 1962 den Anstoß für die Gründung der "Gesellschaft für Raumordnung", einer kommunalen Arbeitsgemeinschaft auf freiwilliger Basis, die ihren Wirkungsbereich im engeren Untermaingebiet hatte. Drei Jahre danach wurden Anstrengungen unternommen, die kommunale Arbeitsgemeinschaft durch einen Zweckverband zu substituieren, mit der Absicht, eine intensivere und engere kommunale Kooperation aufzubauen. Die neue Institution trug den Namen "Regionale Planungsgemeinschaft Untermain" (RPU) und war als Träger für die Regionalplanung zuständig. Die Regionale Planungsgemeinschaft Untermain setzte sich zusammen aus den Kernstädten Frankfurt, Offenbach und Hanau sowie den damaligen Landkreisen Friedberg, Hanau, Obertaunus, Offenbach, Usingen sowie den Teilgebieten Dieburg und Main-Taunus.[306] Dieser Zweckverband wurde gegründet, um organisatorische Veränderungen dem Prozeß der Suburbanisierung, insbesondere der Bevölkerungssuburbanisierung, anzupassen.[307] Als Beispiel ist ein erheblicher Anstieg der Bevölkerung im suburbanen Raum anzuführen, der Probleme mit der Versorgung mit Wohnraum sowie Wohnfolgeeinrichtungen zur Konsequenz hatte. Diese bezogen sich v.a. auf einen Mangel an technischer Infrastruktur sowie sozialer und kultureller Einrichtungen.[308] Die Regionale Planungsgemeinschaft Untermain setzte sich mit diesen Veränderungen auseinander und machte sie zum Bestandteil ihrer Planungskonzepte.

Infolge der Novellierung des Hessischen Landesplanungsgesetzes von 1970 wurden Planungsgemeinschaften als Pflichtverbände gebildet, woraufhin die Regionale Planungsgemeinschaft Untermain territorial erweitert wurde. Die Landkreise Büdingen, Schlüchtern und Gelnhausen wurden in die Regionale Planungsgemeinschaft Untermain aufgenommen. Der Planungsraum wurde somit in eine Richtung ohne eigenständige Städte in der Größenordnung Darmstadts oder Wiesbaden ausgedehnt. Dies hatte zur Konsequenz, daß dem ländlichen Raum mehr Gewicht beigemessen wurde.[309] Dem Bedeutungsgewinn des

---

306 Vgl. Rautenstrauch, Lorenz (1990), S. 248.

307 Vgl. Hill, Hermann/Nemitz, Carsten (1998), S. 7.

308 Vgl. Rautenstrauch, Lorenz (1990), S. 246.

309 Vgl. Rautenstrauch, Lorenz (1990), S. 248 und vgl. Aigner, Birgit/Miosga, Manfred (1994), S. 84.

ländlichen Raums wollte die Kernstadt Frankfurt Grenzen setzen und strebte nach der Etablierung einer Regionalstadt.[310]

Dieses organisatorische Konzept erforderte die Auflösung der Stadt Frankfurt und die Einbeziehung größerer Teile des Umlands, um eine Großkommune mit knapp 1,4 Millionen Einwohnern zu errichten. Die politisch-administrative Struktur sollte durch eine zentrale Regionalverwaltung und -parlament einerseits sowie dezentrale Bezirksverwaltungen und -parlamente andererseits gekennzeichnet sein.[311] Doch gegen diese Überlegungen stellte sich das Frankfurter Umland mit der Befürchtung, daß seine kommunale Identität durch die Bildung einer Regionalstadt reduziert werden könnte.

Als Kompromißlösung wurde am 1. Januar 1975 der Umlandverband Frankfurt gegründet, der als Mehrzweckpflichtverband per Landesgesetz aufgebaut wurde.[312] Hauptbestandteil dieser Kompromißlösung war die Gewährleistung der kommunalen Selbständigkeit der Städte, Gemeinden und Kreise bei gleichzeitiger Formierung einer engen Kooperation zwischen den Verbandsmitgliedern.[313] Bei der territorialen Abgrenzung des Umlandverbandes, die nicht den funktionalen Zusammenhängen entsprach, wurde bewußt vermieden, daß ihm alle wirtschaftsnahen Städte und Gemeinden im Verdichtungsraum angehörten. Eine funktionale Abgrenzung hätte zur Konsequenz gehabt, daß ca. die Hälfte des hessischen Sozialprodukts auf dem Gebiet des Umlandverbandes Frankfurt erwirtschaftet worden wäre. Hieran hatte v.a. die Landesregierung kein Interesse.[314]

6.2.2. Das Gebiet des Umlandverbandes Frankfurt

Das Gebiet des Umlandverbandes Frankfurt erstreckt sich über eine Fläche von 1.427,4 qkm[315], dies entspricht ca. 7% der Fläche Hessens. Die Bevölkerungszahl im UVF-Gebiet beträgt ca. 1.608.704 Millionen (Stand 31.12.1997). Im Vergleich zum Ordnungsraum Rhein-Main, in dem am 31.12.1997 4.083.281 Einwohner[316] registriert wurden, folgt hieraus, daß auf dem UVF-Gebiet ca. 40% der Bewohner Hessens leben. Die Mitglieder des Umlandverbandes setzen

---

310 Vgl. Aigner, Birgit/Miosga, Manfred (1994), S. 84.

311 Vgl. Heinz, Werner (1997), S. 82.

312 Vgl. Aigner, Birgit/Miosga, Manfred (1994), S. 84.

313 Vgl. Heinz, Werner (1997), S. 82.

314 Vgl. Aigner, Birgit/Miosga, Manfred (1994), S. 84.

315 Vgl. Umlandverband Frankfurt (1998b): Statistik-Trends Region Frankfurt Rhein-Main, S. 2.

316 Vgl. Tabelle 5.1. zur Bevölkerung im Ordnungsraum Rhein-Main.

sich zusammen aus den kreisfreien Städten Frankfurt und Offenbach, 41 kreisangehörigen Städten und Gemeinden sowie 6 Landkreisen, die jedoch lediglich in drei Fällen vollkommen dem Umlandverband zuzurechnen sind. Alle Kommunen der Kreise Main-Taunus, Hochtaunus und Offenbach gehören zum UVF, während die Kreise Groß-Gerau, Wetterau und Main-Kinzig nur teilweise dem UVF-Gebiet angehören.[317]

Abbildung 6.1: Räumlicher Zuschnitt des Umlandverbandes Frankfurt

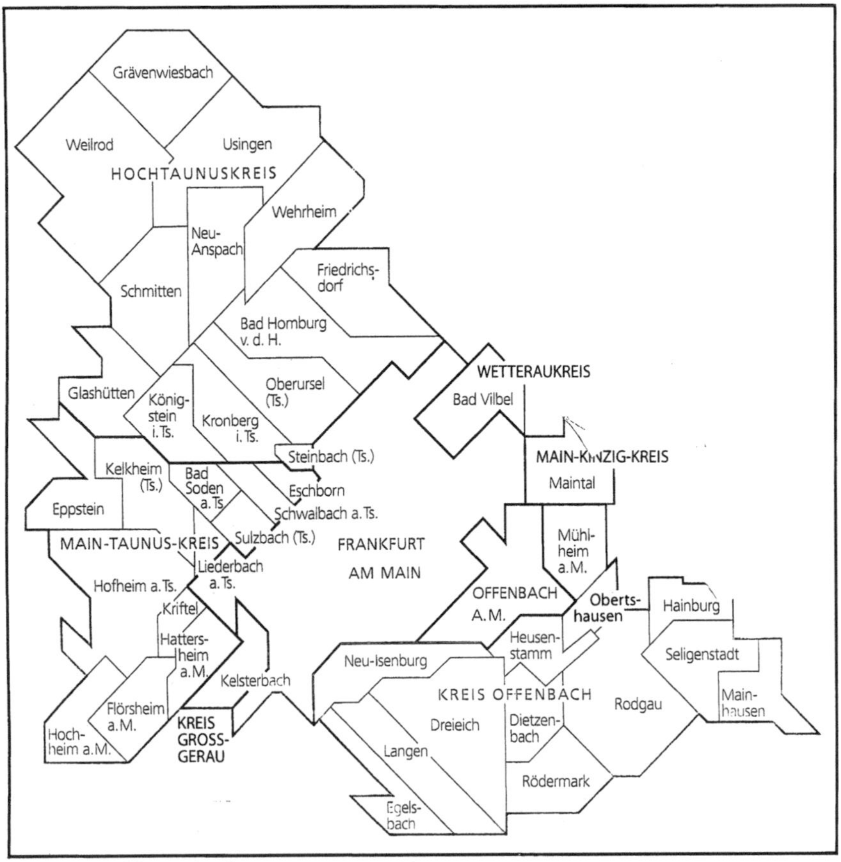

Quelle: Umlandverband Frankfurt (1997a): Tätigkeitsbericht 1996. Anhang.

317 Vgl. Aigner, Birgit/Miosga, Manfred (1994), S. 85. Eine detaillierte Übersicht der Verbandsmitglieder enthält Anhang 2.

Die Festlegung für den Zuschnitt des UVF-Gebietes, das deutliche Abweichungen von dem im letzten Kapitel aufgezeigten Ordnungsraum Rhein-Main aufweist, wurde nicht auf der Grundlage von Kriterien der Raum- und Landesplanung durchgeführt, vielmehr waren hierfür politische Zweckmäßigkeitsüberlegungen maßgebend.[318]

6.2.3. Organisationsstruktur

Aus §1 1(2) des Gesetzes über den Umlandverband Frankfurt ist zu entnehmen, daß dieser eine Körperschaft des öffentlichen Rechts ist.[319] Der Umlandverband Frankfurt erfüllt öffentliche Aufgaben und unterliegt der Aufsicht des hessischen Innenministeriums.[320] Er ist als Mehrzweckpflichtverband zu bezeichnen, dessen Organisationsstruktur einer kommunalen Gebietskörperschaft angepaßt wurde. Der Umlandverband Frankfurt setzt sich aus drei Organen zusammen, dem Verbandstag, dem Verbandsausschuß und der Gemeindekammer.[321]

Der Verbandsausschuß kann als Verwaltungsspitze bezeichnet werden, die einem Magistrat der hessischen Großstädte nachgeahmt wurde.[322]
Der Verbandstag fungiert als direkt gewählte Vertretungskörperschaft mit 105 direkt gewählten Abgeordneten, deren Wahl im Rahmen der hessischen Kommunalwahlen stattfindet.[323] Die demokratische Legitimation des Umlandverbandes wird durch die direkte Wahl gewahrt.[324] Der Verbandstag übernimmt alle Aufgaben mit einer Ausnahme, nämlich die Festlegung des Flächennutzungsplans.[325] Entscheidungen, die den Flächennutzungsplan betreffen, werden von dem dritten Organ des Umlandverbandes Frankfurt, der Gemeindekammer, wahrgenommen. Die Gemeindekammer ist ausschließlich für Angelegenheiten des Flächennutzungsplans zuständig. Jede Mitgliedsstadt bzw. -gemeinde entsendet in die Gemeindekammer, die sich aus 43 Mitgliedern zusammensetzt, einen Delegierten.[326] Die Schaffung der Gemeindekammer als drittes Organ war aus verfassungsrechtlichen Gründen notwendig. "Da der Verband für die Flächennutzungsplanung, eine Aufgabe der grundsätzlich garantierten kommunalen Selbstverwaltung zuständig ist, im Verbandstag die Gemeinden

---

[318] Vgl. Heinz, Werner (1997), S. 83.

[319] Vgl. Umlandverband Frankfurt (1997a): Tätigkeitsbericht 1996. S. 41.

[320] Vgl. Umlandverband Frankfurt (1992): Der Umlandverband Frankfurt, S. 4.

[321] Vgl. Aigner, Birgit/Miosga, Manfred (1994), S. 86.

[322] Vgl. Hill, Hermann/Nemitz, Carsten (1998), S. 8.

[323] Vgl. Aigner, Birgit/Miosga, Manfred (1994), S. 86.

[324] Vgl. Aigner, Birgit/Miosga, Manfred (1994), S. 87.

[325] Vgl. Aigner, Birgit/Miosga, Manfred (1994), S. 86.

[326] Vgl. Aigner, Birgit/Miosga, Manfred (1994), S. 86.

jedoch nicht als Institution vertreten sind, wurde ein Organ geschaffen, in dem die verbandsangehörigen Städte und Gemeinden - und zwar unabhängig von ihrer Größe mit je einem Vertreter und einer Stimme - vertreten sind."[327]

Aus der Perspektive der Kernstadt Frankfurt ist eine Unterpräsenz festzustellen, da ihr ebenso wie allen anderen Mitgliedsstädten und -gemeinden nur eine Stimme in der Gemeindekammer eingeräumt wird.
Zur Finanzierung des Umlandverbandes Frankfurt wird eine Verbandsumlage von Städten und Gemeinden erhoben.[328] Als Bemessungsgrundlage dient die jeweilige Einwohnerzahl. Die Verbandsumlage ist seit der Gründung im Jahr 1975 von 0,50 DM je Einwohner auf 18,35 DM im Jahr 1998 gestiegen.[329]

6.2.4. Ziele und Aufgaben

Aus §1 des Gesetzes über den Umlandverband Frankfurt ist zu entnehmen, daß er gegründet wurde "zur Förderung und Sicherung einer geordneten Entwicklung des Verbandsgebiets".[330] Um dieses Ziel zu erreichen, wurde der Verband legitimiert, überörtliche Planungsaufgaben wahrzunehmen. Im einzelnen handelt es sich hierbei um die Aufstellung von Flächennutzungsplan, Generalverkehrsplan und Landschaftsplan.[331] Darüber hinaus werden vom Umlandverband Trägerschaftsaufgaben wahrgenommen, die sich auf die überörtliche Wasserversorgung, Abfallbeseitigung und Freizeiteinrichtungen beziehen.[332]

Im Rahmen der regionalen Wirtschaftsförderung wurden dem Verband Mitwirkungs-, Koordinations- und Beratungskompetenzen in bezug auf die Standortberatung und -werbung eingeräumt.[333] Die Arbeitsweise des UVF bei der Standortberatung konzentriert sich auf die Bereitstellung von Informationen, u.a. über Gewerbeflächen, sowie Beratungen im Bereich des Umweltschutzes und der Abfallbeseitigung. Der UVF nimmt die Funktion eines Informationspools für ansiedlungsinteressierte Unternehmen wahr. Mit den beiden Aufgabenbereichen Standortberatung und Standortwerbung im Rahmen der Wirtschaftsförderung soll der Verband zu einer Verstärkung der Wirtschaftskraft innerhalb des Verbandsgebiets beitragen.

---

327 Heinz, Werner (1997), S. 83.

328 Vgl. Heinz, Werner (1997), S. 84.

329 Vgl. Umlandverband Frankfurt (1998a): Tätigkeitsbericht 1997. Anhang.

330 Vgl. Umlandverband Frankfurt (1998a): Tätigkeitsbericht 1997. S. 52.

331 Vgl. Heinz, Werner (1997), S. 83.

332 Vgl. Hill, Hermann/Nemitz, Carsten (1998), S. 8.

333 Vgl. Aigner, Birgit/Nemitz, Carsten (1994), S. 85.

6.2.5. Kritische Anmerkungen zum Umlandverband Frankfurt

Der Umlandverband Frankfurt wurde 1975 mit dem Ziel gegründet, die interkommunale Zusammenarbeit zu institutionalisieren. Anhand von ausgewählten Aspekten, so beispielsweise im Hinblick auf die territoriale Abgrenzung, soll im folgenden gezeigt werden, daß die Arbeit des Umlandverbandes beim Aufbau einer regionalen Identität und der Entschärfung der Stadt-Umland-Konflikte unzulänglich ist.

1. Territoriale Abgrenzung

Das Gebiet des Umlandverbandes Frankfurt erstreckt sich lediglich über einen Teilraum des Rhein-Main-Gebietes und entspricht nicht den funktionalen Verflechtungen. Diese Reglementierung wurde bei der Gründung des Umlandverbandes Frankfurt von der damaligen hessischen Landesregierung durchgesetzt[334] und entsprach politischen Zweckmäßigkeitsüberlegungen. Die Gebietsabgrenzung des UVF entspricht 25 Jahre nach seiner Gründung nicht der Problemlage des Verdichtungsraums Rhein-Main, die v.a. dadurch gekennzeichnet ist, daß Randbereiche an Bedeutung gewinnen, u.a. infolge der fortschreitenden Suburbanisierung und der zunehmenden Internationaliät der Stadt Frankfurt.

Darüber hinaus bleibt bei der Gebietsabgrenzung des Umlandverbandes Frankfurt ein zentrales Merkmal der Region Rhein-Main unberücksichtigt, nämlich die polyzentrische Struktur der Region. Die kreisfreien Städte Darmstadt, Wiesbaden, Aschaffenburg und Mainz sind nicht im Umlandverband vertreten. Somit bleiben Angelegenheiten dieser Städte und ihrer benachbarten Kommunen unberücksichtigt. Die innerregionale Kooperation, die vom Umlandverband angestrebt wird, bezieht sich also nur auf den Kern des Rhein-Main-Gebiets.

Der Umlandverband versucht lediglich Angelegenheiten zwischen Frankfurt und seinem suburbanen Raum zu koordinieren, wobei eine Arbeitsteilung zwischen den Städten im Ordnungsraum und ihren jeweiligen, sich überschneidenden suburbanen Räume nicht vollzogen wird. Innerregionale Verflechtungen des Verdichtungsraums können somit nicht ausreichend berücksichtigt werden.

2. Demokratische Legitimation

Durch Direktwahl von Abgeordneten des Verbandstages erhält der Umlandverband eine demokratische Legitimation. Deren Sinnhaftigkeit ist jedoch dann zu

334 Vgl. Aigner, Birgit/Miosga, Manfred (1994), S. 84.

hinterfragen, wenn der Bekanntheitsgrad dieser Institution bei der Bevölkerung gering ist.[335]

3. Unterrepräsentanz der Stadt Frankfurt im Umlandverband Frankfurt

Die Gemeindekammer des Umlandverbandes Frankfurt entscheidet über den Flächennutzungsplan und setzt sich aus einem Delegierten pro Mitgliedsstadt bzw. -gemeinde zusammen. Hierdurch entsteht ein Konfliktpotential zwischen Frankfurt und seinen Umlandgemeinden, da der Kernstadt Frankfurt wie jeder anderen Gemeinde lediglich eine Stimme in der Gemeindekammer eingeräumt wird.[336] Die Stadt Frankfurt befürchtet somit, daß ihre Bedeutung infolge ihrer ungenügenden Vertretung in der Gemeindekammer nur unzureichende Beachtung findet. Aus der Perspektive der Stadt Frankfurt profitieren die Umlandgemeinden von ihrer Anziehungskraft im internationalen Wettbewerb, d.h. diese sind die Nutznießer des Bekanntheitsgrades von Frankfurt. In bezug auf den Flächennutzungsplan hat die Stadt Frankfurt jedoch das gleiche Stimmrecht wie beispielsweise Bad Vilbel. Dieser Sachverhalt schürt den Kommunalegoismus zwischen den Kommunen.

4. Unzureichende Durchsetzungskraft

Im Bereich der regionalen Wirtschaftsförderung, aber auch in anderen Aufgabenbereichen hat der UVF nur eine unzureichende Durchsetzungskraft. Dem Umlandverband haftet das Image an, zu Lasten der kommunalen Selbstverwaltung expandieren zu wollen.[337] "Das gestaltende Potential des UVF ist nach wie vor eingeschränkt, da die Gemeinden sich bisher geweigert haben, ihm Trägerschaftsaufgaben zu übertragen. So erschöpfen sich seine Handlungsmöglichkeiten etwa im Bereich der Ver- und Entsorgung oder im Bereich des ÖPNV in der Erstellung von Rahmenkonzepten."[338]

Das Durchsetzungspotential des UVF gegenüber kommunalen Interessen und Anliegen ist eingeschränkt. Zum einen hat er keine harten Sanktionsmöglichkeiten gegenüber den Mitgliedsgemeinden und zum anderen kann er nicht über Tauschpotentiale, wie z.B. Genehmigungsrechte, bestimmen.[339] Dieser Aspekt hat dazu geführt, daß der Umlandverband als "zahnloser Tiger" bezeichnet

---

335 Vgl. Aigner, Birgit/Miosga, Manfred (1994), S. 87. In bezug auf den Bekanntheitsgrad des Umlandverbandes ist darauf hinzuweisen, daß der Verband irrigerweise in der Bevölkerung als Umweltverband bezeichnet wird und die Assoziation besteht, daß er ausschließlich für Umweltfragen zuständig ist.

336 Vgl. Aigner, Birgit/Miosga, Manfred (1994), S. 86.

337 Vgl. Aigner, Birgit/Miosga, Manfred (1994), S. 86.

338 Aigner, Birgit/Miosga, Manfred (1994), S. 86.

339 Vgl. Hill, Hermann/Nemitz, Carsten (1998), S. 10 und Heinz, Werner (1997), S. 88.

wird.[340] Dem UVF kommt zunehmend eine Beratungs- und Moderatorenfunktion zu, um regionale Akteure der Wirtschaftsförderung miteinander ins Gespräch zu bringen.[341] Somit hat er sich eher zu einem Consulting-Unternehmen mit Koordinationsfunktion für die Verbandsmitglieder entwickelt, der u.a. Kommunen Informationen zur örtlichen Planung zusammenstellt.

"With the state law of 1975, Umlandverband Frankfurt was created, being mainly responsible for plannig and public facilities. This organisation never covered the total economic area of Rhein-Main nor had sufficient decision-making power to take impact on the economic development of the region."[342]

Der Bereich Wirtschaftsförderung wurde 1995 aus dem Verband 1995 ausgegliedert und auf die für diesen Zweck gegründete Wirtschaftsförderung Region Frankfurt/Rhein-Main e.V. übertragen. Eine enge Verzahnung zwischen dem Umlandverband Frankfurt und der Wirtschaftsförderung Region Frankfurt Rhein-Main e. V. (im folgenden als Wirtschaftsförderungsverein bezeichnet) war bereits in der Gründungsphase zu erkennen. Im folgenden wird Bezug genommen auf die Gründungsphase, bevor in einem weiteren Schritt eine Bestandsaufnahme des Wirtschaftsförderungsvereins erfolgt, um Unterschiede zwischen geplanten und realisierten Vorhaben aufzuzeigen.

6.3. Wirtschaftsförderung Region Frankfurt/Rhein-Main e.V.

6.3.1. Gründungsphase

1. Suburbanisierung

Im Mai 1994 gab der Umlandverband Frankfurt öffentlich die Absicht bekannt, einen Verein zu initiieren, der Wirtschaftsförderung für das gesamte Rhein-Main-Gebiet übernehmen und betreiben sollte.[343]
Hauptursache für die Gründung des Wirtschaftsförderungsvereins war das Anliegen des UVF, Wirtschaftsförderung nicht nur für den Kern der Region Rhein-Main, das UVF-Gebiet durchzuführen, sondern für das gesamte Rhein-Main-Gebiet. [344] Vor allem der fortschreitende Prozeß der Suburbanisierung, insbesondere des tertiären Sektors machte eine territoriale Erweiterung für den Umlandverband notwendig, der die Auffassung vertrat, daß diesem Prozeß im Rah-

---

340 Vgl. Heinz, Werner (1997), S. 88.

341 Vgl. Aigner, Birgit/Miosga, Manfred (1994), S. 87.

342 Schamp, Eike (1997), S. 12.

343 Vgl. o.V. (1994): Anlaufstelle für Unternehmen. Wirtschaftsförderungsverein für gesamte Region geplant, in: FAZ vom 27.5.1994.

344 Vgl. Umlandverband Frankfurt (1997a): Tätigkeitsbericht 1996. S. 15.

men einer regionalen Wirtschaftsförderung hohe Aufmerksamkeit gebührte. Hierzu reicht das Verbandsgebiet nicht aus, da der Prozeß der Suburbanisierung zunehmend die Randbereiche des Verdichtungsraums, d.h. den Ordnungsraum Rhein-Main erfaßt.

2. *Abhängigkeitsverhältnis zwischen UVF und Wirtschaftsförderungsverein*

Eine enge Verzahnung zwischen dem Umlandverband Frankfurt sowie dem zu gründenden Wirtschaftsförderungsverein war bereits in der Gründungsphase zu erkennen und vom UVF auch beabsichtigt. So wurde beschlossen, daß die Geschäftsstelle des Wirtschaftsförderungsvereins vom Umlandverband Frankfurt übernommen werden und auch dort angesiedelt werden sollte. Darüber hinaus wurden Mitarbeiter des Referats Wirtschaftsförderung des UVF für den Wirtschaftsförderungsverein abgestellt. [345] Zusätzlich wurde beschlossen, daß weitere Abteilungen des UVF, wie z.B. das statistische Referat und die Öffentlichkeitsabteilung, für den Wirtschaftsförderungsverein tätig werden sollten. Der Verbandsdirektor des UVF sollte geschäftsführendes Vorstandsmitglied des Wirtschaftsförderungsvereins werden. Diese Regelungen verdeutlichen die Verzahnung zwischen dem UVF und dem Wirtschaftsförderungsverein.

So wurde bereits in der Gründungsphase angestrebt, daß der Verein keine selbständig und unabhängig agierende Institution werden sollte. Kritiker des UVF bezeichneten das Vorhaben des UVF, einen Wirtschaftsförderungsverein für die Region Rhein-Main zu gründen, als Maßnahme zur Aufwertung des Umlandverbandes Frankfurt.

Der Wirtschaftsförderungsverein sollte für das gesamte Rhein-Main-Gebiet zuständig sein. Hier stellt sich jedoch die Frage, welche Definition des Rhein-Main-Gebiets zugrunde gelegt wurde. Wie bereits im letzten Kapitel angeführt wurde, gibt es unterschiedliche Auffassungen, wie dieses Gebiet abzugrenzen ist.

3. *Territoriale Abgrenzung der Zuständigkeit des Wirtschaftsförderungsvereins*

In bezug auf die Gebietsabgrenzung und damit die Zuständigkeit des Wirtschaftsförderungsvereins ist zu konstatieren, daß der Umlandverband Frankfurt die territoriale Abgrenzung nur vage definierte. Einvernehmen bestand darüber, daß Kreise und Kommunen von Mainz bis Aschaffenburg und Darmstadt bis Hanau sowie in nördlicher Richtung durch die Wetterau zum Gebiet des Wirtschaftsförderungsvereins gehören sollten. Dieses Gebiet entspricht dem im vorhergehenden Abschnitt erläuterten Ordnungsraum Region Rhein-Main.

---

345 Die Geschäftsstelle wurde vom Referat Wirtschaftsförderung des UVF übernommen, vgl. Umlandverband Frankfurt (1997a): Tätigkeitsbericht 1996. S. 15

Des weiteren wurde jedoch beschlossen, daß alle Kommunen, die sich dem Rhein-Main-Gebiet "zugehörig fühlen", als Mitglieder im Wirtschaftsförderungsverein aufgenommen werden sollten, also auch außerhalb des Ordnungsraums liegende Kommunen, so z.B. Gemeinden nördlich der Wetterau.[346] Dieser Aspekt ist kritisch zu hinterfragen. Kommunen außerhalb des Ordnungsraumes, die sich jedoch der Region Rhein-Main subjektiv "zugehörig fühlen" und dem Wirtschaftsförderungsverein beitreten mit der Absicht, dadurch Vorteile für sich zu gewinnen (beispielsweise den Beitritt in den Verein werbewirksam einzusetzen), können Konflikte zwischen dem Wirtschaftsförderungsverein und den Mitgliedern innerhalb des Ordnungsraums verursachen. Unter dem Aspekt des Aufbaus einer regionalen Identität ist es für Kommunen innerhalb des Ordnungsraums wenig nachvollziehbar, daß auch Kommunen, die eindeutig nicht zur Region Rhein-Main gehören, in den Verein aufgenommen werden.

Zusammenfassend ist festzustellen, daß die regionale Abgrenzung der Region Rhein-Main nach dem Prinzip der subjektiven Empfindung der Zugehörigkeit zur Region Rhein-Main erfolgte und nicht nach einer gemeinsamen Problemlage der jeweiligen Stadt und ihres suburbanen Raums. Darüber hinaus wurde auch nicht bedacht, daß eine regionale Abgrenzung auch die Verfügbarkeit von Informationen berücksichtigen muß. Da die Region Rhein-Main sich über drei Bundesländer (Hessen, Rheinland-Pfalz und Bayern) erstreckt, ist die Informationsbeschaffung, z.B. im Hinblick auf statistisches Material zum Arbeitsmarkt, ein Problem.

4. Finanzierung

Es war nicht beabsichtigt, von den Verbandsmitgliedern des Umlandverbandes Frankfurt eine zusätzliche Umlage zu fordern. Hier wurde argumentiert, daß die Tätigkeit des Vereins durch die zu entrichtende Verbandsumlage abgegolten sei. Von den Städten, die nicht zum Verbandsgebiet gehörten, wurde ein Entgelt gefordert (10 Pfennige pro Einwohner und Jahr).[347]

---

346 Vgl. o.V. (1995): Gemeinsame Wirtschaftsförderung für das Rhein-Main-Gebiet. Neun Kommunen und zwei Landkreise gründen Verein: zentrale Anlaufstelle für Betriebe, in: FAZ vom 4.3.1995. Die Bemerkung, daß keiner Kommune der Zutritt zum Verein verweigert wird, die sich dem Rhein-Main-Gebiet zugehörig fühle – von Aschaffenburg bis Mainz, von Darmstadt bis zur Wetterau oder darüber hinaus, stammt von dem damals amtierenden Verbandsdirektor des Umlandverband Frankfurtes.

347 Vgl. o.V. (1995): Gemeinsame Wirtschaftsförderung für das Rhein-Main-Gebiet. Neun Kommunen und zwei Landkreise gründen Verein: zentrale Anlaufstelle für Betriebe, in: Frankfurter Rundschau vom 4.3.1995.

5. Standortberatung und Standortwerbung

Im Kern sollte der Wirtschaftsförderungsverein zwei Hauptaufgaben übernehmen. Zum einen sollte er die Region nach außen repräsentieren, und zum anderen auswärtigen Firmen die Möglichkeit bieten, sich mit geringem Aufwand umfassend über die Region Rhein-Main zu informieren. Somit ist zu erkennen, daß beabsichtigt war, beide Aufgabenbereiche des Umlandverbandes Frankfurt, Standortberatung und Standortwerbung, an den Wirtschaftsförderungsverein zu übertragen. Das Dienstleistungsangebot umfaßte insbesondere das Gewerbeflächenmanangement. Unternehmen sollten, nachdem sie die Entscheidung, sich in der Region Rhein-Main anzusiedeln, getroffen hatten, bei der Suche nach einem geeigneten Standort nicht mehr länger von einer Gemeinde zur nächsten "ziehen" müssen. Es war geplant, daß der Verein zentrale Anlaufstelle für die Gewerbeflächenberatung in der Region wurde.[348] Es wurde angestrebt, die Standortmöglichkeiten des Ordnungsraumes Rhein-Main im internationalen Wettbewerb der Regionen durch gemeinschaftliche Außendarstellungen besser zu vermarkten. Grundlage ist eine zusammenfassende Auflistung der in der Region Rhein-Main verfügbaren Gewerbeflächen mit den zugehörigen Parametern (Wirtschaftsstrukturanalyse). Dieses Dienstleistungsangebot im Bereich Gewerbeflächenmanagement sollte wie folgt ablaufen: Interessenten teilen ihre jeweiligen Standortanforderungen dem Wirtschaftsförderungsverein mit, der diese Informationen an die Vereinsmitglieder weiterleitet, die dann entsprechende Angebote für das standortsuchende Unternehmen abgeben. Das Angebot soll detaillierte Informationen über Grundstückspreis, Flächengröße, Verkehrsanbindung, Gewerbesteuer, Erschließungskosten etc. enthalten. Ansiedlungsverhandlungen sollen also kommunale Angelegenheit bleiben, um den Wettbewerb zwischen den Kommunen nicht einzuengen. Von Vorteil ist, daß alle Kommunen zur gleichen Zeit die Unterlagen des Wirtschaftsförderungsvereins erhalten und gleichzeitig prüfen können, ob das betreffende Unternehmen in die gewünschte Gewerbestruktur paßt.

6. Zusammensetzung des Vereinsvorstandes

Im Vereinsvorstand sollten alle wichtigen mit dem Thema Wirtschaftsförderung befaßten Akteure eingebunden werden.[349] Während Offenbach zu diesem Zeitpunkt positiv den Plänen gegenüber eingestellt war, nahm Frankfurt eine eher

---

[348] Vgl. o.V. (1994): Anlaufstelle für Unternehmen. Wirtschaftsförderungsverein für gesamte Region geplant, in: FAZ vom 27.5.1994 und vgl. o.V. (1994) Städte und Kreise wollen kooperieren-Verein für Wirtschaftsförderung, in: FAZ vom 25.11.1994.

[349] Vgl. o.V. (1994): Anlaufstelle für Unternehmen. Wirtschaftsförderungsverein für gesamte Region geplant, in: FAZ vom 27.5.1994.

reservierte Haltung ein.[350] Die Stadt Frankfurt hatte Bedenken, daß der Wirtschaftsförderungsverein den Belangen der Kommunen und Kreisen im suburbanen Raum mehr Bedeutung beimessen würde als der Kernstadt Frankfurt, obwohl ihr internationaler Bekanntheitsgrad die Anziehungskraft des suburbanen Raums erhöht. Durch die Gründung des Vereins würde die Nutznießer-Position der Umlandgemeinden verbessert.

Bereits in dieser Phase traten Probleme auf, was sich daran zeigt, daß der Verein auch ohne den Beitritt Frankfurts gegründet werden sollte.[351] Die Stadt Frankfurt vertrat zu dieser Zeit die Auffassung, die Frankfurter Wirtschaftsförderung GmbH berücksichtige in ausreichendem Umfang die Belange der Region. Unternehmen, die in der Stadt Frankfurt keinen geeigneten Standort finden könnten, würden automatisch in die Umlandgemeinden vermittelt, um die wirtschaftliche Entwicklung in der Region zu fördern und Unternehmen nicht an andere nationale und internationale Regionen zu verlieren. Frankfurt signalisierte dennoch seine Zustimmung zu dem Vereinsprojekt mit dem Argument, daß es nichts zusätzlich koste und keine zusätzliche Administration damit verbunden sei.[352] Dem europäischen regionalen Wettbewerb sollte entgegengewirkt und die innerregionale Zusammenarbeit gefördert werden. Hierzu ist festzustellen, daß die Kommunen ihr eigenes Profil bewahren, jedoch von den regionalen Standortvorteilen der Region profitieren wollten.

7. Mitglieder in der Gründungsphase

In der Gründungsphase wollten neun Kommunen und zwei Landkreise dem Verein definitiv beitreten. Neben dem UVF planten Frankfurt, Offenbach, Bad Vilbel, Dreieich, Königstein, Eschborn, Maintal, Hanau und Kelsterbach sowie die Kreise Hochtaunuskreis und Main-Taunus-Kreis den Beitritt.[353] Hierbei handelte es sich fast ausschließlich um dem Umlandverband angehörende Gemeinden und Kreise. Mitglieder des Umlandverbandes Frankfurt, die dem Wirtschaftsförderungsverein beitraten, hatten gemäß der Vereinbarung keine zusätzlichen finanziellen Beiträge zu leisten. Von außerhalb des Verbandsgebiets kam lediglich die Stadt Hanau hinzu, die einen Mitgliedsbeitrag zu bezahlen hatte. Die geringe Mitgliederanzahl des Wirtschaftsförderungsvereins könnte als

---

350 Vgl. o.V. (1994): Schoeler will keine neue Wirtschaftsförder-Instanz, in: FAZ vom 28.4.1994.

351 Vgl. o.V. (1994): Schoeler will keine neue Wirtschaftsförder-Instanz, in: FAZ vom 28.4.1994.

352 Vgl. o.V. (1994): Städte und Kreise wollen kooperieren - Verein für Wirtschaftsförderung, in: FAZ vom 25.11.1994.

353 Vgl. o.V. (1994): Anlaufstelle für Unternehmen. Wirtschaftsförderungsverein für gesamte Region geplant, in: FAZ vom 27.5.1994.

Indiz gelten, daß Mitglieder des Umlandverbandes Frankfurt Ressentiments hatten, dem Verein beizutreten, obwohl dies für sie ohne zusätzliche finanzielle Belastungen möglich gewesen wäre.

6.3.2. Bestandsaufnahme des Wirtschaftsförderungsvereins

Aufgrund der Initiative des Umlandverbandes Frankfurt wurde der Wirtschaftsförderungsverein am 24.10.1995 gegründet[354] und ist nunmehr seit drei Jahren tätig. Im folgenden soll ein aktuelle Bestandsaufnahme des Vereins erfolgen mit der Absicht, Unterschiede zur Gründungsphase festzustellen (so beispielsweise bezüglich der territorialen Abgrenzung, Aktionsfelder etc.). Die Ergebnisse dienen als Grundlage für die Bewertung des Vereins.

6.3.2.1. Mitglieder des Wirtschaftsförderungsvereins

Während bei der Gründung des Wirtschaftsförderungsvereins nur neun Kommunen und zwei Landkreise dem Verein beitraten, steigt die Mitgliederanzahl derzeit kontinuierlich an. Ein deutlicher Mitgliederanstieg ist insbesondere 1998 festzustellen. Während am 9. März 1998 51 Städte und Gemeinden, der UVF, 6 Landkreise, 9 Kammern /Verbände/regionale Zusammenschlüsse, 4 Unternehmen aus dem Bereich Infrastruktur sowie 3 Hochschulen (Universitäten und Fachhochschulen) dem Verein als Mitglieder angehörten, konnte am 12. November 1998 eine Zunahme der Städte und Gemeinden auf 71 registriert werden. Dies entspricht einer prozentualen Zunahme von Städten und Kommunen von 39% in 8 Monaten. Auffällig ist der konzentrierte Anstieg der Mitglieder von Gemeinden des Rheingau-Taunus-Kreises. Von 20 neuen Mitgliedern stammen 16 aus dem Rheingau-Taunus-Kreis.[355] Eine deutliche Zunahme ist somit im westlichen Randgebiet des Verdichtungsraums Rhein-Main zu registrieren. Dies könnte als Indiz dafür gelten, daß der Wirtschaftsförderungsverein zunehmend um Mitglieder aus Randgebieten wirbt, um zusammen mit ihnen eine Stärkung des suburbanen Raums zu erzielen.
Neben den kreisfreien Städten Frankfurt und Offenbach, die dem Verein seit seiner Gründung angehörten, ist lediglich eine zusätzliche kreisfreie Stadt als Mitglied dem Verein beigetreten, die Stadt Mainz.

---

354 Vgl. o.V. (1995): Gemeinsame Wirtschaftsförderung in der Region, in: FAZ vom 25.10.1995 und vgl. Umlandverband Frankfurt (1997a): Tätigkeitsbericht 1996. S. 15.

355 Im einzelnen handelt es sich um folgende Gemeinden des Rheingau-Taunus-Kreises: Aarbergen, Eltville am Rhein, Geisenheim, Heidenrod, Hohenstein, Hühnstetten-Wallbach, Idstein, Kiedrich, Lorch, Niedernhausen, Oestrich, Winkel, Rüdesheim am Rhein, Schlangenbad, Taunusstein, Waldems, Walluf.

Ein Vergleich der Mitglieder im Wirtschaftsförderungsverein mit der Anzahl von Gemeinden im Ordnungsraum zeigt folgendes Bild. Im Ordnungsraum gibt es 220 Gemeinden.[356] Im Wirtschaftsförderungsverein sind bis auf zwei Ausnahmen (hierbei handelt es sich um Alzey und Waldsolms) nur Gemeinden des Ordnungsraums Rhein-Main vertreten, und zwar von insgesamt 220 Gemeinden im Ordnungsraum Rhein-Main 69 Vollmitglieder im Wirtschaftsförderungsverein; dies entspricht 31%. Die übrigen hessischen Gemeinden haben lediglich eine indirekte Mitgliedschaft über Landkreise bzw. regionale Zusammenschlüsse (vgl. Abb. 6.2).
Unter den kommunalen Mitglieder ist keine bayerische Gemeinde und nur drei Gemeinden aus Rheinland-Pfalz (Bingen, Mainz und Sprendlingen-Gensingen).[357]

Hierzu sind zwei Anmerkungen zu machen:

1. Um eine Koordinierung und Stärkung der innerregionalen Zusammenarbeit zu fördern, reicht es nicht aus, wenn lediglich 31% der Gemeinden des Ordnungsraums dem Verein als Vollmitglieder angehören.
2. Alzey und Waldsolms sind Gemeinden außerhalb des Ordnungsraums. Der Aufbau einer regionalen Identität kann durch Beitritte von Gemeinden außerhalb des Ordnungsraums geschwächt werden.
3. Im Ordnungsraum Rhein-Main liegen sechs kreisfreie Städte, Darmstadt (Hessen), Frankfurt (Hessen), Offenbach (Hessen), Wiesbaden (Hessen), Aschaffenburg (Bayern) und Mainz (Rheinland-Pfalz). Die Hälfte der kreisfreien Städte sind Mitglieder im Wirtschaftsförderungsverein. Hierzu zählen Frankfurt, Offenbach und neuerdings auch Mainz. Konflikten zwischen Stadt und Umland kann jedoch nur dann entgegengewirkt werden, wenn alle kreisfreien Städte Mitglieder sind, d.h. auch Wiesbaden, Aschaffenburg und Darmstadt.

Hieraus geht hervor, daß jede Stadt und Gemeinde, die sich der Region Rhein-Main bzw. dem Wirtschaftsförderungsverein zugehörig fühlt, ihm beitreten kann. Ein einheitliches Schema für die Zusammensetzung des Vereins Wirtschaftsförderung besteht nicht (Stand Dezember 1998). Dieser Aspekt steht in Zusammenhang mit der Organisationsform eines eingetragenen Vereins, die keine dauerhafte Verpflichtung und Bindung seiner Mitglieder impliziert. Unter Berücksichtigung dieses Aspekts ist es fraglich, ob die Organisationsform eines eingetragenen Vereins dazu beiträgt, eine regionale Identität aufzubauen.

---

356 Vgl. Bördlein, Ruth (1993), S. 52.

357 Vgl. Mitgliederverzeichnis der Wirtschaftsförderung Region Frankfurt/Rhein-Main im Anhang 3.

Abbildung 6.2: Kommunale Mitglieder der Wirtschaftsförderung Region Frankfurt/Rhein-Main (Stand November 1998)

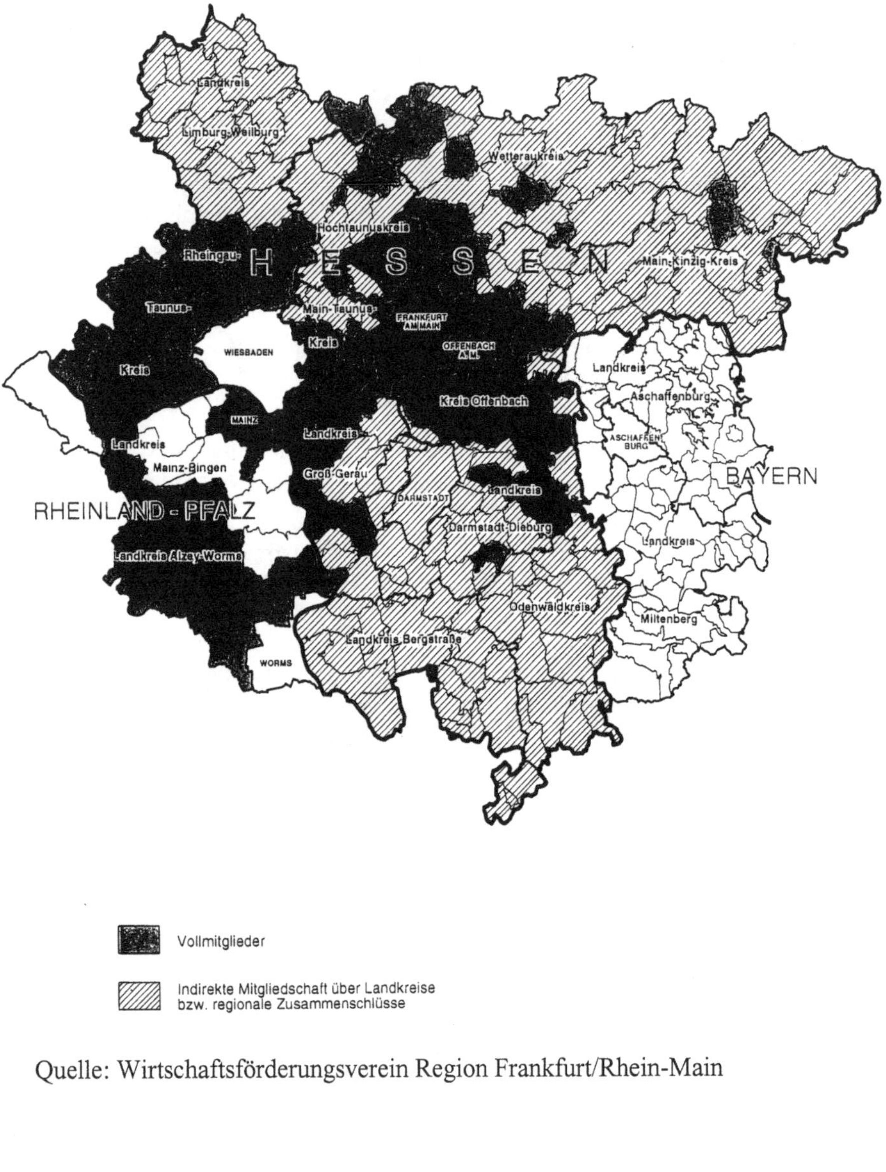

Quelle: Wirtschaftsförderungsverein Region Frankfurt/Rhein-Main

6.3.2.2. Ziele des Wirtschaftsförderungsvereins

Der Wirtschaftsförderungsverein verfolgt die Absicht, die wirtschaftliche Entwicklung der Region Rhein-Main zu fördern und zu einer langfristigen Stärkung ihrer Wirtschaftskraft beizutragen. Der Verein hat sich das Ziel gesetzt, "nach innen" die Standortbedingungen der Region zu verbessern, "nach außen" als Ansprechpartner für ansiedlungsinteressierte Unternehmen tätig sowie für die Vermarktung des Standorts zuständig zu sein.[358] Schwerpunkte seiner Tätigkeit liegen in der Standortberatung sowie der Standortwerbung.[359]

Für die wirtschaftliche Stärkung der Region soll insbesondere die wirtschaftliche Position der Zielgruppe des Vereins, nämlich der Kommunen, verbessert werden. "Zweck des Vereins ist die Koordinierung und Stärkung der Mitglieder auf dem Gebiet der Wirtschaftsförderung in der Region Rhein-Main sowie die Durchführung gemeinsamer Maßnahmen, die der Förderung der wirtschaftlichen Entwicklung im Rhein-Main-Gebiet und der Stärkung der wirtschaftlichen Position der Mitglieder dienen."[360] Dieses Vorgehen wurde gewählt, um der zunehmenden Konkurrenz zwischen den europäischen Regionen durch innerregionale Kooperation entgegenzutreten.

Der Wirtschaftsförderungsverein setzt sich dafür ein, innerregionale Kräfte zu bündeln, um wirtschaftspolitische Ziele besser realisieren zu können. Dies geschieht unter Berücksichtigung des Subsidiaritätsprinzips; d.h. der Wirtschaftsförderungsverein ist für Bereiche aktiv, die von der kommunalen Wirtschaftsförderung nur unzureichend bearbeitet werden können. Hierbei handelt es sich insbesondere um das regionale Gewerbeflächenmangement sowie die internationale Standortwerbung der Region Rhein-Main. Der Wirtschaftsförderungsverein ersetzt somit nicht die kommunale Wirtschaftsförderung, sondern ergänzt sie. Hierbei ist er von der Unterstützung durch die kommunale Wirtschaftsförderung abhängig. An ihn müssen Informationen, beispielsweise über Gewerbeflächen-Angebote der Kommunen, die sich im Zeitablauf verändern, weitergegeben werden. Aber auch Informationen, welche für die internationale Vermarktung des regionalen Standorts notwendig sind, so beispielsweise Informationen über Arbeitsmarktdaten, die aus unterschiedlichen Bundesländern zusammengetragen werden müssen, sollen ihm von den Kommunen zur Verfügung gestellt werden, damit seine Funktionstüchtigkeit gewahrt bleibt. Der Wirtschaftsförde-

---

[358] Der Wirtschaftsförderungsverein versucht der Forderung des Innen- und Außenmarketings zu entsprechen, vgl. hierzu Kap. 3.7.2.2

[359] Vgl. Umlandverband Frankfurt (1997a): Tätigkeitsbericht 1996. S. 15.

[360] Wirtschaftsförderung Region Frankfurt/Rhein-Main e.V. (1995): Satzung der Wirtschaftsförderung Region Frankfurt/Rhein-Main vom 24. Oktober 1995, § 2.

rungsverein kann somit als Informationsplattform für Kommunen und ansiedlungsinteressierte Unternehmen bezeichnet werden.

Der in Kapitel 5.2.2. erwähnte Streit zwischen der Stadt Frankfurt und Bad Vilbel verdeutlicht, daß die Wirtschaftsförderung Frankfurt/Region Rhein-Main keine Eingriffsmöglichkeiten hat, innerregionale Konflikte der Kommunen zu lösen. Der aktive Handlungsspielraum ist mangels Durchsetzungskompetenz begrenzt. Lediglich eine Initialfunktion zur Harmonisierung der Interessendivergenzen wäre möglich. Im genannten Fall ist es höchst unwahrscheinlich, daß die international renommierte Stadt Frankfurt sich von einer regionalen Wirtschaftsförderung beraten läßt. Somit ist die Frage zu stellen, inwiefern die Wirtschaftsförderung Region Frankfurt/Rhein-Main regionale Belange des Gewerbeflächenmanagements vertreten kann, wenn sie keine Möglichkeiten hat, die jeweiligen Interessen auch tatsächlich zu berücksichtigen und ggf. auch durchzusetzen. Festzustellen ist, daß sie lediglich eine Informationsfunktion in bezug auf das Gewerbeflächenmanangement ausüben kann. Diese kann jedoch nur dann zur Geltung kommen, wenn alle Mitglieder sich bereit erklären, die notwendigen Informationen auch zur Verfügung zu stellen. Hieraus ist zu schließen, daß der Wirtschaftsförderungsverein von der Unterstützungsleistung der Kommunen in bezug auf die Informationsbereitstellung abhängig ist.

Das Ziel der Stärkung der regionalen Wirtschaftskraft kann in folgende konkrete Unterziele gegliedert werden: Bekämpfung der Arbeitslosigkeit sowie die Verfolgung des Wachstums- und Stabilitätsziels.[361] Bei einer Arbeitslosenquote von durchschnittlich 10% im Gebiet des Umlandverbandes[362] ist die Bekämpfung der Arbeitslosigkeit ein Hauptanliegen der Wirtschaftsförderung Region Frankfurt/Rhein-Main.[363] Da die Wirtschaftsförderung Region Frankfurt/Rhein-Main kein Durchsetzungspotential hat, kommt ihr lediglich eine Initialfunktion zu. Sie kann nur Impulse und Anregungen geltend machen, die zu einer Verbesserung der regionalen Standortfaktoren beitragen. So ist der Verein auch kein Maßnahmenträger zur Förderung des Arbeitsmarkts, sondern versucht,

---

361 Vgl. hierzu Kapitel 3.

362 Vgl. Umlandverband Frankfurt (1998b): Statistik-Trends. Region Frankfurt Rhein-Main (10/1998), S.12. Die Berechnung der Arbeitslosenquote bezieht sich nur auf den hessischen Teil der Region sowie nur auf den Anteil der Arbeitslosen an der Summe der sozialversicherungspflichtig Beschäftigten am Wohnort, da die anderen Daten (Beamte und geringfügig Beschäftigte) nicht verfügbar sind. Für das Gebiet des Wirtschaftsförderungsvereins ist die Arbeitslosenquote dementsprechend nicht zu ermitteln. Dies zeigt das Problem der Informationsbeschaffung, weil das Gebiet des Wirtschaftsförderungsvereins unterschiedlicher Bundesländer abdeckt.

363 Vgl. Umlandverband Frankfurt (1998a): Tätigkeitsbericht 1997. S. 23.

ebenso wie im Bereich des Gewerbeflächenmanagements, als Informationsforum zu wirken, um seine Initialfunktion auszuüben.

6.3.2.3. Wirtschaftsförderungsverein als Informationsforum

6.3.2.3.1. Gewerbeflächenmanangement

Der Wirtschaftsförderungsverein sieht seine Hauptaufgabe im Gewerbeflächenmanangement, d.h. in dem Aufgabenbereich, für den er auch gegründet wurde. Er versteht sich als Clearing-Stelle für die Standortberatung und übt somit eine Koordinationsfunktion aus. Dafür errichtete der Verein eine Informationssammelstelle für gewerbliche Angebote, "um einerseits gegenüber der nachfragenden Wirtschaft als zentraler Ansprechpartner in der Region Rhein-Main zu wirken und andererseits allen Mitgliedern Zugang zu der auf die Region zukommenden Nachfrage zu ermöglichen."[364] Im Wirtschaftsförderungsverein eingehende Flächenanfragen von ansiedlungsinteressierten Unternehmen oder Standortverlagerungswünsche werden an alle Mitgliedsstädte und -gemeinden zeitgleich per Telefax weitergegeben, um eine Gleichbehandlung sicherzustellen. Die Mitglieder können den potentiellen Investoren geeignete Grundstücksangebote direkt oder aber über die Geschäftsstelle des Wirtschaftsförderungsvereins unterbreiten. Mit diesem Vorgehen soll sichergestellt werden, daß anfragenden Unternehmen innerhalb einer Woche adäquate Gewerbestandorte in der Region Rhein-Main vermittelt werden können. Im Internet unterhält der Verein zusätzlich eine weltweit abrufbare Flächenbörse. Das Angebot des Vereins an Gewerbeflächen beläuft sich auf ca. 350 ha.[365] In seiner Funktion als Informationssammelstelle für Gewerbeflächen trägt der Verein zu einer breiten Ausschöpfung für standortsuchende Unternehmen bei und ist in der Lage, für praktisch jede unternehmerische Nutzung adäquate Flächen anzubieten.

Es fällt auf, daß die Flächenangebote des Wirtschaftsförderungsvereins keine Informationen über die Stadt Frankfurt enthalten. Standortinteressierte Unternehmen werden darauf hingewiesen, ihre Anfragen direkt an die Stadt Frankfurt zu richten.[366] Daraus kann man ableiten, daß die Stadt Frankfurt, die von An-

---

[364] Wirtschaftsförderung Region Frankfurt/Rhein-Main e.V. (1995): Satzung der Wirtschaftsförderung Region Frankfurt/Rhein-Main vom 24. Oktober 1995, § 2.

[365] Vgl. Umlandverband Frankfurt Frankfurt (1998a): Tätigkeitsbericht 1997. S. 23.

[366] Vgl. Wirtschaftsförderung Region Frankfurt/Rhein-Main e.V. (1996b): Gewerbliche Flächenangebote in den Mitgliedsstädten und –gemeinden des Vereins Wirtschaftsförderung Region Frankfurt/Rhein-Main.

fang an Vorbehalte gegen den Wirtschaftsförderungsverein hatte,[367] Bedenken und Probleme hat, Informationen über Gewerbeflächen dem Wirtschaftsförderungsverein zur Verfügung zu stellen. Aus der Perspektive standortsuchender Unternehmen ist dieser Sachverhalt wenig nachvollziehbar, da hieraus Unsicherheit über Zuständigkeiten entsteht. Darüber hinaus wird auf diese Weise kein Beitrag zur gemeinsamen Außendarstellung erzielt, um eine regionale Identität aufzubauen. Es ist zudem fraglich, warum die Stadt Frankfurt Mitglied im Wirtschaftsförderungsverein ist, wenn sie diesem Informationen vorenthält und ihrer notwendigen kommunalen Unterstützungsleistung nicht nachkommt. Der Verdacht einer „Quasi Mitgliedschaft" der Stadt Frankfurt könnte auftreten.

6.3.2.3.2. Standortmarketing

Ein regionales Standortmarketing muß der Anforderung genügen, die Region nach innen und außen in ihrer Bedeutung als attraktiven und leistungsfähigen Wirtschaftsstandort in der Öffentlichkeit darzustellen. Hierzu ist ein koordiniertes Vorgehen notwendig, um einerseits das Regionalbewußtsein, u.a. von Kommunen und Unternehmen, zu fördern, und andererseits die vorhandenen ökonomischen Ressourcen (Personal, Zeit, Sachmittel) sparsam einzusetzen. Mit Maßnahmen des regionalen Standortmarketings wird die Absicht verfolgt, ein regionales Verantwortungsbewußtsein für die Zukunft der Region Rhein-Main zu entwickeln. Der Wirtschaftsförderungsverein konzentriert seine Aktivitäten im Bereich des Standortmarketings darauf, regionales Informationsmaterial zur Verfügung zu stellen, was im folgenden erläutert wird.

6.3.2.3.3. Wirtschaftsstrukturanalysen

Inhalt der Wirtschaftsstrukturanalysen ist die Kurzdarstellung der Mitgliedsstädte und –gemeinden in bezug auf Schwerpunktbereiche. Beispielhaft ist die Stadt Eschborn anzuführen, die als Bürostandort am Frankfurter Stadtrand bezeichnet wird, in der konzentriert Unternehmen aus dem Consulting- sowie High-Tech-Bereich angesiedelt sind. Die Wirtschaftsstrukturanalysen beinhalten neben einer Kurzdarstellung der Städte und Gemeinden die Interpretation von Kennzahlen, so z.B. in bezug auf Fläche, Einwohner, Veränderung der Einwohnerzahl in %, sozialversicherungspflichtig Beschäftigte an einem Stichtag, Dienstleistungsanteil 1987 in % der Gesamtbeschäftigten, Gewerbesteuer-Hebesatz.[368]

---

367 Vgl. o.V. (1994): Schoeler will keine neue Wirtschaftsförder-Instanz, in: FAZ vom 28.4.1994.

368 Vgl. Wirtschaftsförderung Region Frankfurt/Rhein-Main e.V. (1998c): Wirtschaftsstrukturanalysen für die Mitgliedsstädte und –gemeinden des Vereins Wirtschafts-

Standortsuchende Interessenten erhalten auf der Grundlage dieser Wirtschaftsstrukturanalysen eine detaillierte Übersicht mit Indikatoren des jeweiligen regionalen Standorts. Hier ist noch einmal darauf hinzuweisen, daß die Wirtschaftsstrukturanalysen sich lediglich auf Mitglieder des Wirtschaftsförderungsvereins beziehen und nicht den vollständigen Ordnungsraum Rhein-Main abdecken. Seinem Namen nach, Wirtschaftsförderung Region Frankfurt/Rhein-Main e.V., müßten alle Kommunen, die aus Überlegungen der Raumordnung der Region Rhein-Main zuzuordnen sind, auch dem Verein angehören. Dies ist jedoch nicht der Fall, was zu einer Verunsicherung bei Unternehmen hinsichtlich des regionalen Standorts führt und einer gemeinsamen Außendarstellung entgegensteht.

6.3.2.3.4. Arbeitsmarkt- und Beschäftigungsförderung in der Region

Nicht nur auf Bundesebene, sondern auch auf regionaler und kommunaler Ebene ist die Bekämpfung der Arbeitslosigkeit ein primäres Ziel von Wirtschaftsförderungsinstitutionen. Auch in der Region Frankfurt Rhein-Main hat diese Aufgabe der Wirtschaftsförderung erste Priorität.

Der Wirtschaftsförderungsverein stellt Informationen über Arbeitsmarkt- und Beschäftigungsförderung in der Region Rhein-Main zusammen, um transparent zu machen, wie in der Region der hohen Arbeitslosigkeit und dem Anstieg der Sozialausgaben der Kommunen entgegengewirkt werden kann. Die Projekte wurden nach Schwerpunkten folgenden Teilbereichen zugeordnet:[369]

1. Förderung von Jugendlichen im Übergang von Schule zu Beruf
2. Qualifizierung und Bewerbertraining
3. Einsatz für gemeinnützige/kommunale Aufgaben
4. Einstieg in den ersten Arbeitsmarkt
5. Sonstige Arbeitsmarktinitiativen

Für die Auswertung des statistischen Materials sind nicht nur die Mitarbeiter des Wirtschaftsförderungsvereins zuständig, sondern auch das Personal der statistischen Abteilung des Umlandverbandes Frankfurt. In der Satzung des Wirtschaftsförderungsvereins vom 24. Oktober 1995, § 7 (1), wird die Verzahnung zwischen dem Umlandverband Frankfurt und dem Wirtschaftsförderungsverein konkretisiert. Hieraus ist zu erkennen, daß der UVF per Satzung deutlichen Einfluß auf den Wirtschaftsförderungsverein nehmen kann. "Der Vorstand des Ver-

---

förderung Region Frankfurt/Rhein-Main. Stand Juli 1998. Die aufgeführten Kennzeichen wurden für alle Mitgliedsstädte und -gemeinden zusammengestellt.

369 Vgl. Wirtschaftsförderung Region Frankfurt/Rhein-Main e.V. (1998d): Projekte zur Arbeitsmarkt- und Beschäftigungsförderung in der Region Rhein-Main, S. 3-4.

eins besteht aus dem Vorsitzenden, fünf stellvertretenden Vorsitzenden, dem Verbandsdirektor des Umlandverbandes Frankfurt als geschäftsführendes Vorstandsmitglied, dem Dezernenten für Wirtschaftsförderung des Umlandverbandes Frankfurt – sofern der Verbandsdirektor des Umlandverbandes diese Funktion nicht selbst wahrnimmt...."[370] Somit ist die in der Gründungsphase beabsichtigte personelle Verzahnung beider Institutionen realisiert worden. Ob das bestehende Abhängigkeitsverhältnis positiv für den Wirtschaftsförderungsverein und somit für die Region Rhein-Main bewertet werden kann, ist fraglich. Die dem Umlandverband Frankfurt anhaftende Charakterisierung als "zahnloser Tiger" kann möglicherweise auf den Wirtschaftsförderungsverein übertragen werden. Unterstützt wird diese Anmerkung durch die Organisationsform eines eingetragenen Vereins, die keine Durchsetzungskompetenz ermöglicht.

6.3.2.4. Verbesserung der Rahmenbedingungen durch Beschleunigung von Genehmigungsverfahren

Als Beispiel eines Beitrags des Wirtschaftsförderungsvereins zur Verbesserung der Rahmenbedingungen sind dessen Bemühungen um Beschleunigung der Genehmigungsverfahren zu nennen. Dieser Versuch des Wirtschaftsförderungsvereins, die starren Verwaltungsstrukturen in der Region zu überwinden, war erfolgreich.[371]

Im Rahmen einer Selbstverpflichtung erklärten die Baudezernenten der kreisfreien Städte sowie mehrerer Landkreise als Ziel, gewerbliche Baugenehmigungen innerhalb von drei Monaten zu erteilen.[372] Durch Verbesserungen der Genehmigungsverfahren versucht der Wirtschaftsförderungsverein die Attraktivität des Investitionsstandorts zu erhöhen. Mit dieser Maßnahme soll auch das Selbstverständnis der Baubehörden in der Region so verändert werden, daß sie sich als Dienstleister sehen.[373] Dieses als "Offenbacher Modell" bezeichnete Konzept enthält die Forderung, daß Behörden bereits vor Antragstellung die Antragsunterlagen auf Vollständigkeit überprüfen und die Anträge gebündelt bearbeitet werden.[374]

---

370 Wirtschaftsförderung Region Frankfurt/Rhein-Main (1995): Satzung der Wirtschaftsförderung Region Frankfurt/Rhein-Main vom 24. Oktober 1995, § 7.

371 Vgl. o.V. (1995): Unternehmen und Staat vereint für die Region, in: FAZ, vom 13.12.1995.

372 Vgl. Umlandverband Frankfurt Frankfurt (1997a): Tätigkeitsbericht 1996. S. 16.

373 Vgl. o.V. (1996): Baugenehmigungen als Service. In der Region Rhein-Main soll schneller entschieden werden, in: FAZ vom 20.6.1996.

374 Vgl. Wirtschaftsförderung Region Frankfurt/Rhein-Main e.V. (1996d): Leitfaden zur Beschleunigung von Genehmigungsverfahren, unveröffentlichtes Manuskript S. 1. Die dreimonatige Bearbeitungsfrist hat jedoch für Bauvorhaben, wie Krankenhäuser, Hochhäuser oder Bauvorhaben auf Altlasten keine Gültigkeit.

6.3.3. Kritische Anmerkungen zum Wirtschaftsförderungsverein

1. Veränderungen der Mitgliederzahl

Ob die Maßnahmen ausreichen, den Aufgaben der regionalen Wirtschaftsförderung laut Satzung des Vereins gerecht zu werden, hängt vor allem von dem Anforderungsprofil der Mitglieder ab.

Als mögliches Indiz für die Befürwortung der regionalen Ausrichtung ist der Anstieg der Mitgliederzahlen anzuführen. Während bei der Gründung 1995 neben dem UVF neun Kommunen und zwei Landkreise als Mitglieder zu verzeichnen waren,[375] konnten am 12. November 1998 neben dem Umlandverband Frankfurt 71 Städte und Gemeinden, 6 Landkreise, 9 Kammern/ Verbände/regionale Zusammenschlüsse, 4 Unternehmen aus dem Bereich Infrastruktur, 4 Hochschulen (Universitäten und Fachhochschulen) und öffentliche Einrichtungen[376] registriert werden.

Festzustellen ist eine deutliche Diskrepanz zwischen der Anzahl der kommunalen Vollmitglieder (71) und der Anzahl der Kommunen im Ordnungsraum (220). Eine durchgreifende Innen- und Außenwirkung des regionalen Wir-Gefühls sowie die Identifikation mit der Region Rhein-Main ist jedoch nur dann zu erreichen, wenn die Zahl der kommunalen Mitglieder des Wirtschaftsförderungsvereins weiter deutlich steigt, so daß der Ordnungsraum Rhein-Main abgedeckt wird.

2. Abhängigkeitsverhältnis zwischen dem Umlandverband Frankfurt und der Wirtschaftsförderung Region Frankfurt/Rhein-Main

Die organisatorischen und personellen Verflechtungen zwischen dem Umlandverband Frankfurt und der Wirtschaftsförderung Region Frankfurt Rhein-Main bestehen seit der Gründung. Dies kann neben der bereits erläuterten personellen und räumlichen Verzahnung dadurch belegt werden, daß z.B. die Tätigkeitsberichte des Umlandverbandes Frankfurt 1997 und 1998 auch Maßnahmen der Wirtschaftsförderung Region Frankfurt Rhein-Main beinhalten, obwohl die Aufgabenbereiche des Umlandverbandes Frankfurt hinsichtlich der regionalen Wirtschaftsförderung, Standortberatung und Standortwerbung am 24.10.1995

---

375 Vgl. o.V. (1994): Anlaufstelle für Unternehmen. Wirtschaftsförderungsverein für gesamte Region geplant, in: FAZ vom 27.5.1994.

376 Im Anhang 3 sind alle Mitglieder des Wirtschaftsförderungsvereins aufgelistet. Stand 12. November 1998.

auf den Wirtschaftsförderungsverein übertragen wurden. [377] Hierdurch können z.B. aus der Perspektive von Unternehmen Probleme auftreten, wer für die Wirtschaftsförderung zuständig ist, der Verein oder der UVF. Eine striktere Trennung zwischen dem Umlandverband Frankfurt und dem Wirtschaftsförderungsverein wäre sinnvoll, um Unsicherheiten in bezug auf Zuständigkeiten zu verhindern. Eine exakte Trennung zwischen beiden Institutionen ist aber von Seiten des Umlandverbandes Frankfurt nicht gewollt, da es in seinem Interesse liegt, die Maßnahmen des Wirtschaftsförderungsvereins zu beeinflussen. Diesen Einfluß räumt ihm die Satzung des Vereins auch ein.

3. Gewerbeflächenmangement

In Kapitel 5.2.2. wurde im Zusammenhang mit der Suburbanisierung des tertiären Sektors als Beispiel der Streit zwischen Frankfurt und Bad Vilbel genannt. Obwohl der Verein sich als Clearing-Stelle im Bereich des Gewerbeflächenmanagements versteht, wurde er in diesem Streitfall nicht zu Rate gezogen. Dieser Sachverhalt hängt damit zusammen, daß dem Wirtschaftsförderungsverein die Durchsetzungskompetenz fehlt, um zur Lösung möglicher Konflikte zwischen den kommunalen Mitgliedern beitragen zu können. Aus diesem Streit resultiert für die Region Rhein-Main eine negative Außenwirkung.

4. Statistische Auswertungen von Kennzahlen des Wirtschaftsförderungsvereins

Durch die laufenden Veränderungen in der Zahl der kommunalen Mitglieder und die damit verbundenen Änderungen der Anzahl der Einwohner und Arbeitsstätten im Arbeitsbereich des Wirtschaftsförderungsvereins ist die Beschaffung und Auswertung von statistischen Daten sehr erschwert. Vor allem die unterschiedlichen Bezugsräume (drei Bundesländer) und das damit verbundene Problem der Vergleichbarkeit aufgrund verschiedener Erhebungskriterien wirken sich negativ aus. Das Mitgliederverzeichnis wird in kurzen Abständen (quartalsweise) aktualisiert.

Veränderungen bzgl. der Mitglieder des Wirtschaftsförderungsvereins beeinträchtigen den Aufbau einer regionalen Identität sowie einer gemeinsamen Außendarstellung. Dies erschwert die Entwicklung eines regionalen "Wir-Gefühls" und birgt die Gefahr, den Kommunalegoismus zu verstärken.

---

377 Vgl. Umlandverband Frankfurt (1997a): Tätigkeitsbericht 1996, S. 15-16, und Umlandverband Frankfurt (1998a): Tätigkeitsbericht 1997, S. 23-24.

6.4. Wirtschaftsinitiative Frankfurt Rhein-Main e.V.

6.4.1. Gründungsphase

Ende 1995, kurze Zeit nach der Gründung des Wirtschaftsförderungsvereins, wurden Überlegungen vertieft, eine weitere Wirtschaftsförderungsinstitution aufzubauen, deren Träger regionale Unternehmen sein sollten. Ziel war eine Imageverbesserung für die Region und die Entwicklung von Visionen für den Wirtschaftsraum. Initiatoren dieser Pläne waren leitende Mitarbeiter der Flughafen Frankfurt/Main AG, der Messe Frankfurt GmbH und der Stadt Frankfurt. Die Gründung der als Wirtschaftsforum, d.h. als Plattform für die gesamte Wirtschaft des Rhein-Main Gebiets[378] bezeichneten Wirtschaftsinitiative Frankfurt Rhein-Main e.V. erfolgte am 6.5.1996.[379]

1. Ziele der Initiative

Definition und Zielenvorgaben der Wirtschaftsinitiative Frankfurt Rhein-Main e.V. waren unklar. Die Gründungsmitglieder erklärten, daß zunächst keine konkreten Ziele definiert werden sollten. "Welche Ziele konkret angegangen werden sollen und welche Veränderungen angestrebt werden, soll gemeinsam mit den Mitgliedern erarbeitet werden. Wir spulen kein fertiges Programm ab", so Wilhelm Bender (Vorstandsvorsitzender der Flughafen Frankfurt am Main).[380] Die Akquisition internationaler Unternehmen wurde jedoch als grundsätzliches Anliegen genannt.

2. Gründungsmitglieder der Initiative

Unter den 39 Gründungsmitgliedern[381] waren international tätige Konzerne, wie z.B. der Hoechst-Konzern, Großbanken (Deutsche Bank, Dresdner Bank und Commerzbank) sowie Verkehrsgesellschaften (Frankfurter Flughafen und Deutsche Bahn AG).[382]

---

378 Vgl. o.V. (1995): Unternehmen und Staat vereint für die Region, in: FAZ vom 13.12.1995.

379 Vgl. o.V. (1996): Unternehmen ergreifen Initiative für Rhein-Main, in: FAZ vom 7.5.1996 und o.V. (1996): Wirtschaftsinitiative Rhein-Main will das Regionalbewußtsein stärken, in: Nassauische Neue Presse vom 16.8.1996.

380 Vgl. o.V. (1996): Unternehmen ergreifen Initiative für Rhein-Main, in: FAZ vom 7.5.1996 und vgl. o.V. (1996): Wirtschaftsinitiative Rhein-Main gegründet, in FAZ vom 7.5.1996.

381 Vgl. o.V. (1996): Unternehmen ergreifen Initiative für Rhein-Main, in: FAZ vom 7.5.1996.

382 Vgl. o.V. (1996): Unternehmer werben für Rhein-Main-Gebiet, in: Handelsblatt vom 7.5.1996.

3. Territoriale Abgrenzung

Als Tätigkeitsbereich der Wirtschaftsinitiative wurde das Gebiet zwischen Aschaffenburg und Mainz, Darmstadt und Gießen gewählt.[383] Der Abgrenzung des Funktionsbereichs der Wirtschaftsinitiative wurde also wiederum eine andere Definition zugrundegelegt als beim Umlandverband Frankfurt und dem Wirtschaftsförderungsverein.
Die Gebietsabgrenzung der Wirtschaftsinitiative bezieht sich maßgeblich auf den Ordnungsraum Rhein-Main. Es werden aber auch Unternehmen als Mitglieder aufgenommen, die außerhalb des Ordnungsraums ansässig sind, z.B. aus Gießen.

6.4.2. Zweck und Aufgaben der Wirtschaftsinitiative

Die Wirtschaftsinitiative Frankfurt Rhein-Main ist eine private Initiative bedeutender, in der Region Rhein-Main ansässiger Unternehmen.[384] Mitglieder haben einen Jahresbeitrag von DM 10.000 zu leisten. Zweck der Wirtschaftsinitiative ist "die Förderung und Weiterentwicklung der Region Rhein-Main in den für die Mitglieder relevanten Bereichen der Wirtschaft sowie der gesellschaftlichen und kulturellen Rahmenbedingungen"[385]. Mitglieder versuchen, nach innen zu einer Identifikation der Unternehmen und der Bevölkerung mit der Region Rhein-Main beizutragen, sowie nach außen die Attraktivität sowie die Leistungsfähigkeit des regionalen Standorts im globalen Wettbewerb zu kommunizieren.[386]

Die Initiative verfolgt den Zweck, Unternehmensinteressen zusammenzufassen, Verbindungen zwischen den Unternehmen herzustellen sowie Strategien zu formulieren, die für die regionale Wirtschaft vorteilhaft sind. Die Standortattraktivität der Region Rhein-Main soll durch die Initiative nach außen transportiert werden. Die Initiative veranstaltet hierzu Informationsforen, Vorträge, Präsentationen und Podiumsdiskussionen, um die Öffentlichkeit zu unterrichten.

Repräsentanten der Wirtschaft sollen gewonnen werden, sich für die Region einzusetzen. Zentraler Aspekt besteht im Standortmarketing für die Region Rhein-Main im internationalen Standortwettbewerb. Internationale Partner von Unternehmen sollen individuell betreut und als weltweit tätige Multiplikatoren für das

---

383 Vgl. o.V. (1996): Wirtschaftsinitiative Rhein-Main gegründet, in: FAZ vom 7.5.1996.

384 Im Anhang 4 befindet sich die Auflistung der Mitglieder der Wirtschaftsinitiative (Stand August 1998).

385 Wirtschaftsinitiative Frankfurt Rhein-Main (1996): Satzung der Wirtschaftsinitiative Frankfurt Rhein-Main, § 2.

386 Vgl. o.V. (1998): Wirtschaftsinitiative Frankfurt Rhein-Main, in: Mitarbeiterzeitung Deutsche Girozentrale. Deutsche Kommunalbank vom März 1998.

Rhein-Main Gebiet gewonnen werden. Durch persönliches Engagement von Unternehmensmitarbeitern sollen die Bedingungen für wirtschaftliche Aktivitäten im Rhein-Main-Wirtschaftsraum verbessert werden. Die geschäftlichen und persönlichen Kontakte zu Unternehmen, Kammerverbänden und international tätigen Institutionen sollen zum Nutzen der Region eingesetzt werden.[387]

Die Initiative strebt somit an, Kräfte des Wirtschaftsraums Rhein-Main zu bündeln, um seine Standortvorteile im Wettbewerb der europäischen Regionen hervorzuheben.[388] Die Wirtschaftsinitiative versteht sich als Impulsgeber für politische Denkanstöße, so z.B. zum Thema, wie eine schlagkräftige Administration des Ballungsraums Rhein-Main aussehen soll,[389] oder wie eine Kulturregion der Region Rhein-Main geschaffen werden kann.

Ein besonderes Anliegen der Wirtschaftsinitiative lag und liegt in dem Aufbau einer Kulturregion Rhein-Main. Hierzu hat sie maßgeblich beigetragen und war als Impulsgeber aktiv. Im Februar 1998 hat sie eine Podiumsdiskussion zum Thema Kulturregion Rhein-Main veranstaltet mit dem Ergebnis, daß eine gemeinsame Selbstdarstellung der kulturellen Institutionen in der Region Rhein-Main angestrebt wird.[390] Im Juli 1998 wurde bereits die Kulturinitiative Rhein-Main e.V. gegründet, welche die Arbeit der kulturellen Einrichtungen und Aktivitäten im Rhein-Main Gebiet fördern soll. Hierzu sollen Kontakte zwischen den kulturellen Einrichtungen unterstützt und Aktivitäten der kulturellen Institutionen koordiniert werden. Zusätzlich wird eine gemeinsame Öffentlichkeitsarbeit erfolgen.[391]

---

387 Vgl. o.V. (1996): Wirtschaftsinitiative Rhein-Main gegründet, in: FAZ vom 7.5.1996.

388 Vgl. o.V. (1996): Unternehmer werben für Rhein-Main-Gebiet, in: Handelsblatt vom 7.5.1996.

389 Vgl. o.V. (1996): Optimismus trotz Fehlschlags, in: FAZ vom 21.11.1996.

390 Vgl. o.V. (1998): Auf der Suche nach einer kulturellen Identität der Region. Eine Podiumsdiskussion der "Wirtschaftsinitiative Frankfurt Rhein-Main" in der Galerie Rotunde des Wiesbadener Kurhauses, in: FAZ vom 6.3.1998, und vgl. o.V. (1998): Eine Kulturregion. Diskussion der "Wirtschaftsinitiative Frankfurt Rhein-Main", in: FAZ vom 5.3.1998.

391 Vgl. o.V. (1998): Kurz berichtet: Neuigkeiten aus der Region, in: Wirtschaftsinitiative. Mitglieder-Informationsforum der Wirtschaftsinitiative Rhein-Main, September 1998, S. 6.

6.4.3. Kritische Anmerkungen zur Wirtschaftsinitiative

1. Abgrenzung

Die Wirtschaftsinitiative hat folgende territoriale Abgrenzung für ihren Wirkungsbereich gewählt: von Bad Kreuznach im Westen bis zum Main-Kinzig-Kreis, Aschaffenburg und Miltenberg im Osten und von Limburg im Nordwesten bis zum Odenwald im Südosten.[392] Dies weicht von dem ursprünglich geplanten Gebiet ab, was als Indiz dafür gesehen werden kann, daß während der Gründungsphase Uneinigkeit über die Gebietsabgrenzung der Initiative bestand. Des weiteren ist festzustellen, daß es keine Absprachen zwischen dem Wirtschaftsförderungsverein und der Wirtschaftsinitiative in bezug auf eine einheitliche Abgrenzung der Region Rhein-Main gab. Dieser Sachverhalt ist u.a. in bezug auf den Bereich des regionalen Standortmarketings, der von beiden Institutionen wahrgenommen wird, wenig nachvollziehbar.

2. Zielgruppe

Zielgruppe der Wirtschaftsinitiative sind primär Großunternehmen in der Region Rhein-Main. Die Initiative übernimmt somit eine Lobbyfunktion, wie es auch die Industrie- und Handelskammern tun. Für 10.000 DM kann jedes Unternehmen mit Sitz oder Niederlassung in der Region Rhein-Main Mitglied in der Initiative werden. Dies wirft die Frage auf, ob nicht bereits andere Institutionen die Aufgabenbereiche der Wirtschaftsinitiative abdecken. Unternehmen, die 10.000 DM im Jahr für die Standortverbesserung ausgeben, sind auch Pflichtmitglieder in einer der neun Industrie- und Handelskammern der Region Rhein-Main und führen an diese z.T. erhebliche Beträge ab. Die Kammern sollen primär die Interessen der Gewerbetreibenden wahrnehmen sowie Behörden unterstützen und für die Förderung der Wirtschaft wirken. Somit sind Überschneidungen bei Tätigkeitsbereichen und Zielgruppen zwischen der Wirtschaftsinitiative und den Industrie- und Handelskammern festzustellen.

6.5. Kooperationen zwischen den Institutionen

Im Rahmen dieser Ausarbeitung wurden zwei Zielgruppen regionaler Wirtschaftsförderung, herausgestellt,[393] nämlich Kommunen und Großunternehmen. Die Zielgruppe des Wirtschaftsförderungsvereins sowie des Umlandverbandes Frankfurt sind Kommunen, die der Wirtschaftsinitiative Unternehmen, insbesondere Großunternehmen. Im Bereich des regionalen Standortmarketings in der

---

392 Vgl. o.V. (1998): Wirtschaftsinitiative Frankfurt Rhein-Main, in: Mitarbeiterzeitung Deutsche Girozentrale. Deutsche Kommunalbank vom März 1998.

393 Vgl. hierzu Kapitel 3.

Region gibt es eine Kooperation zwischen beiden Institutionen, wie das Beispiel der Entwicklung eines gemeinsamen Logos für die Region zeigt.

Die Wirtschaftsinitiative, der Wirtschaftsförderungsverein und der Umlandverband Frankfurt haben in Kooperation ein neues Logo (Corporate Design) für die Region Rhein-Main erarbeitet,[394] um eine Corporate Identitiy für die Region aufzubauen.[395]

Das Logo besteht aus einfachen optischen Elementen: zwei blauen Linien, die für die Flußläufe Rhein und Main stehen, einem grünen Kreis, der Natur und hohen Freizeitwert der Region Rhein-Main symbolisiert, sowie einem Dreieck, das für die Spitze des neuen Wahrzeichen Frankfurts und der Region steht, den Messeturm Frankfurt. Das Logo dient national und international einer Zuordnung der Region Rhein-Main und soll durch seine Außenwirkung die Außendarstellung der Region Rhein-Main unterstützen, aber auch zur stärkeren Identität der Region Rhein-Main „nach innen" beitragen. Die Mitglieder des Wirtschaftsförderungsvereins, die Mitglieder der Wirtschaftsinitiative und die dem Umlandverband angehörenden Kommunen setzen das Logo bereits in ihren Veröffentlichungen, Briefköpfen u.ä. ein. Besonders von den Mitgliedern der Wirtschaftsinitiative wird eine hohe Werbewirksamkeit und ein nationaler und internationaler Multiplikatoreneffekt des Logos bei Geschäftspartnern erwartet.

Beide Institutionen, der Wirtschaftsförderungsverein (in Verbindung mit dem Umlandverband Frankfurt) und die Wirtschaftsinitiative befassen sich derzeit mit Maßnahmen zur regionalen Wirtschaftsförderung, so z.B. mit der Erhöhung der Identifikation mit der Region Rhein-Main und ihrer Außendarstellung. Zu Beginn der 90er Jahre haben sich weitere institutionelle Arrangements zur regionalen Wirtschaftsförderung formiert. Die von ihnen ausgehende Wirkung ist zwar als gering einzuschätzen, trotzdem sollen zwei weitere institutionelle Initiativen dargestellt werden, um zu zeigen, daß bereits zu Beginn der 90er Jahre Interesse an Maßnahmen zur regionalen Wirtschaftsförderung bestand. Hierbei handelt es sich um das IHK Forum Rhein-Main und die Rhein-Main-Erklärung.

---

394 Der Umlandverband Frankfurt hat alle Nutzungs- und Verwertungsrechte für das Logo erworben.

395 Vgl. Umlandverband Frankfurt (1998a): Tätigkeitsbericht 1997. S. 47.

6.6. Die Initiative der Kammern "Forum Rhein-Main"

In einer Studie zum Thema "Wirtschaftsförderung im Rhein-Main-Gebiet - Forderungen der Wirtschaft an die Kommunalpolitik"[396], wurde bereits 1991 festgestellt, daß in der Region Rhein-Main ein regionales Bewußtsein fehle und die Entwicklung einer regionalen Identität abgelehnt werde. Die Studie befaßt sich mit Konzepten und Intentionen der Wirtschaftsförderung auf kommunaler Ebene. Aus ihr ist zu entnehmen, daß Ziele der kommunalen Wirtschaftsförderung in der Region Rhein-Main nicht immer klar definiert und Maßnahmen zwischen den Kommunen nicht abgestimmt wurden. Dieser Sachverhalt kann zu Reibungsverlusten führen.[397] Darüber hinaus wurde festgestellt, daß bestehende Konzepte und Intentionen sich lediglich an kommunalen Anforderungen orientierten, und keine Eingliederung in und Anpassung an die regionale Strukturpolitik stattfanden.

Dies führte dazu, daß die Optimierung der lokalen Situation im Vordergrund stand. "Zwar werden in die lokale Standortwerbung die regionalen Qualitäten im öffentlichen und privaten Angebot (Flughafen, Kultur, Freizeiteinrichtungen, Arbeitsmarkt, Dienstleistungen etc.) aufgenommen, doch besteht keine Bereitschaft, zur Erhaltung der regionalen Aktivitätsfaktoren entsprechende Gegenleistungen auf der eigenen Gemeindeflur zu übernehmen."[398]

Darüber hinaus wurde festgestellt, daß eine Institution in der Region Rhein-Main fehle, die zu politischen Initiativen in dieser Richtung legitimiert sei und über entsprechende Kompetenzen verfüge.[399] Bei den Akteuren im Bereich der Wirtschaftsförderung, so beispielsweise des Umlandverbandes Frankfurt, sowie Industrie- und Handelskammern etc., bestand zwar Konsens über die Notwendigkeit, wirtschaftliche Strukturveränderungen in Gang zu setzen, Konsequenzen für eine regionale Strukturpolitik wurden jedoch nicht daraus gezogen. Roesler vertritt die Auffassung, daß die Erarbeitung einer regionalen Identität und einer gemeinsam getragenen Regionalstrategie sich damit als eine der zentralen kommunalpolitischen Aufgaben der 90er Jahre darstellt.[400]

---

396 Diese Studie wurde von der Prognos AG im Auftrag der Industrie- und Handelskammern Aschaffenburg, Darmstadt, Frankfurt am Main, Friedberg, Hanau-Gelnhausen-Schlüchtern, Limburg, Offenbach am Main, Rheinhessen und Wiesbaden in Auftrag gegeben und im Januar 1991 veröffentlicht.

397 Vgl. o.V. (1991): Standortnachteile in Frankfurt, in: FAZ vom 12.6.1991.

398 Aigner, Birgit/Miosga, Manfred (1994), S. 88.

399 Vgl. Roesler, Konrad (1991), S. 26.

400 Vgl. Roesler, Konrad (1991), S. 26-27.

Die ausschließliche Berücksichtigung von kommunalen Standortinteressen wird der zunehmenden Konkurrenz der Regionen im europäischen Wettbewerb nicht mehr gerecht. Eine Neubesinnung auf dem Gebiet der kommunalen Wirtschaftsförderung war erforderlich. Das Ergebnis der Studie, in der das Fehlen einer regionalen Wirtschaftsförderinstitution mit Durchsetzungsvermögen und Handlungsvollmachten für die Region Rhein-Main festgestellt wurde, veranlaßte 9 Industrie- und Handelskammern des Rhein-Main-Gebietes einschließlich der Kammern Aschaffenburg und Mainz zum Aufbau eines "Rhein-Main-Forums".[401]

Die Gründung des Rhein-Main-Forums sollte zu einem regelmäßigen Informations- und Meinungsaustausch von Führungskräften der Wirtschaft und maßgeblichen Politikern auf kommunaler Ebene beitragen[402], um gemeinsame Strategiekonzepte zur regionalen Strukturpolitik zu diskutieren. Dementsprechend war beabsichtigt, eine Aufbruchstimmung zu erzeugen, die über ein gesteigertes regionales Wir-Gefühl ein gestärktes Regionalbewußtsein in der Region Rhein-Main mit einer erhöhten Kooperationsbereitschaft bewirken sollte.[403]

Bereits 1995, also 4 Jahre nach der Gründung des IHK Forums Rhein-Main, mußte festgestellt werden, daß die Absichtserklärung zum Aufbau einer regionalen Identität und gemeinschaftlicher Stärkung der wirtschaftlichen Position der Region Rhein-Main etc. sich lediglich auf die Durchführung einiger weniger Vortragsveranstaltungen beschränkte.[404] Grundlegende Strukturveränderungen wurden jedoch mit der Gründung des Forums Rhein-Main nicht erreicht. Franke konstatierte 1996 hierzu, daß man dem Kammer- oder Verbändewesen nicht zweifelnd gegenüberstehen müsse, um diesen Zustand für verbesserungsfähig zu halten.[405]

6.7. Die Rhein-Main-Erklärung

In der Rhein-Main-Erklärung vom Sommer 1991 bekundeten die Oberbürgermeister der fünf Großstädte Frankfurt, Darmstadt, Mainz, Wiesbaden und Of-

---

401 Vgl. Aigner, Birgit/Miosga, Manfred (1994), S. 88.

402 Vgl. o.V. (1991): Regionale Wirtschaftsförderung ohne Konzept, in: FAZ vom 12.6.1991.

403 Vgl. Roesler, Konrad (1991), S. 88.

404 Vgl. o.V. (1995): Unternehmen und Staat vereint für die Region, in: FAZ vom 13.12.1995.

405 Vgl. Franke, Thomas (1996): Stimmbildung, in: FAZ vom 7.5.1996.

fenbach sowie der Umlandverband Frankfurt ihre Absicht, eine Initiative zur regionalen Kooperation aufzubauen,[406] um lokale Egoismen aufzuheben und im Interesse der Region zusammenzuarbeiten. Die Teilnehmer der Rhein-Main-Erklärung vertraten die Ansicht, daß ein vereintes Europa eine umfassende innerregionale Kooperation erfordert.

Diese Ansicht sollte Bestandteil eines politischen Plans werden. Von den fünf Städten und dem UVF wurde allerdings nur ein einziges Positionspapier ausgearbeitet. Dem Mangel eines festgelegten Vorgehens bei der Formulierung der Rhein-Main-Erklärung sollte durch die Errichtung einer Vielzahl von Arbeitskreisen (u.a. Wirtschaft, Kultur, Fremdenverkehr) abgeholfen werden. Dieser Vorarbeit, so war es ursprünglich geplant, sollten dann auf regelmäßigen Treffen der Oberbürgermeister konkrete Vereinbarungen folgen. Die Arbeitskreise traten jedoch nur sporadisch zusammen. Der Arbeitskreis für Wirtschaftsförderung hat dem Positionspapier zufolge eine Analyse des Potentials an Gewerbeflächen vorgelegt. In bezug auf die Koordinierung eines regionalen Standortmarketings der Region Rhein-Main wurden keine Aussagen getroffen.[407]

Grundsätzlich ist kritisch anzumerken, daß die Arbeitsgruppe Wirtschaftsförderung weder Aufgaben und konkrete Ziele definierte, noch organisatorische Vorschläge zur Durchsetzung regionaler Wirtschaftsförderung machte. Auch eine Beschreibung der Zuständigkeiten und Kompetenzen fehlte.[408] Die Rhein-Main-Erklärung hatte wenig Resonanz und führte nicht zu einem verbindlichen Abstimmungsprozeß. Schon zwei Jahre nach der Formulierung der Rhein-Main-Erklärung fand der ursprünglich vereinbarte Informationsaustausch zwischen den beteiligten Oberbürgermeistern nicht mehr statt. Die Rhein-Main-Erklärung als Absichtserklärung kann als typisches Charakteristikum der Region bezeichnet werden. Anfangs ist der Enthusiasmus, strukturpolitische Veränderungen vorzunehmen, groß. Dann fehlen aber der Wille, Bereitschaft, Konsens und Durchsetzungsfähigkeit.[409]

---

406 Vgl. Aigner, Birgit/Miosga, Manfred (1994), S. 89. Es ist anzumerken, daß die Rhein-Main-Erklärung fast zeitgleich mit der Formierung des IHK Forum Rhein-Main stattfand.

407 Vgl. Kühn, Adolf (1994): Gegen London und Paris bisher ohne Strategie. Rhein-Main: Politisch nur auf dem Papier/Ernüchterung nach drei Jahren, in: FAZ vom 2.4.1994.

408 Vgl. Kühn, Adolf (1994): Gegen London und Paris bisher ohne Strategie. Rhein-Main: Politisch nur auf dem Papier/Ernüchterung nach drei Jahren, in: FAZ vom 2.4.1994.

409 Vgl. Harting, Mechthild (1997): Der nötige "Drive" zum gemeinsamen handeln fehlt. "Rhein-Main-Erklärung von 1991/In Frankfurt nicht in den Akten, in: FAZ vom 2. 3.1997.

Zusammenfassend ist anzumerken, daß sich sowohl die Rhein-Main-Erklärung als auch das IHK Forum Rhein-Main auf Koordinations- und Kooperationsappelle im Bereich der regionalen Wirtschaftsförderung beschränkten.

6.8. Regionale Wirtschaftsförderung in der Region Rhein-Main und die Neue Institutionenökonomik

Durch regionale Wirtschaftsförderung in der Region Rhein-Main sollen Standortfaktoren transparent gemacht werden und Impulse für Verbesserungen wirtschaftlicher Rahmenbedingungen initiiert werden. Regionale Wirtschaftsförderer verfolgen die Absicht, bestehende Unsicherheiten über Standortqualitäten abzubauen. Aufgrund der Vielzahl von regionalen Wirtschaftsförderungsinstitutionen (Umlandverband Frankfurt, Wirtschaftsförderung Region Frankfurt/Rhein-Main e.V., Wirtschaftsinitiative Frankfurt Rhein-Main e.V., IHK-Forum Rhein-Main etc.) ergeben sich Koordinations-, Steuerungs- und Anreizprobleme. Bezugnehmend auf die in Kapitel 4 thematisierten Prinzipal-Agenten-Probleme sowie unter Berücksichtigung von Transaktionskosten soll die praktische Implementierung der regionalen Wirtschaftsförderung in der Region Rhein-Main an Hand der Wirtschaftsförderung Region Frankfurt/Rhein-Main e.V. und der Wirtschaftsinitiative Frankfurt Rhein-Main e.V. diskutiert werden.

6.8.1. Prinzipal-Agenten-Problematik in der Region Rhein-Main

1. Anzahl der Agenten

In der Region Rhein-Main gibt es Agenten, die im Rahmen der regionalen Wirtschaftsförderung aktiv sind. Hierbei handelt es sich im wesentlichen um den Umlandverband Frankfurt in Verbindung mit dem Wirtschaftsförderungsverein. Daneben besteht die Wirtschaftsinitiative Frankfurt Rhein-Main. Alle drei Wirtschaftsförderinstitutionen sind als Agenten auf unterschiedliche Weise auf dem Gebiet der regionalen Wirtschaftsförderung tätig. Sie unterscheiden sich u.a. im Hinblick auf ihre Zielgruppen. Diese Spezialisierung auf verschiedene Zielgruppen kann als Indiz gewertet werden, Konkurrenz zwischen den Agenten auf dem Gebiet der regionalen Wirtschaftsförderung zu vermeiden.

Die Wirtschaftsförderung Region Frankfurt/Rhein-Main e.V. fühlt sich vorwiegend für Kommunen im Ordnungsraum Rhein-Main zuständig. Aufgrund der engen Verbindung zum Umlandverband Frankfurt ist sie kommunalpolitischem Einfluß ausgesetzt. Dies wird dadurch verstärkt, daß der Oberbürgermeister der Stadt Offenbach als Vorsitzender des Wirtschaftsförderungsvereins tätig ist. Zudem sind als stellvertretende Vorsitzende der Landrat des Hochtaunuskreises, die Oberbürgermeisterin der Stadt Bingen, ein Stadtrat der Stadt Frankfurt am Main, die Oberbürgermeisterin der Stadt Hanau sowie der Bürgermeister der Stadt Eschborn für den Wirtschaftsförderungsverein aktiv (Stand März 1998).[410] Hierbei handelt es sich vorwiegend (mit Ausnahme der Oberbürgermeisterinnen von Hanau und Bingen) um Personen, die stellvertretend für Kommunen ihren Einfluß geltend machen und die auch als Mitglieder im Umlandverband Frankfurt tätig sind.[411]

Die Wirtschaftsinitiative Frankfurt Rhein-Main arbeitet im Interesse von Unternehmen, die in Frankfurt ansässig sind,[412] und übt somit eine Lobbyfunktion für diese aus, die hauptsächlich darin besteht, unternehmerische Interessen zusammenzufassen und Verbindungen zwischen den Unternehmen herzustellen. Ein direkter kommunalpolitischer Einfluß existiert nicht. Großunternehmen als Hauptarbeitgeber in Städten und Gemeinden haben aber kommunalpolitische Kontakte und nehmen somit indirekt Einfluß. Beispielhaft sind Bestrebungen für Unternehmenserweiterungen zu nennen, die mit einer potentiellen Arbeitsplatzzunahme verbunden sind. Kommunen werden sich dafür einsetzen, Flächenzuweisungen im Interesse der Unternehmen vorzunehmen.

Die beiden Zielgruppen der regionalen Wirtschaftsförderinstitutionen, Kommunen und Unternehmen, werden von unterschiedlichen Institutionen in der Region Rhein-Main vertreten. Es sind also mehrere Agenten für unterschiedliche Prinzipale tätig.

Dieser Sachverhalt führt zu einer komplexen Prinzipal-Agenten Beziehung. Für die Region Rhein-Main sind nicht nur unterschiedliche Agenten im Bereich der regionalen Wirtschaftsförderung tätig (v.a. die Wirtschaftsförderung Region Frankfurt/Rhein-Main und die Wirtschaftsinitiative Frankfurt-Rhein-Main). Darüber hinaus gibt es auch unterschiedliche Prinzipale, nämlich Kommunen und Unternehmen, die Maßnahmen von den jeweiligen regionalen Wirtschaftsförderinstitutionen erwarten. Dieser Sachverhalt erhöht die Komplexität des Problems der regionalen Wirtschaftsförderung. In dieser Arbeit wurde mehrmals darauf hingewiesen, daß Wirtschaftsförderung als Querschnittsfunktion zu bezeichnen ist, deren Aufgabengebiet nicht einheitlich abgestimmt ist und somit zu einem hohen Kooperationsbedarf führt, insbesondere wenn es sich um unterschiedliche regionale Wirtschaftsförderinstitutionen handelt.

---

410 Vgl. Wirtschaftsförderung Region Frankfurt/Rhein-Main (1998b): Wirtschaftsreport Frankfurt am Main, Ausgabe 6/98, S. 12.

411 Vgl. hierzu das Mitgliederverzeichnis des Wirtschaftsförderungsvereins und des Umlandverbandes Frankfurt im Anhang 2 und Anhang 3.

412 Vgl. hierzu das Mitgliederverzeichnis der Wirtschaftsinitiative im Anhang 4.

2. *Unzureichende formale Absprachen durch Vereinssatzungen*

Unzureichende formale Absprachen können zu Problemen in der Prinzipal-Agenten-Beziehung führen. Aufgrund unzureichender formaler Absprachen in den Vereinssatzungen des Wirtschaftsförderungsvereins und der Wirtschaftsinitiative können Konflikte hinsichtlich Erwartungen, Interessen und Zielen entstehen, so beispielsweise in bezug auf die Formulierung "Koordinierung und Stärkung der Zusammenarbeit der Mitglieder." Die Vereinssatzungen geben keine Hinweise, wie eine gemeinsame Koordinierung und Stärkung gestaltet werden soll und durchgeführt werden kann. Diese Merkmale der Prinzipal-Agenten-Problematik im Rahmen der regionalen Wirtschaftsförderung führen unter Zugrundelegung des Analyseraums der Region Rhein-Main zu einem erhöhten Komplexitätsgrad. Der Wirtschaftsförderungsverein sieht sich unterschiedlichen Erwartungen, Interessen und Urteilsvermögen von Kommunen gegenüber, während die Wirtschaftsinitiative Frankfurt/Rhein-Main unterschiedliche Erwartungen, Interessen und Urteilsvermögen von Unternehmen berücksichtigen muß.

Die Feststellung, daß in der Region unterschiedliche Institutionen der regionalen Wirtschaftsförderung als Agenten für unterschiedliche Prinzipale (Kommunen und Unternehmen) tätig sind, führt zu folgenden Überlegungen:
Die Daseinsberechtigung regionaler Wirtschaftsförderung wird u.a. damit begründet, daß sie als Intermediär zwischen Politik und Wirtschaft agiert. Beide Wirtschaftsförderungsinstitutionen erfüllen diesen Aspekt nur indirekt.

Zielgruppe der Wirtschaftsförderung Region Frankfurt/Rhein-Main sind primär die Kommunen mit Kommunalpolitikern als Ansprechpartnern. Sie versucht, primär über Kommunalpolitiker, Bedarfe der Unternehmen zu ergründen, Bestandspflege zu betreiben und im Rahmen eines regionalen kommunalpolitischen Konsens die Vermarktung der Region Rhein-Main zu fördern.

Hiervon unterscheidet sich die Wirtschaftsinitiative Frankfurt Rhein-Main, die in direktem Kontakt zu den Mitgliedern der Führungsebene von Großunternehmen sowie mittelständischen Unternehmen steht. Ihr wird allerdings vorgeworfen, keine ausreichende Verbindung zur Politik zu unterhalten.[413] Über die Unternehmen, vorwiegend Großunternehmen, wird versucht, Interessen zu bündeln, um somit Einfluß auf die Kommunen auszuüben, zu einer Erhöhung der Bestandspflege beizutragen, aber auch, um die Region Rhein-Main im Unternehmensverbund zu vermarkten.

---

[413] Vgl. o.V. (1998): Wirtschaftsförderungsrad nicht neu erfinden, in: FAZ vom 18.6.1998.

Somit handelt es sich um alternative Strategieansätze der beiden regionalen Wirtschaftsförderinstitutionen in der Region Rhein-Main. Eine Strategieabstimmung wäre notwendig.[414] Die gemeinsame Abstimmung der Strategien hat sich bisher jedoch auf die Entwicklung eines gemeinsamen Logos für die Region Rhein-Main beschränkt.

6.8.2. Regionale Wirtschaftsförderung in der Region Rhein-Main unter Berücksichtigung von Transaktionskosten

Der Transaktionskostenansatz als Teilbereich der Neuen Institutionenökonomik versucht Fragen in Verbindung mit der wirtschaftlichen Sinnhaftigkeit von Institutionen zu beantworten. Der Geschäftszweck der regionalen Wirtschaftsförderung besteht darin, die wirtschaftliche Leistungskraft der Region zu fördern. Für die Region Rhein-Main wurde dargestellt, daß mehrere Wirtschaftssförderinstitutionen, deren Aufgabenbereiche sich überschneiden, für unterschiedliche Zielgruppen diesen Geschäftszweck verfolgen. Abstimmungsprozesse sind notwendig, um Ineffizienzen sowie Reibungsverluste zu vermeiden. Diese Koordination ist mit Transaktionskosten verbunden, insbesondere Informationskosten. Die Notwendigkeit, Abstimmungsprozesse durchzuführen, entsteht u.a. infolge unzureichender formaler Absprachen, wie sie u.a. im Rahmen von Vereinssatzungen bestehen. Somit ist festzustellen, daß die Zahl der Wirtschaftsförderinstitutionen in der Region Rhein-Main nicht nur die Prinzipal-Agenten-Problematik verstärkt, sondern auch Auswirkungen auf die Höhe von Transaktionskosten hat.

6.9. Zusammenfassende Beurteilung der Wirtschaftsförderung in der Region Rhein-Main

In Kapitel 5 wurden zentrale Merkmale der Region Rhein-Main aufgezeigt. Hierbei handelte es sich um die *Internationalität* des Standorts, den Prozeß der *Suburbanisierung* sowie die *polyzentrische Struktur* des Raums. Aus diesen Merkmalen ergeben sich Anforderungen an regionale Wirtschaftsförderinstitutionen der Region Rhein-Main. Aktuell sind zwei Institutionen im Bereich der regionalen Wirtschaftsförderung tätig. Hierbei handelt es sich um die Wirtschaftsförderung Region Frankfurt/Rhein-Main e.V., die mit dem Umlandverband Frankfurt verzahnt ist, und die Wirtschaftsinitiative Frankfurt Rhein-Main e.V. Im folgenden wird zusammenfassend dargestellt, welche Konzepte und Maßnahmen die aktuell tätigen regionalen Wirtschaftsförderinstitutionen einsetzen, um die regionsspezifischen Anforderungen zu berücksichtigen.

---

414 Vgl. o.V. (1998): Wirtschaftsförderungsrad nicht neu erfinden, in: FAZ vom 18.6.1998.

In bezug auf die *Internationalität* des Standorts wurde aufgezeigt, daß von der Kernstadt Frankfurt Anziehungseffekte ausgehen, von denen der suburbane Raum u.a. in bezug auf Unternehmensansiedlungen profitiert, da sie zu kommunalen Gewerbesteuereinnahmen führen. Die Stadt Frankfurt beklagt, daß sie für die Erhaltung der Stadt als Anziehungspunkt hohe finanzielle Aufwendungen leistet, deren Nutznießer der suburbane Raum ist (Trittbrettfahrer-Problem). Beispielhaft sind Investitionen der Stadt Frankfurt in weiche Standortfaktoren, so im kulturellen Bereich (Oper, Theater), anzuführen. Darüber hinaus macht die Stadt Frankfurt in jüngster Zeit Kommunen für die Abwerbung von Unternehmen verantwortlich, wie das Beispiel des Streits zwischen Bad Vilbel und der Stadt Frankfurt belegt. Günstigere Gewerbesteuern sowie preiswerte Grundstückskäufe im suburbanen Raum führen dazu, daß der Prozeß der *Suburbanisierung des tertiären Sektors* in der Region Rhein-Main fortschreitet.

Regionale Wirtschaftsförderinstitutionen in der Region Rhein-Main haben keine ausreichenden Kompetenzen und Durchsetzungsmöglichkeiten, um den Konflikt zwischen der Kernstadt Frankfurt und ihrem Umland zu entschärfen. Ihnen wird vielmehr eine Initialfunktion zugesprochen, um Impulse und Anregungen zu geben. Letztendlich sind regionale Wirtschaftsförderinstitutionen der Region Rhein-Main von politischen Gremien abhängig.

Regionale Wirtschaftsförderinstitutionen versuchen, eine innerregionale Identität und ein Zusammengehörigkeitsgefühl nach außen zu transportieren und als Werbemittel einzusetzen. Dies geschieht durch eine Kooperation zwischen der Wirtschaftsförderung Region Frankfurt/Rhein-Main e.V. und der Wirtschaftsinitiative Frankfurt Rhein-Main e.V. im Rahmen des Standortmarketings, z.B. mit dem Aufbau eines Logos der Region Rhein-Main. Insbesondere die Wirtschaftsinitiative ist bestrebt, durch ihre international tätigen Unternehmensmitglieder Multiplikatoreneffekte für die Ansiedlung von Unternehmen zu erzielen.

In Kapitel 5 dieser Arbeit wurde der Ordnungsraum Rhein-Main als sinnvolle territoriale Abgrenzung in bezug auf eine planerische Gesamtkonzeption vorgestellt. Sowohl der Umlandverband Frankfurt, der Wirtschaftsförderungsverein als auch die Wirtschaftsinitiative Frankfurt berücksichtigen jedoch unterschiedliche Gebietsabgrenzungen, d.h. unterschiedliche Teilräume des Ordnungsraums. Es ist nicht nachvollziehbar, nach welchen Kriterien die Gebietsabgrenzung vorgenommen wurde. Weder eine gemeinsame Stadt-Problem-Lage noch das Kriterium der Verfügbarkeit von Informationen aufgrund von unterschiedlichen Bundesländern in der Region Rhein-Main, wurden hier berücksichtigt. In bezug auf aktuelle statistische Daten ist hinzuzufügen, daß insbesondere die Wirtschaftsförderung Region Frankfurt/Rhein-Main e.V., deren Wirkungsbereich z.Zt. zwei unterschiedlichen Bundesländer (Hessen und Rheinland-

Pfalz) umfaßt, von Wirtschaftsstrukturdaten der Kommunen in Rheinland-Pfalz abhängt (dies gilt insbesondere für die Arbeitsmarktdaten).

Regionale Wirtschaftsförderung verfolgt den Zweck, innerregionale Kräfte zur Verstärkung des ökonomischen Potentials zu bündeln. Wenn die Region jedoch nicht definiert ist und die Mitgliedschaft nicht von der Ansässigkeit in der Region abhängig gemacht wird, ist der Aufbau eines "Wir-Gefühls" nur schwer bzw. überhaupt nicht möglich.

Da keine einheitliche Bezeichnung für die Region Rhein-Main besteht, kann dies zu Verwirrung führen in dem Sinn, daß es nicht ohne weiteres möglich ist, auf das Tätigkeitsgebiet einer Institution zu schließen. Während der Wirtschaftsförderungsverein die Bezeichnung Wirtschaftsförderung *Region Frankfurt/Rhein-Main* führt, trägt die Wirtschaftsinitiative die Bezeichnung Wirtschaftsinitiative *Frankfurt Rhein-Main*. Der Name des Vereins nimmt Bezug auf die Region, während die Initiative die Stadt Frankfurt hervorhebt. Dies wird durch die Tatsache unterstützt, daß für die Gründung des Vereins der Umlandverband Frankfurt und somit die Kommunen des Frankfurter Umlandes verantwortlich waren, während an der Gründung der Initiative die Stadt Frankfurt maßgeblich beteiligt war.

Die Region Rhein-Main ist durch eine polyzentrische Struktur gekennzeichnet. Im Ordnungsraum befinden sich sechs kreisfreie Städte, Frankfurt, Offenbach, Aschaffenburg, Darmstadt, Mainz und Wiesbaden. Der Wirtschaftsförderungsverein, dessen Zielgruppe sich aus Kommunen zusammensetzt, hat als kreisfreie Städte lediglich Frankfurt, Offenbach und in jüngster Zeit auch Mainz als Mitglieder, also nur drei kreisfreie Städte, woraus zu schließen ist, daß die polyzentrische Struktur in der Region Rhein-Main unzureichend berücksichtigt wird.
Durch die Organisationsform eines eingetragenen Vereins, die sowohl für die Wirtschaftsförderung Region Frankfurt/Rhein-Main e.V. als auch für die Wirtschaftsinitiative Frankfurt Rhein-Main e.V. gewählt wurde, können Prinzipal-Agenten-Probleme auftreten. Unzureichende formale Absprachen innerhalb von Vereinssatzungen können zu divergierenden Erwartungen und Zielen der Mitglieder (Kommunen und Unternehmen) führen.

Regionale Wirtschaftsförderung versucht, bestehende Unsicherheiten über Standortqualitäten abzubauen. In ihrer Funktion als Informationsforum, dem wichtigsten Arbeitsbereich des Wirtschaftsförderungsvereins, fallen Informationskosten an, um Mitglieder über aktuelle Tätigkeiten zu informieren. Informationskosten sind ein Teilbereich von Transaktionskosten, deren Höhe u.a. von den formalen Absprachen abhängt. Durch unzureichende formale Absprachen in

Vereinssatzungen steigt der Informationsbedarf der Mitglieder (Prinzipale), was mit einem Anstieg von Transaktionskosten verbunden ist. Hierdurch sinkt die Möglichkeit des Agenten, seine Aufgaben im Sinne des Prinzipals zu lösen.

Ob zwischen dem Verein und der Wirtschaftsinitiative ein komplementäres oder konkurrierendes Verhältnis besteht, hängt davon ab, welche Kriterien verglichen werden: Ziele, Zielgruppen oder Tätigkeiten. In den Vereinssatzungen sind die gleichen Ziele festgehalten. Während der Wirtschaftsförderungsverein das Ziel "Förderung der wirtschaftlichen Entwicklung" definiert, ist es bei der Wirtschaftsinitiative die "Förderung und Weiterentwicklung der Region Rhein-Main". Hinsichtlich der Zielgruppe sind Unterschiede festzustellen. Während die Kommunen Zielgruppe des Wirtschaftsförderungsvereins sind, sind es bei der Wirtschaftsinitiative die Unternehmen. In bezug auf die wahrgenommenen Tätigkeiten sind Gemeinsamkeiten festzustellen, wie z.B. Standortmarketing. Beim Gewerbeflächenmanangement ist anzuführen, daß lediglich der Wirtschaftsförderungsverein als Informationsforum für gewerbliche Flächen tätig ist. Er ist zusätzlich Informationsstelle für Wirtschaftsstrukturdaten und für die Zusammenstellung von Arbeits- und Beschäftigungsprojekten in der Region zuständig.

Zusammenfassend ist festzuhalten, daß durch die Etablierung der verschiedenen Wirtschaftsförderinstitutionen in den 90er Jahren aus unterschiedlichen Beweggründen und für unterschiedliche Zielgruppen bisher kein Konsens einer gemeinsamen Ausrichtung regionaler Belange erreicht wurde. Die Entwicklung eines gemeinsamen Logos als Zeichen einer gemeinsamen Außendarstellung ist lediglich als Einzelbeispiel anzuführen.

"In total, these efforts are still rather restricted to different in-groups, oriented towards different regional settings and obviously lack closer cooperation."[415]

---

415 Schamp, Eike (1997), S. 13.

Literaturverzeichnis

Adam, Brigitte/Blach, Antonia (1997):
Strategieempfehlungen für ein raumordnerisches Modellvorhaben "Regionen der Zukunft", in: Informationen zur Raumentwicklung - Modellvorhaben der Raumordnung, Bundesforschungsanstalt für Landeskunde und Raumordnung, Heft 3, Bonn 1997, S. 201-216.

Aigner, Birgit/Miosga, Manfred (1994):
Stadtregionale Kooperationsstrategien. Neue Herausforderungen und Initiativen deutscher Großstadtregionen. Münchner Geographische Hefte 71. Kallmünz/Regensburg 1994.

Akerlof, George A. (1970):
The Market for "Lemons": Quality Uncertainty and the Market Mechanism, in: Quarterly Journal of Economics, Vol. 84 (1970), S. 488-500.

Amberger, Jürgen (1992):
Regionale Kooperation als neues Instrument der kommunalen Wirtschaftsförderung am Beispiel des Rhein-Main-Gebietes, in: Raumforschung und Raumordnung, Heft 3-4, Hannover 1992, S. 148-158.

Ameln, Ralf von (1994):
Kommunale Wirtschaftsförderung im Spannungsfeld zwischen europäischer Regionalpolitik und EG-Beihilfenkontrolle, in: Kommunale Wirtschaftsförderung: Handbuch für Standortsicherung und –entwicklung, herausgegeben von Jochen Dieckmann und Eva König, Köln 1994, S. 9-24.

Arrow, Kenneth J. (1974):
The Limits of Organization, New York, London 1974.

Aufderheide, Detlef/Backhaus, Klaus (1995):
Institutionenökonomische Fundierung des Marketing: Der Geschäftstypenansatz, in: Kontrakte, Geschäftsbeziehungen, Netzwerke: Marketing und neue Institutionenökonomik, herausgegeben von Klaus Peter Kaas, Zfbf Sonderheft 35, Düsseldorf 1995, S. 43-60.

Bachtler, John (1995):
Die Regionalpolitik der EU-Mitgliedsstaaten: Ein Überblick, in: Regionale Wirtschaftsförderung in der Praxis, herausgegeben von Rudolf Ridinger und Manfred Steinröx, Köln 1995, S. 49-67.

Back, Hans-Jürgen (1995):
Regionalisierung, in: Handwörterbuch der Raumordnung, Akademie für Raumforschung und Landesplanung (Hrsg.),Hannover 1995, S. 821-823.

Barth, Ulrich (1994):
Analyse der Wirkung regionaler Wirtschaftsförderung im Transformationsprozeß in Ostdeutschland, Leipzig 1994.

Barth, Ulrich (1995a):
Alternative Lohn- und Investitionssubventionen in der regionalen Wirtschaftsförderung, in: ifo Dresden berichtet über Konjunktur, Struktur, Wirtschaftspolitik, 2. Jg., 3. Heft, Dresden 1995, S. 29-36.

Barth, Ulrich (1995b):
Ein Vorschlag zur Verknüpfung von Investitions-und Beschäftigungsförderung, in: Wirtschaftsdienst 1995/XI, S. 611-617.

Barzel, Yoram (1977):
Some Fallacies in the Interpretation of Information Costs, in: Journal of Law and Economics, Vol. 20 (1977), S. 291-307.

Barzel, Yoram (1985):
Transaction Costs: Are They Just Costs?, in: Zeitschrift für die gesamte Staatswissenschaft, 11. Jg., (1985), S. 4-16.

Becker, Gary Stanley (1982):
Der ökonomische Ansatz zur Erklärung menschlichen Verhaltens, Tübingen 1982.

Bennett, Robert (1996):
Can Transaction Cost Economics Explain Voluntary Chambers of Commerce?, in: Journal of Institutional and Theoretical Economis (JITE), Vol. 152 (1996), S. 654-680.

Berger, Ulrike/Bernhard-Mehlich, Isolde (1995):
Die Verhaltenswissenschaftliche Entscheidungstheorie, in: Organisationstheorien, Stuttgart 1995, S. 123-153.

Birnstiel, Detlev (1993):
Organisation der kommunalen Wirtschaftsförderung - Aktuelle Anforderungen und Trends, in: Stadt und Gemeinde 10/1993, S. 379-383.

Bleicher, Knut (1990):
Zukunftsperspektiven organisatorischer Entwicklung, in: Zeitschrift Führung und Organisation, 59. Jg., Heft 3, 1990, S. 152-161.

Blotevogel, Heinrich (1991):
Europäische Regionen im Wandel - Strukturelle Erneuerung, Raumordnung und Regionalpolitik im Europa der Regionen, in: Duisburger Geographische Arbeiten, Bd. 9, Dortmund (1991).

Bördlein, Ruth (1993):
Das Rhein-Main-Gebiet als Standort hochrangiger Dienstleistungen. Stand und Perspektiven des Internalisierungsprozesses einer Region, Frankfurt 1993.

Bössmann, Eva (1983):
Unternehmungen, Märkte, Transaktionskosten: Die Koordination ökonomischer Aktivitäten, in: Wirtschaftswissenschafliches Studium, 12. Jg. (1983), S. 105-111.

Boss, Willy (1994):
Die Stadt und ihr Großbetrieb, in: Kommunale Wirtschaftsförderung: Handbuch für Standortsicherung und -entwicklung in: Stadt, Gemeinde und Kreis, herausgegeben von Jochen Dieckmann und Eva König, Köln 1994, S. 45-55.

Boustedt, Olaf (1967):
Die Stadtregionen in der Bundesrepublik Deutschland im Jahre 1961, in: Stadtregionen in der Bundesrepublik Deutschland - Raum und Bevölkerung 5, Forschungsberichte des Ausschusses "Raum und Bevölkerung" der Akademie für Raumforschung und Landesplanung, Band XXXII, Hannover 1967, S. 1-24.

Brösse, Ulrich (1995):
Räumliche Arbeitsteilung, in: Handwörterbuch der Raumordnung, Akademie für Raumforschung und Landesplanung (Hrsg.), Hannover 1995, S. 741-748.

Bundesministerium für Wirtschaft (1994):
Regionale Wirtschaftsförderung in der Bundesrepublik Deutschland, in: BMWI Dokumentation Nr. 345, Bonn 1994.

Bundesministerium für Wirtschaft (1995):
Verwendung von Fördergeldern in den neuen Ländern, in: BMWI Dokumentation Nr. 367, Bonn 1995.

Coase, Ronald H. (1937):
The Nature of the Firm, in: Economica, 16 (1937), S. 386-405.

Delpho, Holger (1997):
Perspektive Online-Präsenz, in: Prognos World Reports 2'1997, S. 9.

Deutscher Städtetag (1994):
Statistisches Jahrbuch Deutscher Gemeinden, herausgegeben vom Deutschen Städtetag, 81. Jg., Köln 1994.

Deutsches Institut für Urbanistik (1977):
Zum Aufgabenfeld kommunaler Wirtschaftsförderung - Vorstudie, Berlin 1977.

Dieckmann, Jochen/König, Eva (1994):
Einführung, in: Kommunale Wirtschaftsförderung: Handbuch für Standortsicherung und -entwicklung in: Stadt, Gemeinde und Kreis, herausgegeben von Jochen Dieckmann und Eva König, Köln 1994, S. 1-7.

Dietl, Helmut (1993):
Institutionen und Zeit, Tübingen 1993.

Dürig, Günter (1980):
Grundgesetz, 20. neu bearbeitete Auflage, München 1980.

Ebers, Mark/Gotsch, Wilfried (1995):
Institutionenökonomische Theorien der Organisation, in: Organisationstheorien, Stuttgart 1995, S. 185-235.

Eberstein, Hans (1995):
Handbuch der regionalen Wirtschaftsförderung - 24. Rahmenplan der Gemeinschaftsaufgabe "Verbesserung der regionalen Wirtschaftsstruktur", 3. Aufl., Lieferung 38, Köln 1995.

Eckey, Hans-Friedrich (1995a):
Nationale Regionalförderung in der Bundesrepublik, in: Regionale Wirtschaftsförderung in der Praxis, herausgegeben von Rudolf Ridinger und Manfred Steinröx, Köln 1995, S. 68-86.

Eckey, Hans-Friedrich (1995b):
Arbeitsmarktregionen, in: Handwörterbuch der Raumordnung, Akademie für Raumforschung und Landesplanung (Hrsg.), Hannover 1995, S. 47-49.

Eckey, Hans-Friedrich (1995c):
Regionale Strukturpolitik, in Handwörterbuch der Raumordnung, Akademie für Raumforschung und Landesplanung (Hrsg.), Hannover 1995, S. 815-821.

Eckey, Hans-Friedrich/Klemmer, Paul (1991):
Neuabgrenzung von Arbeitsmarktregionen für die Zwecke der regionalen Wirtschaftspolitik, in: Informationen zur Raumentwicklung 9/10, 1991, S. 569-777.

Eichert, Christof (1994):
Rechtliche Zulässigkeit und Grenzen kommunaler Wirtschaftsförderung, in: Kommunale Wirtschaftsförderung: Handbuch für Standortsicherung und -entwicklung in Stadt, Gemeinde und Kreis, herausgegeben von Jochen Dieckmann und Eva König, Köln 1994, S. 57-70.

Eichhorn, Peter/Friedrich, Peter (1970):
Untersuchung über den Nutzen kommunaler Wirtschaftsförderungsmaßnahmen, Schriften des Instituts für das Spar-, Giro- und Kreditwesen an der Universität Bonn, Band 49, Berlin 1970.

Elschen, Rainer (1991):
Gegenstand und Anwendungsmöglichkeiten der Agency-Theorie, in: Zfbf 43. Jg. Heft 11, 1991, S. 1002-1012.

Elsner, Wolfram (1997):
Institutionen und ökonomische Institutionentheorie, in: Wirtschaftswissenschaftliches Studium, 16. Jg., Heft 1, 1987, S. 5-14.

Ernst, Werner (1995):
Raumordnung, in: Handwörterbuch der Raumordnung, Akademie für Raumforschung und Landesplanung, Hannover 1995, S. 752-758.

Ewerhart, Christian/Schmitz, Patrick W. (1997):
Ausgewählte Anwendungen der Theorie unvollständiger Verträge, in: Jahrbuch für Wirtschaftswissenschaften, herausgegeben von Dieter Duwendag et altera, Band 48, Heft 1, Göttingen 1997, S. 57-69.

Expert Consult GmbH & Co. KG (1998):
Wo steht die Wirtschaftsförderung in Deutschland?, in: Reihe für Regionalentwicklung Wirtschaftsförderung Standortmarketing Kommunalberatung, Heft 1 Dortmund 1998.

Fischer, Marc (1995):
Agency-Theory, in: Wirtschaftswissenschaftliches Studium, 24. Jg., Heft 6, 1995, S. 320-322.

Floetinger, Holger et altera (1994):
Kommunale Wirtschaftsförderung in Ostdeutschland – Kurzauswertung der Difu-Umfrage, hrsg. vom Deutschen Institut für Urbanistik, Berlin 1994.

Franke, Reimund/Stollberg, Frank (1990):
Investitions-Standorte in den Ländern der EG: Wegweiser für das Management , Frankfurt am Main 1990.

Franke, Thomas (1996):
Stimmbildung, in: Frankfurter Allgemeine Zeitung vom 7.5.1996.

Frey, Bruno S. (1990):
Ökonomie ist Sozialwissenschaft: die Anwendung der Ökonomie auf neue Gebiete, München 1990.

Fraunhofer-Institut für Systemtechnik und Innovationsforschung (1994):
ISI Tätigkeitsbericht 1994, Karlsruhe 1994.

Fraunhofer-Institut für Systemtechnik und Innovationsforschung (1995):
ISI Tätigkeitsbericht 1995, Karlsruhe 1994.

Freese, Erich (1988):
Grundlagen der Organisation, 4. Aufl., Wiesbaden 1988.

Freidinger, Guido (1994):
Arbeitsmarktpolitik und Wirtschaftsförderung - Synergieeffekte zweier kommunaler Handlungsfelder, in: Kommunale Wirtschaftsförderung: Handbuch für Standortsicherung und -entwicklung in: Stadt, Gemeinde und Kreis, herausgegeben von Jochen Dieckmann und Eva König Köln 1994, S. 125-146.

Frey, Hans-Erich (1994):
Die Kommunikation steht auf dem Prüfstand, in: Der Städtetag, Heft 1, 1994, S. 11-16.

Fürst, Dietrich/Baumheier, Ralph/Jung, Hans-Ulrich et altera (1998):
Interkommunale und regionale Kooperation – Variablen ihrer Funktionsfähigkeit, herausgegeben von der Akademie für Raumforschung und Landesplanung, Nr. 244, Hannover 1998.

Gaebe, Wolf (1981):
Zur Bedeutung von Agglomerationswirkungen für industrielle Standortentscheidungen, in: Mannheimer Geographische Arbeiten, Heft 13, Mannheim 1981.

Gaebe, Wolf (1987):
Verdichtungsräume-Strukturen und Prozesse im weltweiten Vergleich, Stuttgart 1987.

Gaebe, Wolf (1992):
Verdichtungsräume, in: Handbuch des Geographieunterrichts, Köln 1992, S. 86-100.

Ganseforth, Heinrich (1991):
Problemraum Großstadtregion, in: Großstadtregionen in Deutschland vor dem Hintergrund europäischer Entwicklungen, Akademie für Raumforschung und Landesplanung, Hannover 1991, S. 11-16.

Gleisenstein, Jörg/Klug, Stefan/Neumann, Anja:
Städtenetze als neues "Instrument" der Regionalentwicklung?, in: Raumforschung und Raumordnung, Akademie für Raumforschung und Landesplanung, Heft 1, 55. Jg., Bonn 1997, S. 38-47.

Grabow, Busso et altera (1990):
Kleinräumige Einzelhandelsentwicklung im Städtevergleich. Aussagefähigkeit der Handels- und Gaststättenzählung für die Städte, Deutsches Institut für Urbanistik, Berlin 1990.

Grabow, Busso (1994a):
Bedeutung weicher Standortfaktoren, in: Difu-Berichte Heft 1, Deutsches Institut für Urbanistik, Berlin 1994, S. 2-6.

Grabow, Busso (1994b):
Weiche Standortfaktoren, in: Kommunale Wirtschaftsförderung: Handbuch für Standortsicherung und -entwicklung in Stadt, Gemeinde und Kreis, herausgegeben von Jochen Dieckmann und Eva König Köln 1994, S. 147-163.

Grabow, Busso (1996):
Standorttendenzen und kommunale Standortpolitik im Dienstleistungssektor, in: Archiv für Kommunalwissenschaften, herausgegeben von Deutsches Institut für Urbanistik, Berlin 1996, S. 173-195.

Graumann, Matthias (1994):
Bausteine einer Theorie des dynamischen Wettbewerbs, in: Wirtschaftswissenschaftliches Studium, 23. Jg., Heft 3 (1994), S. 143-146.

Gravemann, Klaus (1993):
Auswirkungen neuer Steuerungsmodelle auf die kommunale Wirtschaftsförderung, in: Stadt und Gemeinde 10/1993, S. 375-378.

Große Siemer, Stephan (1993):
Die kommunale Wirtschaftsförderung und die Regionalpolitik der EG: eine Untersuchung der Stellung der Kommunen in der Regionalpolitik der Europäischen Gemeinschaften und der Grenzen in der kommunalen Wirtschaftsförderung, in: Osnabrücker Rechtswissenschaftliche Abhandlungen, Band 38, Diss., Berlin 1993.

Grote, Birgit (1990):
Ausnutzung von Synergiepotentialen durch verschiedene Koordinationsformen ökonomischer Aktivitäten - Zur Eignung der Transaktionskosten als Entscheidungskriterium, Diss., Frankfurt am Main 1990.

Grubwinkler, Wolfgang (1995):
Strategisch denken und führen, in: Der Gemeinderat, Heft 7, 1995, S. 18-20.

Grünbichler, Andreas (1989):
Reputation oder implizite Ansprüche, in: Zeitschrift für Betriebswirtschaft, 59. Jg., Heft 4, 1989, S. 440-442.

Gümbel, Rudolf (1985):
Handel, Markt und Ökonomik, Wiesbaden 1985.

Gümbel, Rudolf/Woratschek, Herbert (1995):
Institutionenökonomik, in: Handwörterbuch des Marketing, Enzyklopädie der Betriebswirtschaftslehre IV, 2. Aufl., herausgegeben von Bruno Tietz et altera, Stuttgart 1995, Sp. 1008-1019.

Haasis, Hans-Arthur (1990):
Tendenzen stadtregionaler Entwicklung und stadtregionaler Politik, in: Verdichtungsregionen im Umbruch: Erfahrungen und Perspektiven stadtregionaler Politik, 1. Aufl., Baden-Baden 1990, S. 11-74.

Hahne, Ulf (1995):
Neuere Entwicklungen in der Regionalförderung, in: Regionale Wirtschaftsförderung in der Praxis, herausgegeben von Rudolf Ridinger und Manfred Steinröx, Köln 1995, S. 8-30.

Harting, Mechthild (1997):
Der nötige "Drive" zum gemeinsamen Handeln fehlt. "Rhein-Main-Erklärung" von 1991 / In Frankfurt nicht in den Akten, in: Frankfurter Allgemeine Zeitung vom 2.3.1997.

Heinz, Werner (1997):
Ansätze interkommunaler Kooperation: Frankfurt und die Rhein-Main-Region, in: Archiv für Kommunalwissenschaften, 36. Jg., Stuttgart 1997, S. 73-97.

Heuer, Hans (1985):
Instrumente kommunaler Gewerbepolitik herausgegeben vom Deutschen Institut für Urbanistik, Schriften des Deutschen Instituts für Urbanistik Band 73, Stuttgart 1985.

Hill, Hermann/Nemitz, Carsten (1998):
Verwaltungsstrukturmodelle auf dem Prüfstand: Darstellung und Vergleich möglicher Reformmodelle für die Region Rhein-Main, Gutachten im Auftrag der Wirtschaftsinitiative Frankfurt Rhein-Main e.V., Wirtschaftsinitiative Frankfurt Rhein-Main (Hrsg.), Frankfurt 1998.

Hollbach-Grömig, Beate (1996a):
Kommunale Wirtschaftsförderung der 90er Jahre - Ergebnisse einer neuen Difu-Umfrage, in: Difu-Berichte, Heft 4, 1996, S. 10-12.

Hollbach-Grömig, Beate (1996b):
Kommunale Wirtschaftsförderung der 90er Jahre, Deutsches Institut für Urbanistik, Berlin 1996.

Holst-Glöss, Peter/Husemann, Ingo/Löher, Christoph (1992):
Wirtschaftsförderung - Anforderungen an eine offene Strategie, in: Raum Planung, 59. Jg., 1992, S. 209-214.

Huebner, Michael (1996):
Regionalisierung und kommunale Zusammenarbeit - Dezentrale Kooperation aus systemtheoretischer Sicht, Oldenburg 1996.

Huebner, Michael (1997):
Moderation als Instrument der Kontextsteuerung im Prozeß einer kooperativen Regionalplanung, in: Raumforschung und Raumordnung, Akademie für Raumforschung und Landesplanung, Heft 4/5, 55. Jg., Bonn 1997, S. 279-287.

Hundrieser, Reinhart (1994):
Regionale Wirtschaftsförderung und Finanzierung, in: Wirtschaftsstandort Deutschland: Erfordernisse einer aktiven und zielorientierten Wirtschaftsförderung, herausgegeben von Josef Iglhaut, Wiesbaden 1994, S. 275-281.

Iglhaut, Josef (1994):
Wirtschaftsförderung als Marketingaufgabe, in: Wirtschaftsstandort Deutschland: Erfordernisse einer aktiven und zielorientierten Wirtschaftsförderung, herausgegeben von Josef Iglhaut, Wiesbaden 1994, S. 56-65.

Industrie- und Handelskammer Frankfurt am Main (1991):
Gemeinsames regionales Strukturkonzept notwendig, in: Mitteilungen IHK Frankfurt am Main, Heft 7, 1991, S. 6-7

Industrie- und Handelskammer Frankfurt am Main (1993):
Einheitliche Öffentlichkeitsarbeit für die Region angestrebt, in: Mitteilungen IHK Frankfurt am Main, Heft 6, 1993, S. 5-8.

Industrie- und Handelskammer Frankfurt am Main (1996):
Die Wirtschaftsförderung in der Region wird koordiniert, in: Mitteilungen IHK Frankfurt am Main, Heft 7, 1996, S. 16-17.

Industrie- und Handelskammer Frankfurt am Main (1997a):
IHK-Mitteilungen Nr. 5, 15.05.1997, Frankfurt am Main 1997.

Industrie- und Handelskammer Frankfurt am Main (1997b):
IHK-Mitteilungen Nr. 9, 15.09.1997, Frankfurt am Main 1997.

Irmen, Eleonore (1995):
Stadt-Umland, in: Handwörterbuch der Raumordnung, Akademie für Raumforschung und Landesplanung, Hannover 1995, S. 916-917.

Joseph, Matthias (1996):
Die Bedeutung des Standortmarketing für die Wirtschaftsförderung der Kommunen, in: Sparkasse, Heft 8, 113. Jg., 1996, S. 353-359.

Kaas, Klaus Peter (1990):
Marketing als Bewältigung von Informations- und Unsicherheitsproblemen im Markt, in: Die Betriebswirtschaft, 50. Jg. (1990), S. 539-548.

Kaas, Klaus Peter (1991):
Marketinginformationen: Screening und Signaling unter Partnern und Rivalen, in: Zeitschrift für Betriebswirtschaft, 61. Jg., Heft 3, (1991), S. 357-370.

Kaas, Klaus Peter (1992):
Kontraktgütermarketing als Kooperation zwischen Prinzipalen und Agenten, in: Zeitschrift für betriebswirtschaftliche Forschung, 44. Jg., Heft 10 (1992), S. 884-901.

Kaas, Klaus Peter (1994):
Ansätze einer institutionenökonomischen Theorie des Konsumentenverhaltens, in: Forschungsgruppe Konsum und Verhalten (Hrsg.): Konsumentenforschung, München 1994, S. 245-260.

Kaas, Klaus Peter (1995a):
Einführung: Marketing und Neue Insitutionenökonomik, in: Kontrakte, Geschäftsbeziehungen, Netzwerke: Marketing und neue Institutionenökonomik, herausgegeben von Klaus Peter Kaas, ZfbF Sonderheft 35, Düsseldorf 1995, S. 1-17.

Kaas, Klaus Peter (1995b):
Marketing zwischen Markt und Hierarchie, in: Kontrakte, Geschäftsbeziehungen, Netzwerke: Marketing und neue Institutionenökonomik, herausgegeben von Klaus Peter Kaas, Zfbf Sonderheft 35, Düsseldorf 1995, S. 19-42.

Kaiser, Karl-Heinz/Beckers, Rainer (1980):
Industriebetriebe und Umweltschutz, in: Wirtschaft und kommunale Wirtschaftspolitik in der Stadtregion - Empirische Materialien für die Kommunal- und Unternehmungsplanung, Stuttgart 1980, S. 195-215.

Kaiser, Karl- Heinz/Grohnert, Max (1980): Der Standort der Büro- und Verwaltungsstätten von Unternehmungen mit überregionalem Aufgabenbereich, in: Wirtschaft und kommunale Wirtschaftspolitik in der Stadtregion - Empirische Materialien für die Kommunal- und Unternehmungsplanung, Stuttgart 1980, S. 136-170.

Kaiser, Karl- Heinz/Hoerner, Ludwig (1980):
Zum Standort der Industriebetriebe, in: Wirtschaft und kommunale Wirtschaftspolitik in der Stadtregion - Empirische Materialien für die Kommunal- und Unternehmungsplanung, Stuttgart 1980, S. 115-135.

Kaiser, Karl-Heinz/Lohberg, Ulf (1980):
Die Attraktivität von Hauptstraßen in der Kölner City als Standort für exklusive Einzelhandelsbetriebe in Vergangenheit und Gegenwart, in: Wirtschaft und kommunale Wirtschaftspolitik in der Stadtregion - Empirische Materialien für die Kommunal- und Unternehmungsplanung, Stuttgart 1980, S. 241-259.

Kaiser, Karl-Heinz/ Luther, Frank (1980):
Betriebe im Innenstadtsanierungsgebiet, in: Wirtschaft und kommunale Wirtschaftspolitik in der Stadtregion - Empirische Materialien für die Kommunal- und Unternehmungsplanung, Stuttgart 1980, S. 216-240.

Karutz, Michael (1993):
Struktur- und Arbeitsmarktziele der Ruhrgebietsstädte. Eine politisch-geographische Analyse von Handlungskonzepten der kommunalen Wirtschaftsförderung, in: Arbeiten zur Rheinischen Landeskunde, Heft 62, Bonn 1993.

Kiener, Stefan (1990):
Die Principal-Agent-Theorie aus informationsökonomischer Sicht, Diss., Heidelberg 1990.

Kirchgässner, Gebhard (1988):
Die neue Welt der Ökonomie, in: Analyse & Kritik, 10. Jg. (1988), S. 107-137.

Kirchhoff, Ulrich (1991):
Sparkassen und Landesbankaktivitäten in der lokalen Wirtschafts- und Innovationsförderung, in: Sparkasse, Heft 7, 108. Jg., S. 309-314.

Kistenmacher, Hans (1994):
Regionalisierung in der kommunalen Wirtschaftsförderung, Köln 1994.

Klemmer, Paul (1995):
Gemeinschaftsaufgabe "Verbesserung der regionalen Wirtschaftsstruktur", in: Handwörterbuch der Raumforschung, Akademie für Raumforschung und Landesplanung, Hannover 1995, S. 395-397.

Köster, Axel/Schmidt, Karsten (1992):
Stadtmarketing, in: Raumplanung 58, vom 5.10.1992, 1992, S. 139-146.

Kotler, Philip (1989):
Marketing- Management: Analyse, Planung und Kontrolle, 4. Aufl., Stuttgart 1989.

Köttgen, Arnold (1963):
Der heutige Spielraum kommunaler Wirtschaftsförderung, Göttingen 1963.

Kühn, Adolf (1994):
Gegen London und Paris bisher ohne Strategie. Rhein-Main: Politisch nur auf dem Papier/Ernüchterung nach drei Jahren., in: Frankfurter Allgemeine Zeitung vom 2.4.1994.

Lessat, Vera (1996):
Investitions- und Beschäftigungswirkungen der Städtebauförderung, in: DIW-Wochenbericht 16/96, Berlin 1996.

Linden, Edmund (1972):
Theorie und Praxis der kommunalen Wirtschaftsförderung - Darstellung einer unorthodoxen Aufgabe im Bereich kommunalpolitischer Tätigkeiten, Düsseldorf 1972.

Lindstaedt, Wolfgang (1998):
Metropolen sind die Wachstumsmotoren Europas, in: Frankfurter Rundschau vom 5.2.1998.

Löchel, Horst (1994):
Institutionen, Transaktionskosten und wirtschaftliche Entwicklung: ein Beitrag zur Neuen Institutionenökonomik und zur Theorie von Douglas C. North, Berlin 1995.

Lutzky, Nikolai (1994):
Standortmarketing und Ansiedlungsakquisition für europäische Metropolen, in: Wirtschaftsstandort Deutschland: Erfordernisse einer aktiven und zielorientierten Wirtschaftsförderung, herausgegeben von Josef Iglhaut, Wiesbaden 1994, S. 88-101.

Lutzky, Nikolai/Gather, Matthias (1989):
Wirtschaftliche Perspektiven für das Rhein-Main-Gebiet, Prognos Studie Nr. 571/3470, Basel November 1989.

Maier, G./Tödtling, F. (1992):
Regional- und Standortökonomik. Standorttheorie und Raumstrukturen, Wien 1992.

Malchus, Victor Frhr. von (1991a):
Europäische Stadt- und Regionalentwicklung, in: Großstadtregionen in Deutschland vor dem Hintergrund europäischer Entwicklungen, Akademie für Raumforschung und Landesplanung, Hannover 1991, S. 1-6.

Malchus, Victor Frhr. von (1991b):
Entwicklungstendenzen deutscher Verdichtungsräume, in: Großstadtregionen in Deutschland vor dem Hintergrund europäischer Entwicklungen, Akademie für Raumforschung und Landesplanung, Hannover 1991, S. 7-10.

Marquand, Judith (1980):
Die Rolle des tertiären Sektors in der Regionalpolitik, Luxemburg 1980.

Martens, Alfons (1994):
Die wichtigsten Investitionsförderprogramme in den deutschen Bundesländern, in: Wirtschaftsstandort Deutschland: Erfordernisse einer aktiven und zielorientierten Wirtschaftsförderung, herausgegeben von Josef Iglhaut, Wiesbaden 1994, S. 291-304.

Meissner, Hans (1994):
Dienstleistungen als Erfolgspotentiale des Standortmarketing, in: Stadt und Gemeinde, Heft 9 vom 5.10.1994, S. 371-374.

Meister, Edgar (1994):
Private Finanzierungen öffentlicher Projekte müssen auch langfristig kostengünstiger sein, in: Handelsblatt, 21.4.1994, Nr. 77, S. B9.

Mensing, Klaus/Wittekind (1997):
Interkommunales Flächenmanagement, in: Informationen zur Raumentwicklung. Städtenetze - ein Forschungsgegenstand und seine praktische Bedeutung. Bundesforschungsanstalt für Landeskunde und Raumordnung, Heft 7, Bonn 1997, S. 481-493.

Merx, Volker (1996):
Darmstadt und Rhein-Main, in: Starkenburger Wissenschaft, Heft 6, 1996, S. 17-18.

Metz, Wolfgang/Burandt, Manfred (1980):
Die Problematik der kommunalen Wirtschaftsförderung im Einzugsbereich einer Großstadt, in: Wirtschaft und kommunale Wirtschaftspolitik in der Stadtregion - Empirische Materialien für die Kommunal- und Unternehmungsplanung, Stuttgart 1980, S. 59-87.

Metz, Wolfgang/Caspers, Werner (1980):
Analyse von Unternehmungs- und Gemeindezielen in einem neuerschlossenen Gewerbegebiet, in: Wirtschaft und kommunale Wirtschaftspolitik in der Stadtregion - Empirische Materialien für die Kommunal- und Unternehmungsplanung, Stuttgart 1980, S. 24-58.

Metz, Wolfgang/Jetzke, Dieter (1980):
Kommunalpolitische Entscheidungsprozesse zur Ansiedlung von Unternehmungen, in: Wirtschaft und kommunale Wirtschaftspolitik in der Stadtregion - Empirische Materialien für die Kommunal- und Unternehmungsplanung, Stuttgart 1980, S. 88-114.

Metz, Wolfgang/Köning, Cord-Friedrich (1980):
Zur Standortpolitik von Großunternehmungen, in: Wirtschaft und kommunale Wirtschaftspolitik in der Stadtregion - Empirische Materialien für die Kommunal- und Unternehmungsplanung, Stuttgart 1980, S. 171-194.

Möller, Ferdinand (1963):
Kommunale Wirtschaftsförderung, herausgegeben von Wirtschaftsberatung Aktiengesellschaft Düsseldorf, Köln 1963.

Müller, Georg (1970):
Verdichtungsraum, in: Handwörterbuch der Raumforschung und Raumordnung, 2. Aufl., Band 3, Hannover 1970, S. 3536-3545.

Münzenrieder, Heinz (1995):
Stadt-Umland-Verbände als kommunale Regelinstitutionen?, in: Bayrische Verwaltungsblätter, Zeitschrift für öffentliches Recht und öffentliche Verwaltung, 41. Jg., Heft 2, München 1995, S. 42-46.

Napp, Hans-Georg (1996):
Alternative Finanzierung öffentlicher Investitionen, in Informationen hessischer Städtetag 9-10, 1996, S. 130-132.

Necker, Tyll (1994):
Standorte im regionalen und überregionalen Wettbewerb, in: Wirtschaftsstandort Deutschland: Erfordernisse einer aktiven und zielorientierten Wirtschaftsförderung, herausgegeben von Josef Iglhaut, Wiesbaden 1994, S. 102-111.

Nellner, Werner (1967a):
Die Stadtregionen in Hessen und im weiteren Rhein-Main-Gebiet, in: Stadtregionen in der Bundesrepublik Deutschland - Raum und Bevölkerung 5, Forschungsberichte des Ausschusses "Raum und Bevölkerung" der Akademie für Raumforschung und Landesplanung, Band XXXII, Hannover 1967, S. 53-62.

Nellner, Werner (1967b):
Struktur und Bevölkerungsentwicklung der Stadtregionen in Hessen und im weiteren Rhein-Main-Gebiet, in: Stadtregionen in der Bundesrepublik Deutschland- Raum und Bevölkerung 5, Forschungsberichte des Ausschusses "Raum und Bevölkerung" der Akademie für Raumforschung und Landesplanung, Band XXXII, Hannover 1967, S. 103-122.

Nellner, Werner (1984a):
Der Weg zum neuen Agglomerationsraum-Modell, in: Agglomerationsräume in der Bundesrepublik Deutschland. Ein Modell zur Abgrenzung und Gliederung, Hannover 1984, S. 1-9.

Nellner, Werner (1984b):
Ein neues Modell für die Erfassung von Agglomerationsräumen, in: Agglomerationsräume in der Bundesrepublik Deutschland. Ein Modell zur Abgrenzung und Gliederung, Hannover 1984, S. 11-29.

Nellner, Werner et al. (1984):
Modell zur äußeren Abgrenzung und inneren Gliederung von Agglomerationsräumen, in: Agglomerationsräume in der Bundesrepublik Deutschland. Ein Modell zur Abgrenzung und Gliederung, Hannover 1984, S. 30-40.

Neumann, Heiko (1996):
Die Steuerung kommunaler "Konzerne", in: Blick durch die Wirtschaft, 23.12.1996.

Neumann, Manfred/Rux, Johannes (1996):
Einbindung öffentlich-rechtlicher Einrichtungen in einen privatrechtlichen Konzern, in Deutsch-deutsche Rechts-Zeitschrift - Beilage zu Neue Juristische Wochenschrift, Heft 33, August 1996, S. 1659-1662.

Niethammer, Frank (1991):
Regionalbewußtsein nicht nur in Sonntagsreden beschwören, in: IHK Frankfurt am Main Mitteilungen, 15.7.1991, S.2-7.

Niethammer, Frank (1998):
Die Rhein-Main-Region braucht eine effiziente Verwaltung, in: Frankfurter Allgemeine Zeitung vom 5.1.1998.

Noto, Leonardo (1994):
Effizienzkriterien für Wirtschaftsfördergesellschaften, in: Wirtschaftsstandort Deutschland: Erfordernisse einer aktiven und zielorientierten Wirtschaftsförderung, herausgegeben von Josef Iglhaut, Wiesbaden 1994, S. 334-339.

Oberender, Peter (1994):
Industrieökonomik, in: Wirtschaftswissenschaftliches Studium, 23. Jg., Heft 2 (1994), S. 65-73.

Orlitsch, Georg/Pfeiffer, Manfred (1994):
Wirtschaftsförderung durch die Kommunen, in: Wirtschaftsstandort Deutschland: Erfordernisse einer aktiven und zielorientierten Wirtschaftsförderung, herausgegeben von Josef Iglhaut, Wiesbaden 1994, S. 112-121.

o.V.(1991):
Standortnachteile in Frankfurt, in: Frankfurter Allgemeine Zeitung vom 12.6.1991.

o.V.(1991):
Regionale Wirtschaftsförderung ohne Konzept, in: Frankfurter Allgemeine Zeitung vom 12.6.1991.

o.V. (1993):
Region genießt hohes Ansehen. Eine Emnid-Studie/Für gemeinsame Öffentlichkeitsarbeit, in: Frankfurter Allgemeine Zeitung vom 6.5.1993.

o.V. (1994):
Schoeler will keine neue Wirtschaftsförder-Instanz, in: Frankfurter Allgemeine Zeitung vom 28.4.1994.

o.V. (1994):
Anlaufstelle für Unternehmen. Wirtschaftsförderungsverein für gesamte Region geplant, in: Frankfurter Allgemeine Zeitung vom 27.5.1994.

o.V. (1994):
Städte und Kreise wollen kooperieren - Verein für Wirtschaftsförderung, in: Frankfurter Allgemeine Zeitung vom 25.11.1994.

o.V. (1995):
Gemeinsame Wirtschaftsförderung für das Rhein-Main-Gebiet. Neun Kommunen und zwei Landkreise gründen Verein: zentrale Anlaufstelle für Betriebe, in: Frankfurter Rundschau vom 4.3.1995.

o.V. (1995):
Regionaler Schulterschluß in Sachen Wirtschaftsförderung, in: Frankfurter Rundschau vom 31.5.1995.

o.V. (1995):
Gemeinsame Wirtschaftsförderung in der Region, in: Frankfurter Allgemeine Zeitung vom 25.10.1995.

o.V. (1995):
Verein will Rhein-Main-Wirtschaft voranbringen, in: Frankfurter Rundschau vom 26.10.1995.

o.V. (1995):
Unternehmen und Staat vereint für die Region, in: Frankfurter Allgemeine Zeitung vom 13.12.1995.

o.V. (1995):
Wirtschaftsförderung will wieder stärker werben. Rhein-Main wichtigster deutscher Standort für Koreaner / 145 Firmen aus allen Branchen, in: Frankfurter Allgemeine Zeitung vom 16.12.1995.

o.V. (1996):
Zuerst eigenes Profil suchen. Benz gegen Beitritt zu Frankfurter Wirtschaftsförderverein, in: Frankfurter Allgemeine Zeitung vom 12.1.1996.

o.V. (1996):
Unternehmen ergreifen Initiative für Rhein-Main, in: Frankfurter Allgemeine Zeitung vom 7.5.1996.

o.V. (1996):
Wirtschaftsinitiative Rhein-Main gegründet, in: Frankfurter Allgemeine Zeitung vom 7.5.1996.

o.V. (1996):
Unternehmer werben für Rhein-Main-Gebiet, in: Handelsblatt vom 7.5.1996.

o.V. (1996):
"Mit einer Stimme sprechen". Wirtschaftsinitiative Frankfurt Rhein-Main gegründet, in: IHK-Mitteilungen vom 15.6.1996.

o.V. (1996):
Baugenehmigung als Service. In der Rhein-Main-Region soll schneller entschieden werden, in: Frankfurter Allgemeine Zeitung vom 20.6.1996.

o.V. (1996):
Weltweit Informationen über Standortvorteile, in: Frankfurter Rundschau vom 2.7.1996.

o.V. (1996):
Wirtschaftsinitiative Rhein-Main will das Regionalbewußtsein stärken, in: Nassauische Neue Presse vom 16.8.1996.

o.V. (1996):
Optimismus trotz Fehlschlags, in: Frankfurter Allgemeine Zeitung vom 21.11.1996.

o.V. (1996):
Gemeinsame Anstrengungen für ein Stadtmarketing, in: Frankfurter Allgemeine Zeitung vom 18.12.1996.

o.V. (1997):
"Stellen schaffen nur Klein- und Mittelbetriebe", in: Frankfurter Allgemeine Zeitung vom 25.1.1997.

o.V. (1997):
"Wir reden uns selbst schlecht". Diskussion um Standort Frankfurt: Abgaben und Aufgaben, in: Frankfurter Allgemeine Zeitung vom 16.1.1997.

o.V. (1997):
Umfrage zum Standort Rhein-Main. Großunternehmen geben Antwort zum Mittelstand, in: Frankfurter Allgemeine Zeitung vom 14.5.1997.

o.V. (1997):
Bedeutende Außenwirkung ist Zukunftsmusik. Geschäftsführerin der Wirtschaftsinitiative: Mehr Mitglieder, neue Impulse, keine Konkurrenz, in: Frankfurter Allgemeine Zeitung vom 27.7.1997.

o.V. (1998):
Logo fürs Rhein-Main-Gebiet, in: Frankfurter Allgemeine Zeitung vom 23.1.1998.

o.V. (1998):
Eine Kulturregion. Diskussion der "Wirtschaftsinitiative Frankfurt Rhein-Main", in: Frankfurter Allgemeine Zeitung vom 5.3.1998.

o.V. (1998):
Auf der Suche nach einer kulturellen Identität der Region. Eine Podiumsdiskussion der "Wirtschaftsinitiative Frankfurt Rhein-Main" in der Galerie Rotunde des Wiesbadener Kurhauses, in: Frankfurter Allgemeine Zeitung vom 6.3.1998.

o.V. (1998):
Wirtschaftsinitiative Frankfurt Rhein-Main, in: Mitarbeiterzeitung Deutsche Girozentrale. Deutsche Kommunalbank, März 1998.

o.V. (1998):
Wegzug ins Umland nimmt deutlich zu, in: Frankfurter Allgemeine Zeitung vom 27.3.1998.

o.V. (1998):
Wirtschaftsförderung auf Kosten Frankfurts, in: Frankfurter Allgemeine Zeitung vom 15.4.1998.

o.V. (1998):
Wirtschaftsförderungsrad nicht neu erfinden, in: Frankfurter Allgemeine Zeitung vom 18.6.1998.

o.V. (1998):
Brüssel soll entscheiden: Preis-Dumping oder nicht? Frankfurt und Bad Vilbel streiten über Grundstücksverkäufe, in: Frankfurter Allgemeine Zeitung vom 8.10.1998.

Pfaff, Dieter/Zweifel, Peter (1998):
Die Principal-Agent Theorie. Ein fruchtbarer Beitrag der Wirtschaftstheorie zur Praxis, in: Wirtschaftswissenschaftliches Studium, 27. Jg., Heft 4, 1998, S. 184-190.

Pfaffmann, Eric (1997):
Die vertragstheoretische Perspektive in der Neuen Institutionenökonomik. Relationale Verträge als Rahmen ökonomischer Interaktion, in: Wirtschaftswissenschaftliches Studium, 26. Jg., Heft 1, 1997, S. 41-43.

Picot, Arnold/Dietl, Helmut (1990):
Transaktionskostentheorie, in: Wirtschaftswissenschaftliches Studium, 18. Jg. (1990), S. 178-184.

Pohl, Martha (1988):
Wirtschaftsförderung in den Großstädten - Ein Struktur und Standortvergleich der 16 größten Städte im Bundesgebiet, herausgegeben vom Bremer Ausschuß für Wirtschaftsforschung, Regionalwirtschaftliche Studien 8, Bremen 1988.

Pohl, Martha/Schröder, Rüdiger (1982):
Wirtschaftsförderung in Frankfurt am Main, in: Wirtschaftsförderung in den Großstädten herausgegeben vom Bremer Ausschuß für Wirtschaftsforschung (BAW), Bremen 1982.

Pollak, Robert (1985):
A Transaction Cost Approach to Families and Households, in: Journal of Economic Literature, Vol. 23 (1985), S. 581-608.

Rautenstrauch, Lorenz (1990):
Frankfurt und sein Umland. Planung, Politik, Perspektiven im Bereich des Umlandverbandes Frankfurt, in: Verdichtungsregionen im Umbruch: Erfahrungen und Perspektiven stadtregionaler Politik, 1. Aufl., Baden-Baden 1990, S. 233-297.

Rautenstrauch, Lorenz (1991):
Organisation der Region, in: Großstadtregionen in Deutschland vor dem Hintergrund europäischer Entwicklungen, Akademie für Raumforschung und Landesplanung, Hannover 1991, S. 21-26.

Richter, Rudolf (1994):
Institutionen ökonomisch analysiert. Zur jüngeren Entwicklung auf einem Gebiet der Wirtschaftstheorie, Tübingen 1994.

Richter, Rudolf/Bindseil, Ulrich (1995):
Neue Institutionenökonomik, in: Wirtschaftswissenschaftliches Studium, 24. Jg., Heft 3, 1995, S. 132-140.

Richter, Rudolf/Furubotn, Eirik (1996):
Neue Institutionenökonomik, Tübingen 1996.

Ridinger, Rudolf (1995):
Regionalförderung der EU und ihre Umsetzung in Deutschland, in: Regionale Wirtschaftsförderung in der Praxis, herausgegeben von Rudolf Ridinger und Manfred Steinröx, Köln 1995, S.31-48.

Ridinger, Rudolf/Steinröx, Manfred (1995):
Einführung, in: Regionale Wirtschaftsförderung in der Praxis, herausgegeben von Rudolf Ridinger und Manfred Steinröx, Köln 1995, S.1-7.

Röck, Werner (1995):
Wirtschaftsförderung- Eine wirtschaftliche und politische Notwendigkeit?, in: Der Gemeindehaushalt , Heft 2, 1995, S. 27-32.

Roesler, Konrad (1991):
Wirtschaftsförderung im Rhein-Main-Gebiet - Forderungen der Wirtschaft an die Kommunalpolitik - Studie der Prognos AG im Auftrag der Industrie- und Handelskammern Aschaffenburg, Darmstadt, Frankfurt am Main etc. und der Wirtschaftspolitischen Gesellschaft von 1947 (WIPOG); Projekt 571/3604, Basel 1991.

Roesler, Konrad (1992):
Untersuchung zu Entwicklungsfragen kleiner und mittlerer Betriebe im Gebiet des Umlandverbandes Frankfurt - Endbericht. Prognos-Studie Nr. 571/3631 (1992)

Röhl, Klaus-Heiner (1998):
Gewerbeflächenmanagement in Agglomerationsräumen – Institutionelle Lösungsansätze und die Einflußmöglichkeiten der Regionalplanung, in: Diskussionsbeiträge aus dem Institut für Wirtschaft und Verkehr Nr. 1/98. Technische Universität Dresden, Dresden 1998.

Sartowski, Roman (1990):
Organisation und Praxis kommunaler Wirtschaftsförderung – dargestellt am Beispiel der Kommunen Schleswig-Holsteins, Diss. Düsseldorf 1990.

Sauerborn, Klaus (1996):
Die Regionalisierung der Wirtschaft als Beitrag zu einer nachhaltigen Entwicklung, in: Raumforschung und Raumordnung, Heft 2/3, 54. Jg., Bonn 1996, S. 148-153.

Schamp, Eike W. (1988):
Forschungsansätze der Industriegeographie, in: Handbuch des Geographieunterrichts, herausgegeben von Wolf Gaebe, Köln 1988, S. 3-13.

Schamp, Eike (1994):
Die Bildung neuer grenzüberschreitender Regionen im östlichen Mitteleuropa - eine Einführung, in: Frankfurter Wirtschafts- und Sozialgeographische Schriften. Neue grenzüberschreitende Regionen im östlichen Mitteleuropa, Frankfurt 1995, S. 1-18.

Schamp, Eike (1997):
Globalization, the Single European Market and the Building of Urban Regions: The Case of Urban Agglomeration Areas in Southern Germany, unveröffentliches Manuskript eines Vortrages an der Universität Utrecht (Faculty of Spacial Sciene), 1997.

Scharff, Reinhard (1993):
Regionalpolitik und regionale Entwicklungspotentiale: eine kritische Analyse, Hohenheimer volkswirtschaftliche Schriften Bd. 18, Diss., Frankfurt am Main 1993.

Schiefer, Bernd (1992):
Organisation der kommunalen Wirtschaftsförderung, in: Betriebsberater, Heft 6, 20.02.1992, S. 375-384.

Schlegel, Jörg (1994):
Die Bedeutung der Absatzförderung für das Image und die Ansiedlungschancen einer Wirtschaftsregion, in: Wirtschaftsstandort Deutschland: Erfordernisse einer aktiven und zielorientierten Wirtschaftsförderung, herausgegeben von Josef Iglhaut, Wiesbaden 1994, S. 361-368.

Schmidt, Ulrich/Theilen, Bernd (1995):
Prinzipal- und Agententheorie, in: Wirtschaftswissenschaftliches Studium, 24. Jg., Heft 9 (1995), S. 483-486.

Schneider, Dieter (1991):
Unternehmerfunktionen oder Transaktionskostenökonomie als Grundlage für die Erklärung von Institutionen, in: Zeitschrift für Betriebswirtschaft, 61. Jg. Heft 3, 1991, S. 371-377.

Schneider, Hilmar/Trabert, Lioba (1995):
Ostdeutsche Arbeitsmarktpolitik im Zielkonflikt: Modelle zur Beschäftigungsförderung, Herausforderung Ostdeutschland: Fünf Jahre Währungs-, Wirtschafts- und Sozialunion, herausgegeben von Rüdiger Pohl, Berlin 1995, S. 393-406.

Scholz, Reimar/Aarts, Frank (1992):
Die Bestandspflege ist so wichtig wie die Ansiedlungsförderung, in Handelsblatt vom 7.5.1992.

Schön, Karl Peter (1996):
Agglomerationsräume, Metropolen und Metropolregionen Deutschlands im statistischen Vergleich, in: Agglomerationsräume in Deutschland: Ansichten, Einsichten, Aussichten, Akademie für Raumforschung und Landesplanung, Hannover 1996, S. 360-396.

Schön, Karl Peter/Strubelt, Wendelin (1996):
Agglomerationsräume in Deutschland. Ansichten, Einsichten, Aussichten - Einführung, in: Agglomerationsräume in Deutschland: Ansichten, Einsichten, Aussichten, Akademie für Raumforschung und Landesplanung, Hannover 1996, S. 3-25.

Schrape, Klaus/Delpho, Holger (1997):
Die regionale Dimension der Informationsgesellschaft, in: Prognos World Reports, 2'1997, S. 10.

Schriever, Wolf (1996):
Impulse, Perspektiven, Probleme der regionalen Entwicklung des Frankfurter Raumes, in: Agglomerationsräume in Deutschland: Ansichten, Einsichten, Aussichten, Akademie für Raumforschung und Landesplanung, Hannover 1996, S. 218-233.

Schumann, Jochen (1992):
Grundzüge der mikroökonomischen Theorie, 6.Auflage, Berlin Heidelberg 1992.

Schwartz, Helge (1982):
Kommunale Strategien der Gewerbeerhaltung und –akquisition - ein Beitrag zur Theorie des Kommunalmarketing, Frankfurt am Main 1982.

Schwesinger, Hartmut (1994):
Dienstleistung für die Metropole Frankfurt am Main, in: Mitteilungen IHK Frankfurt am Main vom 22.6.1994.

Schwesinger, Hartmut (1995):
Steuerungs- und Organisationsprobleme am Beispiel des Aufgabenfeldes Wirtschaft und Arbeit in Frankfurt, in: Großstädtische Aufgabenerfüllung im Wandel, herausgegeben von Dietrich Budäus und Gunther Engelhardt, Schriften zur öffentlichen Verwaltung und öffentlichen Wirtschaft Bd. 148, Frankfurt 1995, S. 185-190.

Schwesinger, Hartmut/Kania, Peter (1995):
Wirtschaftsförderung und Strukturwandel am Beispiel der Stadt Frankfurt a. M. in: Integrierte Strukturpolitik - eine Herausforderung für Politik, Wirtschaft und Kommunen herausgegeben von Thomas Klepsch et altera, Frankfurt 1995, S. 186-196.

Schwesinger, Hartmut (1996):
Eine Region macht sich fit für das 21. Jahrhundert. Das Beispiel des Silicon Valley als Vorbild für Rhein-Main, in: Frankfurter Allgemeine Zeitung vom 30.6.1996.

Schwesinger, Hartmut (1997):
Irrtümer und Markenzeichen. Frankfurt/Rhein-Main, in: Frankfurter Allgemeine Zeitung vom 17.8.1997.

Schwesinger, Hartmut (1998):
Leistung messen und bezahlen. Der Fall Wirtschaftsförderung, in: Frankfurter Allgemeine Sonntagszeitung vom 19.4.1998.

Seitz, Helmut (1994):
Infrastruktur, Besteuerung und regionale Wirtschaftsentwicklung, in: Regionalentwicklung und regionale Arbeitsmarktpolitik - Konzepte zur Lösung regionaler Arbeitsmarktprobleme?, herausgegeben von Uwe Blien et altera. Institut für Arbeitsmarkt- und Berufsforschung der Bundesanstalt für Arbeit (IAB), Beiträge zur Arbeitsmarkt- und Berufsforschung, Nürnberg 1994, S. 140-170.

Simon, Hermann (1988):
Wettbewerbsvorteile und Wettbewerbsfähigkeit, Stuttgart 1988.

Sinz, Manfred (1995):
Region, in: Handwörterbuch der Raumordnung, Akademie für Raumforschung und Landesplanung (Hrsg.), Hannover 1995, S. 805-808.

Spangenberger, Volker (1996):
Städtenetze - der neue interkommunale und raumordnerische Ansatz, in: Raumforschung und Raumordnung, Heft 5, 54. Jg., Bonn 1996, S. 313-320.

Spiegel, Erika (1991):
Region und Regionalbewußtsein, in: Großstadtregionen in Deutschland vor dem Hintergrund europäischer Entwicklungen, Akademie für Raumforschung und Landesplanung, Hannover 1991, S. 17-20.

Spreemann, Klaus (1987):
Agent and Principal, in: Agency Theory, Information, and Incentives, herausgegeben von Günter Bamberg und Klaus Spreemann, Berlin 1987.

Spreemann, Klaus (1988):
Reputation, Garantie, Information, in: Zeitschrift für Betriebswirtschaft, 58. Jg., Heft 5/6, 1988, S. 613-629.

Spreemann, Klaus (1990):
Asymmetrsiche Information, in: Zeitschrift für Betriebswirtschaft, 60. Jg, Heft 5/6, 1990, S. 561-586.

Stark, Klaus-Dieter (1980):
Wirtschaftsförderungs-Institutionen und Gewerbeflächen als Lenkungsinstrumente zur Räumlichen Verteilung von Industrie und Gewerbe, herausgegeben vom Institut für Raumplanung Abteilung Raumplanung der Universität Dortmund, Dortmund 1980.

Steinröx, Manfred (1992):
Veränderte Rahmenbedingungen für die Unternehmensansiedlung - Neue Herausforderungen für die Wirtschaftsförderung, in: Stadt und Gemeinde September 1992, S. 315-320.

Steinröx, Manfred (1994):
Kommunale Wirtschaftsförderung aus Sicht der Privatwirtschaft, in: Kommunale Wirtschaftsförderung: Handbuch für Standortsicherung und -entwicklung in Stadt, Gemeinde und Kreis, herausgegeben von Jochen Dieckmann und Eva König Köln 1994, S. 33-44.

Steinröx, Manfred (1995):
Kommunale Wirtschaftsförderung - Etikettenschwindel oder Beitrag zur Wirtschaftsentwicklung, in: Regionale Wirtschaftsförderung in der Praxis, herausgegeben von Rudolf Ridinger und Manfred Steinröx, Köln 1995, S. 87-97.

Stobernack, Michael (1993):
Standardliteratur für die kommunale Wirtschaftsförderung, Difu, Berlin 1993.

Stöhlker, Klaus J. (1994):
Public Relations - erfolgsentscheidend für die Wirtschaftsförderung, in: Wirtschaftsstandort Deutschland: Erfordernisse einer aktiven und zielorientierten Wirtschaftsförderung, herausgegeben von Josef Iglhaut, Wiesbaden 1994, S. 141-150.

Strubelt, Wendelin (1996):
Entwicklung und Probleme der Agglomerationsräume in Deutschland, in Raumforschung und Raumordnung, Heft 4, 54. Jg., Bonn 1996, S. 257-261.

Szyperski, Norbert (1980a):
Unternehmungs- und Gebietsentwicklung als Aufgabe einzelwirtschaftlicher und öffentlicher Planung, in: Wirtschaft und kommunale -Wirtschaftspolitik in der Stadtregion - Empirische Materialien für die Kommunal- und Unternehmungsplanung, Stuttgart 1980, S. 1-23.

Szyperski, Norbert (1980b):
Informationsbedarf, in: Handwörterbuch der Organisation, Enzyklopädie der Betriebswirtschaftslehre, hrsg. von Erwin Grochla, Bd. 2, Stuttgart 1980, Sp. 904-914.

Tetsch, Friedmann (1994):
25 Jahre Gesetz über die Gemeinschaftsaufgabe "Verbesserung der regionalen Wirtschaftsstruktur - Die regionale Wirtschaftsförderung in den 90er Jahren vor neuen Herausforderungen, in: Regionalentwicklung und regionale Arbeitsmarktpolitik - Konzepte zur Lösung regionaler Arbeitsmarktprobleme?, herausgegeben von Uwe Blien et altera. Institut für Arbeitsmarkt- und Berufsforschung der Bundesanstalt für Arbeit (IAB), Beiträge zur Arbeitsmarkt- und Berufsforschung, Nürnberg 1994, S. 171-184.

Tharun, Elke (1992):
Probleme des Verdichtungsraumes "Rhein-Main", in: Handbuch des Geographieunterrichts, Köln 1992, S. 227-243.

Tönnies, Gerd (1995)
Verdichtungsräume, in: Handwörterbuch der Raumordnung, Akademie für Raumforschung und Landesplanung, Hannover 1995, S. 1006-1011.

Troje, Hans (1993):
Zielgruppenorientierte Regionalentwicklung: Wirtschaftsförderung in der Marktwirtschaft, Göttingen 1993.

Umlandverband Frankfurt (1992):
Der Umlandverband Frankfurt, Dezember 1992.

Umlandverband Frankfurt (1993):
Region Rhein-Main: vital, lebenswert, weltoffen, April 1993.

Umlandverband Frankfurt (1995):
Statistik Trends Region Rhein-Main, Frankfurt am Main Oktober 1995.

Umlandverband Frankfurt (1996):
Zahlen und Fakten 1996, Frankfurt am Main 1996.

Umlandverband Frankfurt (1997a):
Tätigkeitsbericht 1996. Aufgaben und Arbeit des Umlandverbandes Frankfurt im Jahresrückblick mit Ausblick auf das Jahr 1997.

Umlandverband Frankfurt (1997b):
Modelle zur Sicherung der Wettbewerbsfähigkeit der Region Frankfurt/Rhein-Main, in: Ansichten zur Region, herausgegeben vom Umlandverband Frankfurt 1997.

Umlandverband Frankfurt (1998a):
Tätigkeitsbericht 1997. Aufgaben und Arbeit des Umlandverbandes Frankfurt im Jahresrückblick mit Ausblick auf 1998. Frankfurt, Mai 1998.

Umlandverband Frankfurt (1998b):
Statistik-Trends Region Frankfurt Rhein-Main, Frankfurt Oktober 1998.

Weck, Sabine (1996):
Neue Kooperationsformen in Stadtregionen, in: Raumforschung und Raumordnung, Akademie für Raumforschung und Landesplanung, Heft 4, 54. Jg., Bonn 1996, S. 248-256.

Wegner, Manfred (1994):
Organisation der Wirtschaftsförderung auf der Kreisstufe, in: Kommunale Wirtschaftsförderung: Handbuch für Standortsicherung und -entwicklung, in Stadt, Gemeinde und Kreis, herausgegeben von Jochen Dieckmann und Eva König, Köln 1994, S. 83-91.

Wentz, Martin (1996a):
Stadtentwicklung einer Großstadtregion: Frankfurt am Main, in: Regionalstadt - Beziehungen zwischen Stadt und Umland, herausgegeben von Bau Grund, Frankfurt 1996, S. 15-19.

Wentz, Martin (1996b):
Entwicklungsräume für Stadtregionen, in Raumforschung und Raumordnung, Akademie für Raumforschung und Landesplanung, Heft 4, 54. Jg., Bonn 1996, S. 262-264.

Wieandt, Axel (1994):
Die Theorie der dynamischen Unternehmerfunktion, in: Wirtschaftswissenschaftliches Studium, 23. Jg., Heft 1 (1994), S. 20-24.

Williamson, Oliver E. (1979):
Transaction-cost Economics: The Governance of Constructual Relations, in: Journal of Law and Economics, Vol. 22 (1979), S. 223-261.

Williamson, Oliver E. (1991):
Die ökonomischen Institutionen des Kapitalismus, Tübingen 1991.

Winkel, Rainer (1991):
Kommunale Entwicklungsförderung: Von Einzelmaßnahmen zu integrierter Maßnahmenkonzeption, in: Raumforschung und Raumordnung, Akademie für Raumforschung und Landesplanung, Heft 5, 1991, S. 311-314.

Wirtschaftsförderung Frankfurt (1994):
Jahresbericht der Wirtschaftsförderung GmbH 1994.

Wirtschaftsförderung Region Frankfurt/Rhein-Main (1995):
Satzung der Wirtschaftsförderung Region Frankfurt/Rhein-Main vom 24. Oktober 1995, Frankfurt am Main 1995.

Wirtschaftsförderung Region Frankfurt/Rhein-Main (1996a):
Wirtschaftsreport Region Frankfurt, 1. Ausgabe, Frankfurt 1996.

Wirtschaftsförderung Region Frankfurt/Rhein-Main (1996b):
Gewerbliche Flächenangebote in den Mitgliedsstädten und –gemeinden des Vereins Wirtschaftsförderung Region Frankfurt/Rhein-Main. Stand 28.2.1996.

Wirtschaftsförderung Region Frankfurt/Rhein-Main (1996c):
Wirtschaftsreport Region Frankfurt, 2. Ausgabe, Frankfurt 1996.

Wirtschaftsförderung Region Frankfurt/Rhein-Main (1996d):
Leitfaden zur Beschleunigung von Genehmigungsverfahren, unveröffentlichtes Manuskript.

Wirtschaftsförderung Region Frankfurt/Rhein-Main (1998a):
Wirtschaftsreport Frankfurt Rhein-Main, Juni 1998.

Wirtschaftsförderung Region Frankfurt/Rhein-Main (1998b):
Wirtschaftsreport Region Frankfurt, 6. Ausgabe, Frankfurt 1998.

Wirtschaftsförderung Region Frankfurt/Rhein-Main (1998c):
Wirtschaftsstrukturanalysen für die Mitgliedsstädte und –gemeinden des Vereins Wirtschaftsförderung Region Frankfurt/Rhein-Main. Stand Juli 1998.

Wirtschaftsförderung Region Frankfurt/Rhein-Main (1998d):
Projekte zur Arbeitsmarkt- und Beschäftigungsförderung in der Region Frankfurt RheinMain, Frankfurt 1998.

Wirtschaftsinitiative Frankfurt Rhein-Main (1996):
Satzung der Wirtschaftsinitiative Frankfurt Rhein-Main vom 6. Mai 1996, Frankfurt am Main 1996.

Wirtschaftsinitiative Frankfurt Rhein-Main (1998):
Kurz berichtet. Neuigkeiten aus der Region, in: Wirtschaftsinitiative. Mitglieder-Informationsforum der Wirtschaftsinitiative Rhein-Main, September 1998.

Witte, Gertrud (1996):
Der Deutsche Städtetag warnt vor Privatisierungseuphorie, in: Frankfurter Allgemeine Zeitung vom 29.11.1996.

Woratschek, Herbert (1992):
Betriebsform, Markt und Strategie, Wiesbaden 1992.

Ziegler, Astrid (1996):
Small is beautiful - eine Illusion? Zur Bedeutung der Förderung von kleinen und mittleren Unternehmen für die Beschäftigungs- und Strukturpolitik, in: Informationen zur Raumentwicklung, herausgegeben von der Bundesforschungsanstalt für Landeskunde und Raumordnung, Bonn 1996, S. 49-59.

Anhang

Anhang 1: Bruttowertschöpfung (BWS) im Ordnungsraum Rhein-Main (1992)*)

Kreisfreie Stadt/Kreis	BWS insgesamt		BWS nach Wirtschaftsbereichen (in Mio DM)					Anteil an der BWS 1992	
	in Mio DM	% Anteil am Ordnungsraum Rhein-Main	Land- und Forstwirtschaft	Produzierendes Gewerbe	Handel und Verkehr	Dienstleistungsunternehmen	übrige Bereiche	Produzierendes Gewerbe	Dienstleistungsbereich
HESSEN									
Darmstadt	11.449	4,83	7	4.073	1.853	3.563	1.952	35,60	64,40
Frankfurt	83.988	35,43	21	17.007	15.349	45.931	5.681	20,20	79,70
Offenbach	7.492	3,16	2	2.628	920	3.117	826	35,10	64,90
Wiesbaden	18.355	7,74	19	3.512	2.150	9.876	2.798	19,10	80,80
Kreis Darmstadt-Dieburg	7.441	3,14	71	2.593	1.159	3.040	577	34,80	64,20
Kreis Groß-Gerau	12.579	5,31	39	5.917	2.038	3.842	742	47,00	52,60
Hochtaunuskreis	11.482	4,84	21	2.804	1.745	6.074	839	24,40	75,40
Main-Kinzig-Kreis	15.018	6,33	97	5.312	2.356	5.948	1.306	35,40	64,00
Main-Taunus-Kreis	10.920	4,61	24	2.353	2.326	5.458	760	21,50	78,20
Kreis Offenbach	13.758	5,80	20	4.451	2.559	5.882	846	32,40	67,50
Rheingau-Taunus-Kreis	5.055	2,13	76	1.557	495	2.267	658	30,80	67,70
Wetteraukreis	8.013	3,38	127	2.374	1.228	3.412	873	29,60	68,80
BAYERN									
Aschaffenburg	4.161	1,76	5	1.552	698	1.350	556	37,30	62,60
Kreis Aschaffenburg	5.330	2,25	32	2.598	700	1.743	258	48,70	50,70
Kreis Miltenberg	4.065	1,71	43	2.161	359	1.174	327	53,20	45,80
RHEINLAND-PFALZ									
Mainz	13.424	5,66	16	3.759	1.522	5.700	2.427	28,00	71,90
Kreis Mainz-Bingen	4.552	1,92	222	1.646	856	1.384	444	36,20	59,00
Ordnungsraum	237.082	100,00	842	66.297	38.313	109.761	21.870	28,00	71,68

*) Die BWS entspricht der Summe der produzierten Sachgüter und Dienstleistungen (abzüglich Vorleistungen) in jeweiligen Preisen eines entsprechenden Jahres.
Quelle: Umlandverband Frankfurt (1995): Statistik-Trends Region Rhein-Main (Stand 10/1995), S. 8; eigene Berechnungen

Anhang 2:

Mitglieder des Umlandverbandes Frankfurt am Main 1997[416]

Kreisfreie Städte
Frankfurt am Main
Offenbach am Main

Städte und Gemeinden

Bad Homburg v.d.H.	Bad Soden am Taunus
Bad Vilbel	Dietzenbach,
Dreieich	Egelsbach
Eppstein	Eschborn
Flörsheim am Main	Friedrichsdorf
Glashütten	Grävenwiesbach
Hainburg	Hattersheim am Main
Heusenstamm	Hochheim am Taunus
Hofheim am Taunus	Kelkheim (Taunus)
Kelsterbach	Königstein im Taunus
Kriftel	Kronberg im Taunus
Langen	Liederbach am Taunus
Mainhausen	Maintal
Mühlheim am Main	Neu-Anspach
Neu-Isenburg	Obertshausen
Oberursel (Taunus)	Rodgau
Rödermark	Schmitten
Schwalbach am Taunus	Seligenstadt
Steinbach (Taunus)	Sulzbach (Taunus)
Usingen	Wehrheim
Weilrod	

Landkreise im Gebiet der dem Verband angehörenden Städte und Gemeinden

Groß-Gerau	Main-Taunus-Kreis
Hochtaunuskreis	Kreis-Offenbach
Main-Kinzig-Kreis	Wetteraukreis

416 Vgl. Umlandverband Frankfurt (1998b):Statistik-Trends Region Rhein-Main, S. 3.

Anhang 3:

Mitglieder der Wirtschaftsförderung Region Frankfurt Rhein-Main (Stand 12. November 1998)

Städte und Gemeinden / Umlandverband Frankfurt

Aarbergen	Alzey
Babenhausen	Bad Homburg
Bad Nauheim	Bad Schwalbach
Bad Soden-Salmünster	Bad Vilbel
Bingen	Bischofsheim
Butzbach	Dieburg
Dietzenbach	Dreieich
Eltville am Rhein	Eschborn
Flörsheim	Florstadt
Frankfurt am Main	Friedrichsdorf
Geisenheim	Ginsheim-Gustavsburg
Groß-Bieberau	Groß-Umstadt
Hanau	Hattersheim
Heidenrod	Heusenstamm
Hochheim	Hofheim
Hohenstein	Hühnstetten-Wallbach
Idstein	Karben
Kelsterbach	Kiedrich
Königstein im Taunus	Kriftel
Langen	Liederbach
Limeshain	Lorch
Maintal	Mainz
Mühlheim	Nauheim
Neu-Isenburg	Niedernhausen
Obertshausen	Oestrich-Winkel
Oberursel	Offenbach
Raunheim	Riederstadt
Rödermark	Rodgau
Rosbach	Rüdesheim am Rhein
Rüsselsheim	Schlangenbad
Schwalbach am Taunus	Seligenstadt
Sprendlingen	Steinbach
Taunusstein	Trebur
Usingen	Umlandverband Frankfurt am Main
Waldems	Waldsolms
Walluf	Wöllstadt

Anhang 3 (Fortsetzung)

Landkreise
Kreisausschuß Hochtaunus
Kreisausschuß Main-Kinzig
Kreisausschuß Main-Taunus
Kreisausschuß Offenbach
Kreisausschuß Rheingau-Taunus-Kreis
Kreisauschuß Wetteraukreis

Kammern / Verbände / regionale Zusammenschlüsse
Arbeitskreis für die regionale Zusammenarbeit
in der Wirtschaftsförderung Südhessens
Industrie- und Handelskammer Darmstadt
Industrie- und Handelskammer Frankfurt
Industrie- und Handelskammer Hanau-Gelnhausen-Schlüchtern
Industrie- und Handelskammer Offenbach
Industrie- und Handelskammer Wiesbaden
Handwerkskammer Rhein-Main
Vereinigung der hessischen Unternehmensverbände
Wirtschaftsförderung Limburg-Weilburg-Dietz GmbH

Unternehmen aus dem Bereich der Infrastruktur
Main-Kraftwerke
Energieversorgung Offenbach AG
Flughafen Frankfurt am Main AG
Hessische Flugplatz GmbH Egelsbach

Hochschulen (Universitäten und Fachhochschulen)
Johann Wolfgang Goethe-Universität
Fachhochschule Frankfurt am Main
Hochschule für Gestaltung Offenbach am Main

Regierungspräsident in Darmstadt

Anhang 4:

Mitgliedsunternehmen nach Branchen der Wirtschaftsinitiative Frankfurt Rhein-Main

Stand 12.08.1998

Architektur-/Planungsbüros
AS&P Albert Speer & Partner GmbH
FAAG Frankfurter Aufbau AG
Lahmeyer International

Automobilhandel
Adam Opel AG
BMW AG, Niederlassung Frankfurt
Mercedes Benz, Niederlassung Frankfurt/Offenbach
NMC Auto Deutschland GmbH

Automobilzulieferer
ITT Automotive Europe GmbH

Banken
BfG Bank AG
Commerzbank Aktiengesellschaft
DePfa-Bank, Deutsche Pfandbrief- und Hypothekenbank AG, Wiesbaden
Deutsche Bank AG, Filiale Frankfurt
Deutsche Girozentrale
Dresdner Bank AG
Frankfurter Sparkasse
Frankfurter Volksbank eG
IKB Deutsche Industriebank AG
Landesbank Hessen-Thüringen, Girozentrale
Landesbank Rheinland Pfalz, Girozentrale Mainz
NASPA, Nassauische Sparkasse Wiesbaden
SGZ-Bank Aktiengesellschaft
Sparkasse Langen-Seligenstadt
Sparkasse Miltenberg-Obernburg
Sparkassen- & Giroverband Hessen Thüringen
Taunus-Sparkasse

Anhang 4 (Fortsetzung)

Bau / Baustoffe
Bilfinger + Berger Bauaktiengesellschaft
BRAAS GmbH, Oberursel
JEAN BRATENGEIER Baugesellschaft mbH
Dreßler Bau GmbH, Aschaffenburg
HÄCKER KG, Sulzbach /Ts.
Heilit + Woerner Bau-AG
Hochtief Aktiengesellschaft
Philipp Holzmann Aktiengesellschaft

Bildung und Gesundheit
Frankfurt International School
Klinikum der Johann Wolfgang Goethe-Universität

Chemie
Degussa AG
Delton AG
Hoechst AG
Heraeus Holding GmbH, Hanau
Merck KSGaA

Dienstleistungen
AVECO Holding AG
American Express International Inc.
Arthur Andersen Wirtschaftsprüfung- und
Steuerberatergesellschaft mbH
AVIS Autovermietung GmbH & Co. KG, Oberursel
Beratungs-GmbH für Altersversorgung
CA Computer Associates GmbH
C & L Deutschland Revision AG
Debis Systemhaus
Computing Services Frankfurt GmbH
Deininger Unternehmensberatungs GmbH
Deutsche Leasing AG
DIS Deutsche Industrie Service AG
Deutsche Post AG
GZS Gesellschaft für Zahlungssysteme
IHK-Forum Rhein-Main
MANPOWER Planen + Leisten GmbH Personaldienstleistungen
Meinhardt Städtereinigung GmbH & Co. KG, Wetter

Anhang 4 (Fortsetzung)

Piepenbrock Verwaltungs GmbH
Pro Projekt Planungsmanagement & Projektberatung
Stadtwerke Frankfurt am Main GmbH
Heiner Thorborg GmbH & Co. KG
TÜH Technische Überwachung Hessen GmbH
Wirtschaftsförderung Frankfurt GmbH

Einrichtungen
Möbel Walther Aktiengesellschaft, Gründau-Lieblos
Objektform Büroeinrichtungen GmbH

Elektronik, Elektrotechnik
ABB Calor Emag Schaltanlagen AG
Bosch Telecom GmbH
General Electric Deutschland
General Electric Technical Services Co. Inc.
Plettac electronics security GmbH
Siemens Aktiengesellschaft
Spoerle Electronic

Gebäudetechnik
ABB Gebäudetechnik Süd
JCI Regelungstechnik GmbH
Johnson Controls
Mannesmann Demag AG, Niederlassung Frankfurt

Hotel und Kongreß
Holiday Inn Frankfurt am Main / Main-Taunus-Zentrum
Hotel Intercontinental Frankfurt
Messe Frankfurt GmbH
Sheraton Hotel Frankfurt Flughafen
Tourismus + Congress GmbH

Immobilien
BGAG Beteiligungsgesellschaft der Gewerkschaften AG
City 7b Grundbesitzanlagen & Co. Betriebs KG, Wiesbaden
DG Anlage Gesellschaft
Andreas Krone GmbH

Anhang 4 (Fortsetzung)

Kommunikation
Burson Marsteller GmbH
Leipziger & Partner Kommunikations GmbH, Frankfurt
Taunus Film GmbH, Wiesbaden

Kommunikationstechnik
Deutsche Telekom AG, Direktion Frankfurt am Main

Metall
Metallgesellschaft AG
VAC Vacuumschmelze GmbH

Nahrung- und Genußmittelindustrie
Binding Brauerei AG
Nestlé Deutschland Ag

Verkehr
Alpina-Verkehrsbetrieb und Reisebüro GmbH
Beteiligungsgesellschaft für Dienstleistungen,
Versorgung und Verkehr mbH
Deutsche Bahn AG
RMV Rhein-Main Verkehrsverbund GmbH

Verlage
Druck- und Verlagshaus Frankfurt am Main GmbH
Frankfurter Allgemeine Zeitung GmbH
Frankfurter Societäts-Druckerei GmbH

Versicherungen
Alte Leipziger Unternehmensverbund, Oberursel
Frankfurter Versicherungs-Aktiengesellschaft
IDUNA-NOVA-Gruppe

Anhang 5:

Städte und Gemeinden im Ordnungsraum Rhein-Main

Kreisfreie Städte

Darmstadt (Hessen)
Frankfurt (Hessen)
Offenbach (Hessen)
Wiesbaden (Hessen)
Aschaffenburg (Bayern)
Mainz (Rheinland-Pfalz)

Kreis Aschaffenburg (Bayern)

Alzenau
Bessenbach
Blankenbach
Dammbach
Geiselbach
Glattbach
Goldbach
Großostheim
Haibach
Heigenbrücken
Heimbuchental
Heinrichstal
Hösbach
Johannesberg
Kahl am Rhein
Karlstein am Main
Kleinkahl
Keinostheim
Krombach
Laufach
Mainaschaff
Mespelbrunn
Mömbris
Rothenbuch
Sailauf
Schöllkrippen
Sommerkahl
Stockstadt
Waldaschaff
Weibersbrunn
Westerngrund
Wiesen

Kreis Darmstadt-Dieburg (Hessen)

Alsbach-Hähnlein
Babenhausen
Bickenbach
Dieburg
Eppertshausen
Erzhausen
Fischbachtal
Griesheim
Groß-Bieberau
Groß-Umstadt
Groß-Zimmern
Messel
Modautal
Mühltal
Münster
Ober-Ramstadt
Otzberg
Pfungstadt
Reinheim
Roßdorf
Schaafheim
Seeheim-Jugenheim
Weiterstadt

Anhang 5 (Fortsetzung)

Kreis Groß-Gerau (Hessen)

Biebesheim am Rhein
Bischofsheim
Büttelborn
Gernsheim
Ginsheim-Gustavsburg
Groß-Gerau
Kelsterbach
Mörfelden-Walldorf
Nauheim
Raunheim
Riedstadt
Rüsselsheim
Stockstadt am Rhein
Trebur

Hochtaunuskreis (Hessen)

Bad Homburg v.d.H.
Friedrichsdorf
Glashütten
Grävenwiesbach
Königstein im Taunus
Kronberg im Taunus
Neu-Anspach
Oberursel (Taunus)
Schmitten
Steinbach
Usingen
Wehrheim
Weilrod

Main-Kinzig-Kreis (Hessen)

Bad Orb
Bad Soden-Salmünster
Biebersgemünd
Birnstein
Brachttal
Bruchköbel
Erlensee
Flörsbachtal
Freigericht
Gelnhausen
Großkrotzenburg
Gründau
Hammersbach
Hanau
Hasselroth
Jossgrund
Langenselbold
Linsengericht
Maintal
Neuberg
Nidderau
Niederdorfelden
Rodenbach
Ronneburg
Schlüchtern
Schöneck
Sinntal
Steinau an der Straße
Wächtersbach

Anhang 5 (Fortsetzung)

Main-Taunus-Kreis (Hessen)

Bad Soden am Taunus
Eppstein
Eschborn
Flörsheim am Main
Hattersheim am Main
Hochheim am Main
Hofheim am Taunus
Kelkheim (Taunus)
Kriftel
Liederbach am Taunus
Schwalbach am Taunus
Sulzbach (Taunus)

Kreis Mainz-Bingen (Rheinland-Pfalz)

Bingen am Rhein
Bodenheim
Budenheim
Gau-Algesheim
Guntersblum
Heidesheim am Rhein
Ingelheim am Rhein
Nieder-Olm
Nierstein-Oppenheim
Rhein-Nahe
Sprendlingen-Gensingen

Kreis Miltenberg (Bayern)

Altenbuch
Amorbach
Bürgstadt
Collenberg
Dorfprozelten
Eichenbühl
Elsenfeld
Erlenbach am Rhein
Eschau
Faulbach
Großheubach
Großwallstadt
Hausen
Kirchzell
Kleinheubach
Kleinwallstadt
Klingenberg am Main
Laudenbach
Leidersbach
Miltenberg
Mömlingen
Mönchberg
Neunkirchen
Niedernberg
Obernburg am Main
Röllbach
Rüdenau
Schneeberg
Stadtprozelten
Sulzbach am Main
Weilbach
Wörth am Main

Anhang 5 (Fortsetzung)

Kreis Offenbach (Hessen)

Dietzenbach
Dreieich
Egelsbach
Hainburg
Heusenstamm
Langen
Mainhausen
Mühlheim am Main
Neu-Isenburg
Obertshausen
Rodgau
Rödermark
Seligenstadt

Rheingau-Taunus-Kreis (Hessen)

Aarbergen
Bad Schwalbach
Eltville am Rhein
Geisenheim
Heidenrod
Hohenstein
Hünstetten
Idstein
Kiedrich
Lorch
Niedernhausen
Oestrich-Winkel
Rüdesheim am Rhein
Schlangenbad
Taunusstein
Waldems
Walluf

Wetteraukreis (Hessen)

Altenstadt
Bad Nauheim
Bad Vilbel
Büdingen
Butzbach
Echzell
Florstadt
Friedberg
Gedern
Glauberg
Hirzenhain
Karben
Kefenrod
Limeshain
Münzenberg
Nidda
Niddatal
Ober-Mörlen
Ortenberg
Ranstadt
Reichelsheim
Rockenberg
Rosbach v.d. Höhe
Wölfersheim
Wöllstadt

Peter Lang · Europäischer Verlag der Wissenschaften

Michael Steiner (Hrsg.)

Wirtschaftspolitische Beratung heute

Mit Beiträgen von Wolfgang Franz, Helmut Kramer, Herbert Paierl, Gerhard Rosegger, Kurt Rothschild, Michael Steiner, Erich Streißler, Gunther Tichy

Frankfurt/M., Berlin, Bern, New York, Paris, Wien, 1998. 83 S.
ISBN 3-631-32969-5 · br. DM 28.–*

Wirtschaftspolitische Beratung bewegt sich seit jeher im Spannungsfeld vielfältiger Interessen, oft widersprüchlicher ökonomischer Erkenntnisse und unterschiedlicher Verantwortungsbereiche der Beratenen und Beratenden. Angesichts der Debatten um Globalisierung und Internationalisierung, des Konfliktes von Staatsinterventionismus versus Neoliberalismus sowie der Situation auf dem Arbeitsmarkt bleibt sie auch heute eine heikle Aufgabe. Die Beiträge dieses Bandes – von international renommierten Wirtschaftsforschern verfaßt – geben einen Einblick in die Schwierigkeiten der wirtschaftspolitischen Beratung; sie zeigen aber auch, daß man alten und neuen Problemen nicht hilflos ausgeliefert ist und ökonomischer common sense korrigierend einzugreifen vermag.

Aus dem Inhalt: Wider das Technokratentum in der Ökonomie · Wirtschaftliche Beratung als selbstreflexive Aufklärung · Beratung als kontinuierlicher Diskurs · Beratung als diktatorisches Unterfangen · Über die Liebe zwischen Politikern und Beratern und andere kontroverse Fragen der Politikberatung · Gegen wirtschaftliche und denkerische Krisen

Frankfurt/M · Berlin · Bern · New York · Paris · Wien
Auslieferung: Verlag Peter Lang AG
Jupiterstr. 15, CH-3000 Bern 15
Telefax (004131) 9402131
*inklusive Mehrwertsteuer
Preisänderungen vorbehalten

FSC
www.fsc.org
MIX
Papier | Fördert gute Waldnutzung
FSC® C083411

Kolibri 360 GmbH
Ferdinand-Jühlke-Straße 7
99095 Erfurt, Deutschland
produktsicherheit@kolibri360.de

Druck:
CPI Druckdienstleistungen GmbH
im Auftrag der
Kolibri 360 GmbH
Ferdinand-Jühlke-Str. 7
99095 Erfurt